企业会计准则
在我国小企业中的运用研究

◎ 赵瑞杰　张　玲　著

电子科技大学出版社
University of Electronic Science and Technology of China Press

图书在版编目（CIP）数据

企业会计准则在我国小企业中的运用研究/赵瑞杰，张玲著. -- 成都：电子科技大学出版社，2017.11
ISBN 978-7-5647-5253-8

Ⅰ.①企… Ⅱ.①赵…②张… Ⅲ.①中小企业-企业-会计准则-研究-中国 Ⅳ.①F279.243

中国版本图书馆CIP数据核字（2017）第274614号

企业会计准则在我国小企业中的运用研究
赵瑞杰　张　玲　著

策划编辑　　李述娜　李　倩
责任编辑　　刘　愚

出版发行　电子科技大学出版社
　　　　　成都市一环路东一段159号电子信息产业大厦九楼　邮编　610051
主　　页　www.uestcp.com.cn
服务电话　028-83203399
邮购电话　028-83201495

印　　刷　北京一鑫印务有限责任公司
成品尺寸　170mm×240mm
印　　张　14
字　　数　278千字
版　　次　2017年11月第一版
印　　次　2017年11月第一次印刷
书　　号　ISBN 978-7-5647-5253-8
定　　价　50.00元

版权所有，侵权必究

前　言

小企业是经济发展的一支重要力量。在19世纪末20世纪初，即使垄断代替自由竞争成为资本主义经济的主宰，小企业也没有完全被吞并，而是成为大企业的必要的补充力量。当前，我国已经进入经济发展的"新常态"，小企业继续发挥着不可替代的作用，是我国国民经济健康发展的重要生力军。但是，小企业在资金筹集、投放和分配等财务管理方面遇到了有别于大中型企业的困惑与障碍，存在不少的困难与不足。一些小企业的管理人员在实践中深感财务管理的重要性，财务管理贯穿于企业经营和管理的各个方面、各个环节，一着不慎就有可能满盘皆输。他们渴望了解和掌握财务管理知识，但是，又因缺乏财务基础知识而对财务管理的专门术语和公式等望而生畏，无所适从。

我国小企业规模小、业务简单、会计基础工作较为薄弱、会计信息使用者的信息需求相对单一等实际情况，同时规范小企业会计确认、计量和报告行为，发挥小企业在国民经济和社会发展中的重要作用，根据《会计法》及其他有关法律和法规，我国财政部制定了《小企业会计准则》。本著作立足《小企业会计准则》，在充分分析小企业会计准则制定的背景和意义的基础上，通过对小企业资金筹集、资产处置、收入、费用、所有者权益等方面的分析，结合小企业财务报表，系统研究了企业会计准则在我国小企业会计中的运用，力图帮助我国小企业更好地运用会计准则，实现可持续发展。在编写过程中，本著作参考了大量国内外文献，在此表示衷心感谢。由于作者水平和条件有限，书中难免出现错漏之处，敬请专家和广大读者批评指正。

目　录

第一章　小企业的相关概念 / 001
　　第一节　小企业的界定 / 001
　　第二节　小企业在经济发展中的作用 / 006
　　第三节　国外对小企业的扶持政策 / 011

第二章　小企业会计准则概述 / 018
　　第一节　小企业会计准则制定的背景和意义 / 018
　　第二节　小企业会计准则的基本概念 / 020
　　第三节　小企业会计准则的适用范围 / 031
　　第四节　企业会计准则和小企业准则与税法差异比较 / 033

第三章　我国小企业发展现状 / 038
　　第一节　我国小企业发展面临的困难 / 038
　　第二节　当前我国支持小企业发展采取的措施 / 045

第四章　会计准则在小企业资金筹集中的运用 / 055
　　第一节　投入资本是资金处理的来源 / 055
　　第二节　小企业资本变动的会计处理 / 057
　　第三节　小企业货币资金的核算 / 061

第五章　会计准则在小企业资产处理中的运用 / 069
　　第一节　小企业固定资产的会计处理 / 069
　　第二节　小企业无形资产的会计处理 / 082
　　第三节　小企业存货的会计处理 / 090

第六章　会计准则在小企业收入处理中的运用　/　108

　　第一节　小企业商品收入中的会计处理　/　108
　　第二节　小企业劳务收入中的会计处理　/　114

第七章　会计准则在小企业成本费用处理中的运用　/　127

　　第一节　小企业生产成本的会计处理　/　127
　　第二节　小企业营业成本的会计处理　/　141
　　第三节　小企业期间费用的会计处理　/　144

第八章　会计准则在小企业负债处理中的运用　/　150

　　第一节　小企业流动负债的会计处理　/　150
　　第二节　小企业非流动负债的会计处理　/　174

第九章　会计准则在小企业所有者权益处理中的运用　/　183

　　第一节　小企业所有者权益概述　/　183
　　第二节　小企业资本公积方面的会计处理　/　184
　　第三节　小企业盈余公积方面的会计处理　/　186
　　第四节　小企业未分配利润方面的会计处理　/　189

第十章　会计准则在小企业财务报告中的运用　/　193

　　第一节　小企业财务报告概述　/　193
　　第二节　《小企业会计准则》与《企业会计准则》关于资产负债表编制的比较　/　196
　　第三节　小企业财务报表分析　/　199
　　第四节　小企业财务报表附注的编制和列报研究　/　202

参考文献　/　215

第一章　小企业的相关概念

第一节　小企业的界定

一、小企业界定的意义

（一）小企业界定是政府制定小企业政策的客观需要

小企业因为规模实力的限制，无法直接与大企业竞争。小企业的健康发展需要来自政府的支持和帮助，小企业的界定是政府管理和扶持小企业，包括制定小企业政策的重要前提。只有对小企业进行科学合理的界定，才能为政府管理和扶持小企业提供明确的对象和范围。

（二）小企业界定是开展小企业研究的基础

小企业与大企业在经营管理等许多方面存在明显差异。如果没有对小企业的准确界定，就无法系统地开展对小企业的研究。如果没有对小企业的系统研究，就无法准确掌握小企业普遍存在的问题及其原因，进而使管理实践缺乏科学的依据。

二、小企业界定的基本原则

小企业是相对于大中企业而言的，是一个相对概念，因此，在研究界定小企业时必须坚持一个基本原则，即相对性原则。小企业界定的相对性原则具体表现在以下三方面。

（一）地域相对性原则

地域相对性原则是指不同国家和地区对小企业的界定标准不同。因为各国或各地区的历史渊源、文化背景、政治体制、经济体制、自然资源的禀赋不同，以及经济发展阶段差异较大，所以，世界各国小企业界定标准相去甚远。如企业雇员人数是各国或各地区界定小企业普遍选用的指标，但是，指标数值却存在较大差异。同样是制造业企业，美国雇员人数500人以下的企业为小企业；英国雇员人数200人以下的企业为小企业；日本和韩国雇员人数300人以下的企业为中小企业；我国台湾地区雇员人数20人以下的企业为小企业。

（二）时间相对性原则

时间相对性原则是指同一个国家或地区在不同时间，对小企业的界定标准不相同。任何国家或地区对企业规模的界定标准都不是一成不变的，而是随着经济的发展及社会的变化而不断变动的。随着科技的发展、生产技术水平的提高，企业生产要素投入的比例会发生变动，对资本投入的要求会越来越高，于是，导致按资本密集度表示的企业规模的标准提高。同时，生产要素价格的变化也会引起要素投入比例的变动。因此，企业规模的界定标准会随着时间的推移，经济的发展及社会的变化而变化。如日本，在1940年把从业人员100人以下的企业称为中小企业；"二战"后把从业人员200人以下的企业称为中小企业；1950年把从业人员300人以下或者资本在100万日元以下的企业称为中小企业；1963年制定的《中小企业基本法》，又按行业规定了划分中小企业的具体标准，该标准在1973年又进行了修订。

（三）行业相对性原则

行业相对性原则是指同一国家在同一时期，对不同行业的小企业界定标准也不相同。因为不同行业对生产技术条件要求差异很大，对要素密集度要求也不相同，而劳动密集型行业、资本密集型行业以及技术密集型行业，对生产要素劳动与资本的比例要求差别很大，所以，小企的界定标准应具有行业相对性，应能反映每个行业的特点。

三、小企业界定标准

（一）国外对小企业的界定标准

世界上不同国家和地区对小企业的界定标准存在较大差异。如在美国，将企业划分为大企业和小企业两类；在英国和欧盟的其他国家，企业被划分为大型企业、中型企业、小型企业和微型企业，小企业涵盖了小型企业和微型企业两类企业；在日本和韩国，将企业划分为大型企业、中型企业和小型企业；在印度，没有标准的小企业分类，小企业包括"小规模工业""辅助工业""小规模服务和商企"以及"微型企业"等。

尽管目前世界各国对小企业界定尚未形成统一、一致的标准，但是，各国为了便于掌握本国的企业规模、结构和运行状况，并对企业进行经济、法律和政策等方面的管理和扶持，都对本国的小企业制定了划分标准。有的国家的划分标准包括了定性标准和定量标准两方面，如美国和英国；有的国家的划分标准仅为定量标准，如日本和韩国。具体如表1-1所示。

表1-1 世界不同国家和地区小企业划分标准

国家或地区	划分标准	依 据
美国	定性标准：符合下列条件（至少两项）的企业为小企业：① 企业所有者也是经营者；② 企业的资本由一个或几个人出资；③ 企业产品的销售范围主要在当地；④ 与同行业的大企业相比，规模较小。 定量标准：雇员人数≤500人。	美国经济发展委员会
英国	定性标准：① 市场份额小；② 所有者依据个人判断进行经营，③ 所有经营者独立于外部支配。 小企业的定量标准： 制造业：雇员人数≤200人，年营业额≤100万英镑 建筑业、矿业：雇员人数≤25人，年营业额≤50万英镑 零售业、服务业：雇员人数≤50人，年营业额≤45万英镑 批发业：雇员人数≤50人，年营业额≤73万英镑	博尔顿委员会
欧盟	小型企业雇员人数≤50人且年交易额≤700万元欧元，或资产年度负债总额≤500万欧元，并不被其他企业拥有25%以上的股权	欧洲委员会
日本（中小企业）	制造业：雇员人数≤300人或资本金≤3亿日元 批发业：雇员人数≤100人或资本金≤1亿日元 零售业：雇员人数≤50人或资本金≤5 000万日元 服务业：雇员人数≤100人或资本金≤5 000万日元	《中小企业基本法》（2000年）
韩国（中小企业）	制造业、运输业：从业人员≤300人或资本总额≤5亿韩圆 建筑业：从业人员≤50人或资本总额≤5亿韩圆 商业、服务业：从业人员≤50人或资本总额≤5 000万韩圆 批发业：从业人员≤50人或资本总额≤2亿韩圆	《中小企业组织法》（1986年）

（二）国内对小企业的界定标准

小企业是指在中华人民共和国境内依法设立的、符合《中小企业划型标准规定》所规定的小型企业标准的企业。

小企业会计准则是有针对性的会计准则，主要是为了规范小企业的相关会计活动和行为。也正是因为小企业具有蓬勃的发展前景，对国民经济和社会发展具有十分重要的意义，所以财政部才会针对小企业制定了专用的会计准则。

由于《小企业会计准则》具有鲜明的针对性，在总则中，明文指出只针对小企业，所以对小企业也有十分明确的定义和规定。"第二条 本准则适用于在中华人民共和国境内依法设立的、符合《中小企业划型标准规定》所规定的小型企业标准的企业。"

可以适用《小企业会计准则》的企业，必须符合以下三个条件：

（1）企业的注册地址，必须在中华人民共和国境内；

（2）企业的设立必须合乎中华人民共和国的相关法律、法规；

（3）其规模须符合《中小企业划型标准规定》所规定的小型企业的标准。

前两个条件是指企业必须是我国境内的合法公司，第三个条件则限定了《小企业会计准则》的特定对象范围，即小企业。

我国发布的《中小企业划型标准规定》根据企业从业人员、营业收入、资产总额等指标，结合行业特点，规定了农、林、牧、渔业，工业，建筑业，批发业，零售业，邮政业，仓储业，交通运输业等十六个行业的中型企业、小型企业和微型企业的划型标准。各行业企业划型标准如表1-2所示。

表1-2 中小企业的划分标准

序号	行业	类型	从业人数/人	营业收入	备注
1	农、林、牧、渔业	中型	—	500万～20 000万元	—
		小型	—	50万～500万元	—
		微型	—	0～50万元	—
2	工业	中型	300～1 000	2 000万～40 000万元	两者同时满足
		小型	20～300	300万～2 000万元	两者同时满足
		微型	0～20	0～300万元	两者满足其一
3	建筑业	中型	—	6 000万～80 000万元（资产）5 000万～80 000万元	两者同时满足
		小型	—	300万～600万元（资产）300万～5 000万元	两者同时满足
		微型	—	0～300万元（资产）0～300万元	两者满足其一
4	批发业	中型	20～200	5 000万～40 000万元	两者同时满足
		小型	5～20	1 000万～5 000万元	两者同时满足
		微型	0～5	0～1 000万元	两者满足其一
5	零售业	中型	50～300	500万～20 000万元	两者同时满足
		小型	10～50	100万～500万元	两者同时满足
		微型	0～10	0～100万元	两者满足其一

续 表

序号	行业	类型	从业人数/人	营业收入	备注
6	交通运输业	中型	300～1 000	3 000万～30 000万元	两者同时满足
		小型	20～300	200万～3 000万元	两者同时满足
		微型	0～20	0～200万元	两者满足其一
7	仓储业	中型	100～200	1 000万～30 000万元	两者同时满足
		小型	20～100	100万～1 000万元	两者同时满足
		微型	0～20	0～100万元	两者满足其一
8	邮政业	中型	300～1 000	2 000万～30 000万元	两者同时满足
		小型	20～300	100万～2 000万元	两者同时满足
		微型	0～20	0～100万元	两者满足其一
9	住宿业	中型	100～300	2 000万～10 000万元	两者同时满足
		小型	10～100	100万～2 000万元	两者同时满足
		微型	0～10	0～100万元	两者满足其一
10	餐饮业	中型	100～300	2 000万～10 000万元	两者同时满足
		小型	10～100	100万～2 000万元	两者同时满足
		微型	0～10	0～100万元	两者满足其一
11	信息传输业	中型	100～1 000	1 000万～100 000万元	两者同时满足
		小型	10～100	100万～1 000万元	两者同时满足
		微型	0～10	0～100万元	两者满足其一
12	软件和信息服务业	中型	100～300	1 000万～10 000万元	两者同时满足
		小型	10～100	50万～1 000万元	两者同时满足
12	软件和信息服务业	微型	0～10	0～50万元	两者满足其一
13	房地产开发经营	中型	—	1 000万～200 000万元 （资产）5 000万～10 000万元	两者同时满足
		小型	—	100万～1 000万元 （资产）2 000万～5 000万元	两者同时满足
		微型	—	0～100万元 （资产）0～2 000万元	两者满足其一

续 表

序号	行业	类型	从业人数/人	营业收入	备注
14	物业管理	中型	300～1 000	1 000万～5 000万元	两者同时满足
		小型	100～300	500万～1 000万元	两者同时满足
		微型	0～100	0～500万元	两者满足其一
15	租赁和商业服务业	中型	100～300	（资产）8 000万～120 000万元	两者同时满足
		小型	10～100	（资产）100万～8 000万元	两者同时满足
		微型	0～10	（资产）1 000万～5 000万元	—
16	其他	中型	100～300	—	—
		小型	10～100	—	—
		微型	0～10	—	—

第二节 小企业在经济发展中的作用

改革开放30多年来，我国的小企业得到了快速发展。国家统计局数据显示，2016年年末，全国规模以上中小工业企业37.0万户，比2015年年末增加0.5万户。其中，中型企业5.4万户，占中小企业户数的14.6%；小型企业31.6万户，占中小企业户数的85.4%。小企业在我国经济发展中起着十分重要的作用。

一、小企业的发展有利于促进产业结构的调整和优化升级

小企业是促进竞争和产业结构合理化的微观基础。一般而言，产业集中度高、规模效益明显的产业，其规模扩大可以降低成本，并有利于技术创新，提高其竞争力。但是，从西方国家的经验教训来看，规模扩大会导致垄断现象发生，进而抑制市场竞争，导致企业活力下降和国际竞争力的削弱。因此，各国都是通过小企业的发展来抑制大企业、大公司的过度发展，以促进竞争。另外，规模小、数量多的小企业也是产业结构合理化的微观基础。产业结构合理化的重要体现是产业布局的集聚效应。所谓产业集聚，是指同一种产业的企业在地理上集中在一起，形成一个相互依存、相互合作又相互竞争的企业群体。以美国为例，微电子、生物技术与风险资本集中在硅谷；汽车设备与零部件集中在底特律；飞机设备与设计、软件金属加工集中在达拉斯。通常，一个完整的产业聚集区内，既有主导产业的企业，又有为

主导产业提供配套服务的其他产业企业和机构。从垂直关系看，包括提供专业化服务的上游企业，如机械设备、零部件加工服务，下游企业如分销商和有关客户；从横向关系看，包括提供互补产品的制造企业，或有相关技能、技术投入的企业。在一个完整的产业聚集区内，绝大多数企业是为主导产业提供配套服务的小企业。

据统计，全美国近 2 000 万个各种不同类型的小企业，其中近 1/3 甚至 1/2 的企业将在 3 年内关闭，特别是经济衰退时期，小企业关闭率更高。有关资料显示，近年来，倒闭和破产的小企业每年占中小企业总数的 14%，新增和重组的大约为 16%，每年净增 2%。小企业的大量增加和消亡，是美国经济结构调整和升级的主旋律。

在我国，小企业和非公有制经济的发展催生了大量新兴产业，已成为现代服务业、信息技术、生物医药等新兴产业的主体，有力地促进了我国的产业结构调整和优化升级。

二、小企业是就业的主要载体

许多研究表明，小企业等量资本所吸纳的劳动力远远高于大企业。随着工业化的发展，大企业越来越倾向于以资本替代劳动，这种资本强化的趋势，使大企业在经济发展过程中对劳动力的吸纳作用越来越小，而大多属于劳动密集型的小企业等量资本所吸纳的劳动力远远高于大企业。据统计，在我国大型企业创造一个就业机会需要投资 22 万元，中型企业需要投资 12 万元，而小型企业仅需要投资 8 万元。等量投资小型企业吸纳的劳动力是大型企业的 2.75 倍，是中型企业的 1.83 倍。

20 世纪 70 年代末，研究发现，在大企业减少雇员的时候，小企业往往吸纳了大量的剩余劳动力。Brich（1979）在研究美国就业状况变化时发现：1969—1979 年，少于 20 人的小企业所提供的新增就业机会，占全部新增就业机会的 66%。Gudgeon（1979）的研究表明，在英国很多地区，就业的增长主要依靠新成立的小企业，而非当地的大企业。小企业有较强的地区化倾向。在小企业较多的地区，人们更倾向于建立自己的小企业，而不是受雇于大企业。也就是说，大量小企业的存在会诱使更多的人建立新的企业，对就业机会的增长有较大的好处。同时 Gudgeon 认为，在经济萧条时，失业主要来自于大企业而非小企业。在英国，1989—1991 年的经济衰退期间，少于 20 人的小企业创造的新的就业机会是 35 万个，而多于 100 人的企业则减少了 68.2 万个就业岗位（Daly Campbell，Rob 和 Galeapher，1991）。

各国的统计数字均表明，小企业在促进就业方面发挥着不可替代的作用。在美国，1990年，共有1 500多万家企业，其中，从业人员在100人以下的中小企业占全部企业总数的98.5%。从1980—1990年，美国全部产业的就业人数增加了1 864万人，其中有1 628万人就业于中小企业，即中小企业提供了87.3%的新增就业岗位。在德国，20世纪80年代后期，中小企业占全国企业总数的97.8%，其就业人数占总就业人数的60%左右。在日本，2002年，全国民营企业总数为653万家，其中，中小企业总数为647万家，占企业总数的99.1%；全国民营企业从业人员总数为5 416万人，其中，中小企业从业人员总数为4 227万人，占从业人员总数的78.5%。

研究表明，在一些发达国家，全部劳动力的65%～81%在中小企业就业，每千人中小企业数量40～55户。我国每千人只有6.4个中小企业，按照发达国家的最低水平测算，我国需要近5 000万个中小企业。目前，我国中小企业提供了75%以上的城镇就业岗位，国有企业下岗失业人员中的80%在中小企业实现了再就业，农民工相当大一部分在中小企业务工，中小企业开始成为一些高校毕业生就业的重要渠道。在我国，小企业的发展以及小企业对劳动力的吸纳还有较大的空间。

三、小企业是经济增长的主要推动力量

小企业无论是在市场经济发达的国家，还是在发展中国家的社会经济中均占有突出地位。小企业的地位之所以重要，不仅是因为在数量上处于绝对的统治地位，更重要的是它们创造了相当部分的国民财富，有力地促进了经济的增长。以欧盟为例，小企业对欧盟经济发展和社会稳定的贡献巨大。欧盟统计资料显示，2001年时，在欧盟的1 800万户企业中，雇员在250人以下的中小企业就已经有1 792.4万户，占企业总数的99%以上，产值占欧盟总产值的55%。在许多国家，创造同样的社会增加值，小企业比大企业需要更少的资本。在资本稀缺的发展中国家，或者，因金融危机导致投资减少的国家，小企业对保证一定的经济增长率的作用就更加突出。

在我国，小企业在社会经济生活中同样具有极其重要的地位，特别体现在解决就业、推动区域经济增长等方面。一般而言，小企业对环境的适应能力较强，需要的投资较少；对兴办的区位条件如交通、通信等基础设施条件要求也相对较低，是"普遍存在的""普遍适应的"企业，在经济增长中发挥着主力军的作用。

中国未来的经济增长，除了要素投入、城市化、结构转型、增长模式转变等因素推动外，小企业成长将是非常重要的动力来源。如果能在税费负担、融资担保、社会化服务等方面给小企业一个宽松的成长环境，那么，小企业在未来经济增长中会产生巨大的贡献。

四、小企业是技术创新的主导力量

按照熊彼特的观点，小企业代表的是落后的生产技术，而大企业才是技术进步的推动力。但是，许多研究发现，大企业并不总是最有创新意识，并非有着很强的技术创新的动力。通常，大企业是通过购买现有的产品或兼并生产过程已经成熟的小企业去占领新的市场，而不是通过在产品和技术方面的创新去扩大企业规模。例如，Hannah 和 Kany 于 20 世纪 80 年代在研究英国的产业集中度时发现，英国的大企业主要依靠收购创新产品或兼并工艺已经成熟的小企业来扩大其市场规模，它们自身在新技术和新工艺的开发方面并没有发挥更大作用。Hannah 和 Kany 认为，在 1957—1973 年，英国企业集中度的增长，几乎全部来自现有企业合并，而并非来自企业内部增长。此项研究从侧面说明，如果说大企业在产品和技术创新方面有创新的话，那主要是依靠兼并和购买小企业而获得的。

Griliches（1984）的研究证明，在研究与开发活动中，中等规模企业比大企业更加有效。进入 20 世纪 80 年代以后，美国大约有 70% 的创新是由小企业实现的，小企业的人均创新是大企业的 2 倍，技术发明的商业化速度是大企业的 1.5 倍，小企业被称为"技术创新的尖兵"。20 世纪的飞机、光线检测设备、心脏起搏器、光学扫描仪、个人计算机等都是小企业发明的。目前，闻名于世的微软、康柏、苹果等，同样也是由一些名不见经传的小企业发展起来的。据有关资料统计，美国小企业创造的技术创新成果和新技术数量占全国总数的 55% 以上。以品种计，2004 年美国出口的高新技术产品，70% 以上是由中小企业提供的。

Acs 和 Audretsch（1990）分析了 20 世纪 80 年代初期美国各个行业的技术创新情况。他们发现，在一些技术创新较多的行业中，小企业比大企业更有竞争优势。Acs 和 Audretsch 还分析了美国 1990 年技术创新的情况，在技术更新相对缓慢（如照明设备和办公室设备）、开发周期较长（如制药）的行业里，大企业有较强的竞争力；而在技术进步较快、产品个性化程度较高的行业（如计算机、程控仪器、塑料制品、测电仪器等）中，小企业的优势较为明显。

有越来越多的证据表明，小企业在技术进步和创新中起着十分积极的作用。例如，翰库克斯等人研究了 20 世纪 70 年代最重要的 62 项发明资料后发现，其中只有 24 项是由大企业的实验室创造的，另外的 38 项则产生于中小企业，而且这些企业是在资源有限的条件下通过努力工作，以自己的名义完成的。英国 Botton 委员会在一项抽样调查中发现，在 1950—1980 年，英国的小企业在重大技术创新中只占 20% 的件数，但是，它们在日常创新中则占有近 60% 的份额。Botton 委员会认为，在利用人力技术资源和研究设备方面，小企业效率更高。Botton委员会另一项关于技术创新的调查研究发现，63%的技术创新来自于独立的小企业。在高速增长的仪器制造和电子计算机部门，小企业的技术创新比率更高。

一般认为，小企业在技术进步和技术创新方面的优势主要体现在以下四个方面。

第一，小企业一般都具有比大企业较大的经营自主权，领导层比较精干，能够按照市场的方式进行资源的配置，更有利于根据市场的变化较快地做出创新的决策。而大企业有复杂的管理结构，在一般情况下决策层趋于保守，大企业的管理体制不利于创新的风险投入。

第二，小企业宽松的管理环境有利于创新活动的开展，而大企业的行政等级制度常常限制研究人员的创新精神。小企业的技术创新常常得益于大企业"溢出"的科研人员。

第三，小企业把创新作为竞争战略的核心，一旦技术创新有了重要突破，形成企业的核心专长，就会出现加速效应。而大企业对研究人员最好的奖励往往是把他们调到管理层去。

第四，大企业对那些小而且不太重要的创新兴趣不大。对小企业来说这正是一个机会，它们对这些创新往往表现出更大的热情。

总之，在产品和技术的生命周期日益缩短的知识经济时代，小企业借助于技术进步和技术创新在竞争中保持优势，利润倍增，从而能获得超长发展，在技术创新的道路上把雪球越滚越大，迅速把公司发展壮大。

五、小企业的发展有利于促进国际贸易的稳定增长

在国际贸易往来，一方面，小企业通过向大企业提供质优价廉的零部件和劳务促进大企业的出口；另一方面，小企业又独立生产具有本身特点的优势产品出口，为活跃本国经济，参与国际竞争做出了很大的贡献。英国贸易部（Department of Trade of UK）的一项抽样统计表明，营业额小于1 000万英镑的小企业在总出口中所占的份额占24.7%，而营业额大于2.5亿英镑的大企业在总出口中占得份额仅为10%。国际贸易资料显示，在各工业化国家中，中小企业平均出口额都占总出口的较大比例。其中美国为37.4%，意大利为36%，日本为46.5%，德国为42.1%，瑞典为33%。经济学者Pratten曾经调查了122个中小企业，在机器制造、电子产品、工具制造、化工和计算机等行业中，中小企业出口占总产出的42%。如果考虑企业的非直接出口因素，上述比例将提高到50%以上。从上述情况看，小企业有很强的外向性。在荷兰、挪威等国家中，中小企业出口占总出口的比例均超过了

30%。法国的全行业和意大利的制造业中,中小企业出口份额几乎和大企业一样。

我国小企业在扩大出口方面的作用也是重要和巨大的。近年来,在我国的出口总额中,中小企业进出口总额占全国商品进出口总额的 2/3 以上,中小企业进出口贸易迅速发展,一批有实力的企业积极"走出去"开拓市场。统计显示,中小企业在服装、纺织品、玩具、皮鞋等劳动密集型产品的出口比重高达 90% 以上;在通信设备、电子产品、生物技术、新材料等高技术领域,中小企业出口比重逐步提高。

综上所述,无论是发达国家还是发展中国家,小企业都是经济发展和社会进步的一支重要力量。美国政府把小企业称为"美国新经济的助推器";日本政府把小企业称为"日本经济活力的源泉";德国政府把小企业称为"德国经济的脊梁";意大利政府把小企业称为"意大利通往繁荣的必经之路"。小企业在创造社会财富、增加国家税收、吸纳就业、活跃经济市场、科技创新、促进经济和国际贸易增长等方面发挥了越来越大的作用,是支持我国经济持续、快速增长的重要力量。

第三节　国外对小企业的扶持政策

小企业在世界各国都曾经历过由被轻视、被否定转变为被重视、被肯定的认识过程。随着对小企业存在价值的逐渐认同,也为防止垄断行为的发生,在工业化国家逐渐形成了小企业扶持论与发展观。

一、美国的小企业扶持论及其发展观

美国的小企业观念与其市场结构有着很密切的关系。在自由竞争时期,美国对小企业既不限制也不保护,其结果是经济危机导致大批企业破产,生产和资本集中加速形成,垄断组织随之出现并迅速发展。一直到 1890 年《谢尔曼反托拉斯法》的通过,联邦政府采取了一些保护小企业的行动。

美国小企业扶持论的主要依据是,小企业及其体现的创业精神和自由竞争是企业制度的基石和支柱,小企业是垄断资本的辅助力量,其繁荣不仅不影响垄断资本的主导地位,反而可以为垄断资本服务;在经济衰退或处于困境的时候,小企业是一种缓冲力量。

扶持论的基本理论主张是,既要看到小企业的相对落后性和非合理性,又要看到小企业在国民经济中的重要地位,对小企业要加以扶持,提高其素质,充分发挥其作用。

扶持论的主要政策主张是，禁止过分垄断，减少大企业对小企业的吞并，保护小企业的经济活动领域不受侵犯；在金融上保证小企业的资金供应；在技术、管理上指导小企业，提高其素质。

第二次世界大战后，美国扶持小企业的观念进一步增强，政府的小企业机构进一步健全，保护小企业的立法和政策进一步完善和系统化。但小企业在美国经济中的地位和作用的真正复兴则是从20世纪70年代后期才开始的。里根政府上台后，更是把小企业称为他的"白宫经济制度的心脏和灵魂"。1978年，白宫发布了一项报告，表明了政府准备召集一次中小企业协商会议的意图。1978年下半年和1979年，美国各州和地方便有57处召开了中小企业会议，在此基础上汇总了各个会议提出的上百件议案。1980年，美国政府召开了规模空前的小企业代表大会，制定了在1981—1990年必须实现的六项标准，以便政府在财政、金融、经济管理、创新、信息和市场等方面给予小企业更大的扶持。1986年8月，美国又在华盛顿召开了第二次白宫中小企业会议，会议总结和讨论了美国小企业发展的经验和存在的问题以及所面临的严峻挑战。会议从上千条建议中归纳出促进小企业发展的60条建议，并提交给国会。这两次白宫中小企业会议在小企业主和政府之间起到了桥梁作用。

美国扶持小企业的政策覆盖广泛、积极有效，极大地促进了小企业发展。具体表现在以下方面。

1. 完备的小企业法律体系，是美国小企业繁荣发展最重要的基础

1953年，美国出台了小企业基本法律《小企业法》。在之后的半个多世纪里，为扶持小企业增强技术创新和解决就业的能力，持续优化小企业参与公平竞争的外部环境，美国先后颁布了《机会均等法》《联邦政府采购法》及《小企业投资法》等多部法律。随着经济形势的变化，为实现促进经济增长和增加就业的目标，2010年9月，美国国会又出台了《小企业就业法案》，对小企业新增140亿美元的税收减免和信贷支持。美国在漫长的经济发展过程中，通过不断地调整和充实完善，动态地建立起扶持小企业发展的法律体系。

2. 健全的行政管理体系，是美国小企业扶持政策有效执行的重要保证

成立于1953年的小企业管理局，是美国小企业管理最重要的部门之一，拥有重要的沟通和协调功能。小企业管理局具有多种功能，它可以制定小企业发展政策措施，协助小企业提高获得扶助资金的机会，为小企业提供贷款担保并争取风险投资项目等。该局还为小企业提供信息咨询和教育培训等服务。另外，小企业管理局还能帮助小企业在政府采购中获得相应的产品或劳务合同。值得关注的是，

该局还能游说联邦政府,通过影响政府决策来保护小企业权益。总体来看,小企业管理局能够为大多数小企业提供几乎所有方面的服务。同时,美国还有两个小企业管理系统,一个是隶属于白宫的小企业会议,一个是隶属于国会的小企业委员会。在实际运作中,白宫小企业会议和国会小企业委员会等组织和机构,多数都是通过与小企业管理局合作,协同为小企业提供服务。

3. 完善有效的财税与金融支持体系,是美国小企业扶持政策的有力支撑

从财税扶持政策上看,美国政府通过财政专项补贴、税收优惠和政府采购三个方面对小企业予以支持。美国政府对符合相关条件的小企业,按照一定比例对其创新发展计划提供资金补助。如美国国会于1982年批准实施的小企业创新研究计划(SBIR),让接下来20年时间里的7.6万多个小企业项目受益。1993年,美国批准小企业技术转让计划,规定联邦部门必须投入0.3%的研发经费,对小企业和非营利研究机构技术转让项目进行资助。美国政府为激励小企业增加科技投入,还对小企业采取减少新投资税收、降低公司所得税率、加速折旧和科技税收优惠等措施。美国小企业政策的亮点之一,就是通过立法的方式,规定联邦政府采购过程中,应将不低于23%的合同份额留给小企业。同时,法律还指定大企业将所得政府采购合同中不少于20%的份额,转包给小企业。从小企业融资支持来看,美国联邦小企业管理局发挥了主要职能,它通过担保贷款、组合贷款、小额贷款、创业引导资金和赈灾贷款这五种主要途径,对小企业提供资助。

4. 全方位的社会化服务体系,是美国扶持小企业发展最强大的保障

广泛的社会参与性,使美国小企业社会服务体系具备全方位、多层次、多角度的特征。包括政府机构在内的各种服务提供者各司其职、各尽所能、相辅相成,共同构成了一个市场主导与政府扶持有机结合的社会化小企业服务体系。首先,是创业类服务机构,它包括企业和行业自发组织的各类商会、协会等。这些以提供灵活、适用的信息和咨询服务为特长的机构,如小企业发展中心(SBDC)、妇女企业中心(WBC)、退休经理服务团(SCORE)等,克服了行政机构服务固有的体制僵化带来的缺陷,每年都能为超过100万个小企业提供帮助。其次,是技术服务机构,它们以推动创新技术开发利用、创新成果转化和转让为专长,为小企业提供技术支持和服务。根据《技术创新法》规定,美国联邦政府在商务部门设有联邦技术利用中心,在国家实验室设置研究与技术应用办公室,他们均向小企业提供相关技术支持和服务。美国各州政府还建有科技工业园和企业孵化器,通过提供场所、资金和服务,支持创业阶段的小企业及科技人员,以推动小企业科技成果转化。

二、日本的小企业扶持论及其发展观

日本小企业在经济发展和社会安定方面都具有举足轻重的地位，因此，日本扶持小企业的观念一直比较强，主张二重经济结构理论。其基本观点是，日本是少数现代化大企业与大量中小企业并存的二重经济结构国家；大企业与中小企业都是国民经济的主体，两者相互需要、相互依存；现代化大生产需要广泛的专业化协作，应建立以大企业、大公司为中心和骨干，以大量中小企业为群体和基础的"富士山式"的系列化生产经营体制；与大企业相比较，中小企业应付经济衰退的能力很差，破产倒闭的危险也更大，且中小企业相对落后是日本经济社会中各种矛盾和问题产生的重要原因，政府更应采取必要措施，发展小企业，提高其素质，改变其落后状况，以推动整个经济的稳定和快速发展。正因为如此，小企业扶持论与发展观的思想在日本的立法、政策和政府管理上都得到了充分体现。

日本小企业政策经历了一个长期发展、变化的历程，在不同的发展阶段表现出不同的特点。日本政府的小企业政策主要包括三个方面，一是强化经营基础，包括金融对策、税制对策、组织合理化对策、交易公证对策等；二是支持结构调整，包括支持发展新型产业对策、支持新创业对策、技术提高对策、信息化对策、国际化对策等；三是其他专业对策，包括防止过度竞争，小企业与大企业的协调、防止不公正交易等。这一过程大致可以分为如下四个阶段。

第一阶段是从第二次世界大战后到20世纪50年代中期。小企业政策的基本特点，是把小企业视为弱者，以保护性政策为主。这一阶段中，实行以金融政策和卡特尔政策为主要内容的社会性政策。金融政策是通过建立专门为小企业服务的政府金融机构和完善信用补助制度来实施的，目的是帮助小企业解决资金困难。

第二阶段是从20世纪50年代后期到60年代。小企业政策有两个明显特点，一是与工业化相结合，积极推进技术改造；二是与产业结构转换相结合，以特定产业的小企业群为政策重点。从20世纪50年代末开始，由于政府开始推行促进大企业技术、设备现代化和利用规模经济的政策，大企业与中小企业的生产率差别明显拉大。小企业仅依靠劳动力的低工资已难以维持生存，迫切需要通过设备投资改进技术和提高劳动生产率。在这种情况下，政府的小企业政策从一般的扶持转向促进技术、设备的现代化，转向按产业的区别化进行扶持。

第三阶段是从20世纪70年代到80年代。小企业政策与产业结构政策相结合的趋势更加明显，所实施的是重视人才、技术和信息现代化的政策以及转产等产业调整政策。

第四阶段是 20 世纪 80 年代以后。这一阶段是实行经营科学化和保护小企业稳定发展的政策。日本政府制定了许多制度和措施，以促进小企业迅速实现经营管理现代化。

三、韩国的小企业扶持论及其发展观

韩国小企业的发展观念与其产业政策是一致的，韩国把小企业政策作为产业政策的一部分，承担补充产业政策、提高小企业适应能力、促进和调节市场竞争等作用。由于 20 世纪 60 年代韩国发展的重点是经济复苏和扩充社会基础设施，扶持出口产业及重化学工业，因此，虽然在 1966 年政府制定了《中小企业基本法》，以法律的形式规定了小企业的发展方向及基本政策，但是，受资金、原材料及政策自身局限性的影响，小企业并未得到相应的发展。同大企业相比，小企业处在相对萎缩期，在国民经济中的比重下降。以 1978 年《中小企业振兴法》的制定为主要标志，韩国积极推行小企业现代化，并通过金融、技术等各项具体政策措施，加强对小企业在经营、技术上的指导及行业支援，小企业在质量和数量上都得到了迅速发展。从 20 世纪 80 年代后期开始，与重点扶持高技术产业和调整产业结构的产业政策相一致，韩国制定了《促进中小企业经营安定及结构调整特别措施法》，强化小企业的技术开发、工程改造、自动化、信息化，加强大、中、小企业之间的协作关系，积极推进小企业产品出口。目前，小企业是韩国经济的基础，小企业受到空前的重视，生存竞争环境有了很大改善。韩国小企业政策的沿革，大体上经历了如下五个阶段。

第一阶段是 20 世纪 60 年代，即小企业扶持政策的起始阶段。20 世纪 60 年代初，韩国确立以出口导向的经济发展战略为起点，开始了工业化的进程。与此同时，政府对小企业的支援活动也正式展开。1960 年，韩国工业部设立中小企业课，并在 1961 年建立了为中小企业提供金融支持的中小银行。

第二阶段是 20 世纪 70 年代，即小企业结构调整政策阶段。20 世纪 60 年代形成的以出口导向产业为基础，70 年代韩国开始集中培育以重化学工业为主的产业结构，从而出现了产业部门间、企业间和地区间的不平衡发展。为了解决布局不均衡的矛盾，政府加强了对小企业产业分布和专业化的指导。

第三阶段是 20 世纪 80 年代，即小企业培育政策多样化阶段。20 世纪 80 年代末，韩国国内市场逐步开放，并开始通过投资结构的调整和合理化政策，进行产业结构的调整，同时，政府制定了《中小企业振兴长期计划》，进一步明确了小企业发展的基本目标、小企业政策的基本方向、政策实施手段和计划等。

第四阶段是20世纪90年代，即小企业政策重点转变阶段。1993年，韩国开始实施新经济五年计划，确定了国民经济自律、开放和国际化的发展方针。小企业政策的中心也开始由过去的保护和支持，转向有选择地重点支援有发展前景的小企业，加强大中小企业之间的协作关系，促进小企业技术自动化和竞争能力的提高。

第五阶段是20世纪90年代末至今，即小企业政策效率调整阶段。亚洲金融危机的爆发，显示出了韩国注重大企业、忽视小企业的不良后果，以大财团为经济主力的经济结构是导致韩经济受到严重损害的最主要原因。从一个侧面证明，以小企业为主力的经济更具有适应性和灵活性。因此，韩国政府进一步加强了对小企业政策的效率性调整，进一步强化小企业，特别是技术密集型风险企业创业支持的政策，进一步加大对小企业技术开发的人力、资金支持力度。大力培育技术密集型的小企业，已成为21世纪韩国小企业政策的中心内容。

四、德国的小企业扶持政策

德国政府将小企业视为"市场经济的心脏、增长与就业的发动机"，高度重视小企业工作。德国长期采取"限大促小"政策，促使政府管理者发挥调控作用与市场化运作紧密结合。德国小企业政策成效卓著，使得小企业在德国经济体系中的支柱性作用，远比美国和日本等国更为突出。

（一）德国小企业立法重视支持小企业充分发挥自身优势

德国重视扶持小企业发展，从20世纪70年代开始，联邦政府先后出台《中小企业组织原则》《反对限制竞争法》及《反垄断法》等法规，帮助小企业在与大公司的市场竞争中发展自身权益并维护其市场地位。德国立法重视给小企业找到"组织"，如德国的《公法》明确规定，所有企业在申请开业之时，都必须加入一个商会。德国政府极其重视员工的职业培训，通过出台《职工技术培训法》，规定所有企业的青年人必须参加技术培训，相应地，企业有义务为青年人提供技术培训岗位。同时，拥有灵活制法权的各州市都制定了《中小企业促进法》或《中小企业增加就业法》，为扶持小企业发展夯实了法律基础。

（二）德国重视通过行政机构有效管理，确保小企业法律法规落实到位

成立于1958年的联邦卡特尔局，是德国扶持小企业快速发展的关键机构。其主旨就是"限大促小"，即严格监督禁止大企业利用自己的垄断地位，采取压价或提价等不正当竞争手段打击限制小企业，以及禁止大企业的合并和对小企业的兼并。为指导小企业运营，德国的联邦政府和各州政府内均设有专门的业务职能部

门。其他与小企业相关的经济部门，也都分别设置相关机构，承担促进小企业发展的职责。在隶属德国经济技术部的八个业务职能局中，就有一个是负责小企业的中小企业局；成立于1951年的联邦外贸经济信息处，从事信息搜集、分析加工和传导，其主要服务对象是小企业；成立于1999年年底的项目小组，专为简化小企业发展面临的烦琐手续，研究建立更加高效的系统与程序。

（三）小企业财税金融支持政策有较强的高科技和市场导向作用

针对小企业普遍存在的资金难题，德国政府采取了一般性财政扶持、研发贷款资助、改善环境和改善地区经济结构补贴等财政金融扶持。德国对小企业的财政金融支持，有三个做法比较突出。一是实施担保贴息政策，对小企业融资发挥主导作用。德国通过两大政策性银行，对向小企业提供贷款的银行，给予2%～3%的利息补贴，同时，政府还为这些银行的贷款，提供承保损失最高可达60%的担保。二是采取投资资助政策，支持小企业开展技术创新与成果转化活动。德国联邦政府针对小企业的创业资助力度很大，一般来说，经过审查，新创业企业可获得相当于企业投资总额18%的政府资助。待到企业正常运营，还能再得到相当于企业投资总额15%的资助。联邦政府还设立了创新基金（ERP）以支持自有资金不足者的创业实践，并在发生创业风险时由ERP承担80%、银行承担20%的损失。三是落实参展支持政策，以鼓励小企业拓展国内外市场。德国政府每年拨专款资助企业参加各类展会以开拓市场，这些经费有99%都用于小企业。为保证政策落实，德国联邦政府经济部直接雇用专业展览公司，给小企业提供布展服务，并指定专门机构即德国经济出口管理处，负责相关工作的检查落实。另外，从税收扶持政策来看，德国政府于1998年出台了小企业减税计划，以保证其拥有更多的自由发展资金。

（四）德国小企业服务机构庞大且覆盖面广泛

德国在全国范围内拥有超过200家科技服务中心，同时还有众多的创业中心、工商联合会以及投资促进会等组织和机构。德国全国共有各类商会和协会超过150家，它们围绕小企业的繁杂需求，开展多种服务活动。经过多年的培育和努力，以社会市场经济为鲜明特色的德国，逐步构建了一个以联邦及各级地方政府部门为基础，以遍布全国的各类半官方服务机构为支撑，以多种商会和协会为桥梁，以各类社会中介机构为依托，庞大且覆盖范围广、极具德国特色的社会化小企业服务架构体系和网络。

第二章 小企业会计准则概述

第一节 小企业会计准则制定的背景和意义

一、小企业会计准则制定的背景

小企业是我国国民经济和社会发展的重要力量。促进小企业发展，对于提高经济增长活力、有效扩大就业、保持社会和谐稳定、建设创新型国家，具有十分重要的意义。因此，中央一直高度重视支持小企业发展，2003 年出台《中小企业促进法》，2005 年出台《鼓励支持和引导个体私营等非公有制经济发展的若干意见》（国发〔2005〕3 号）、2009 年出台《国务院关于进一步促进中小企业发展的若干意见》（国发〔2009〕36 号），2013 年出台《国务院办公厅关于金融支持小微企业发展的实施意见》，2014 年出台《中小企业国际市场开拓资金管理办法》《国务院关于扶持小型微型企业健康发展的意见》，2015 年出台《关于进一步做好小微企业税收优惠政策贯彻落实工作的通知》。这一系列扶持中小企业发展的综合性政策措施极大地推动了小企业的发展。

会计工作是经济、财政工作的重要基础。如何围绕中心、服务大局、贯彻落实国务院有关促进小企业发展的政策，是摆在会计工作者面前的一个问题。从客观上要求，在新的经济形势下，会计工作者要研究制定出一套既符合小企业发展新特征，又能够满足小企业会计信息使用者新需求的小企业会计准则，从而促进小企业提高经营管理水平，为国家扶持小企业发展各项政策措施的落实，提供有力的制度保障。

国际会计准则及各国制定的会计准则大部分针对大公司和上市公司，很少会考虑到小企业的会计需要及其特殊问题，因此，许多国家都是在所有企业中使用国际会计准则。但在实践过程中，部分小企业由于实施国际会计准则的成本太高，以至于出现背离国际会计准则、实施质量不高的现象。小企业由于其规模、组织形式以及产权关系等具有显著特征，表现在会计管理方面，在会计目标、会计信息使用者需求、会计机构和人员配置、会计核算水平等均有独特之处，因此，不论企业规模大小,一律执行单一的会计标准的做法并不合理。单独制定适用于中小企业或小企业的会计标准,减轻小企业在提供财务报告方面的负担,已成为国际社会的共识。联合国国际会计和报告标准政府间专家工作组(ISAR)于2000年7月提出了《中小企业会计》讨论稿,并最终制定了一套适用于普遍意义的经济业务的报告模型。在此基础上,国际会计准则理事会于2009年7月制定发布了《中小主体国际财务报告准则》,该准则的一个核心理念就是简化核算。因此,有必要在充分借鉴国际通行做法的基础上,立足于我国国情,研究制定出符合我国小企业实际情况的小企业会计准则,尽快实现与国际会计准则的接轨。

从我国实际情况看,企业会计准则体系得到了国内、国际社会的普遍认可,但这套准则体系的实施范围主要是上市公司及大中型企业,并不包括小企业。而2004年,制定并发布了《小企业会计制度》,在实践过程中显示出内容过时、在实际工作中令人无所适从的问题。例如,小企业会计制度中的小企业划型标准是经国务院批准,由原国家经贸委、原国家计委、财政部和国家统计局于2003年2月发布实施的,其中并未包括计算机服务和软件业、商务服务业、房地产业和租赁等,致使这些行业中的小企业有的执行行业会计制度,有的执行小企业会计制度,给相关人员了解企业的会计信息带来了困难。因此,2011年10月18日,中华人民共和国财政部以财会〔2011〕17号印发制定《小企业会计准则》,进一步规范了我国小企业会计工作。

二、小企业会计准则制定的意义

小企业会计准则的制定有利于促进小企业健康发展,其重要意义体现在以下几个方面。

(一)小企业会计准则的制定有利于健全企业会计准则体系

统筹推进企业会计准则和小企业会计准则的有效实施,可以规范企业的财务报告体系、统一企业财务报告数据的执行基础、提升企业会计标准实施的质量和效率,从而消除长期以来因会计标准不统一带来的各种问题,保证企业会计信息的真实性、可靠性和可比性,提高企业会计信息质量。

(二)小企业会计准则的制定有利于加强税收征管,促进小企业税负公平

制定完善的小企业会计准则体系,可以规范小企业的会计核算方式,方便税务部门了解小企业的财务状况,有助于依法治税,加强小企业的税收征管;同时也有助于税务机关根据小企业实际负担的能力征税,促进小企业的税负公平。

(三)小企业会计准则的制定有利于加强小企业的内部管理

小企业会计准则可以防范小企业贷款风险,促进小企业健康发展。制定完善

的小企业会计准则体系，可以引导小企业改善经营管理，提高其财务管理水平，增强企业的内生增长能力，并为银行对小企业的贷款风险管理提供了重要的制度保障，在一定程度上缓解了小企业融资难、贷款难的问题。

（四）企业会计准则和小企业会计准则分工明确，相互衔接，为小企业的发展提供了制度空间

《企业会计准则》指导上市公司及大中型企业的会计事务，而《小企业会计准则》在原则上遵循《企业会计准则——基本准则》，对会计确认、计量和报告要求进行适当简化，既维护了基本准则在整个会计标准体系中的统驭地位，又兼顾了小企业的实际情况。在极大程度上规范了小企业的会计行为，提高了小企业的会计信息质量，《小企业会计准则》简化了部分财务处理流程，最大限度地降低了小企业采用该制度的成本。注重与《企业会计准则》的衔接，也降低了小企业成长壮大为大中型企业、转而执行企业会计准则后，所面临的制度转换成本。

第二节　小企业会计准则的基本概念

一、会计基本假设

会计基本假设是小企业会计确认、计量和报告的前提，是对会计核算所处时间、空间环境等所做的合理设定。会计基本假设包括会计主体、持续经营、会计分期和货币计量。

（一）会计主体

会计主体是指会计为之服务的特定单位。要开展会计工作，首先应明确认定会计主体，也就是要明确会计人员的立足点（立场），要明确"记谁的账，编谁的表"。否则，就只能是胡乱记账、盲目编表。

会计人员只为特定的会计主体进行会计工作。每一会计主体不仅与其他会计主体相区别，而且独立于其本身的所有者。也就是说，会计所反映的是一个特定会计主体的经济业务。明确会计主体就是要求会计人员明白，会计工作是一个特定主体的会计工作，而不是其他会计主体或企业所有者的会计工作，他们必须站在这个特定会计主体的立场上来开展会计工作。

从理论上说，会计主体的规模并无统一的标准，可大可小。它可以是一个独立核算的经济实体，一个独立的法律个体；也可以是不进行独立核算的内部单位、班组，一个非法律个体。但是，从财务会计的角度来看，会计主体应是一个独立核算的经济实体，特别是需要单独反映财务状况与经营成果、编制独立的财务会计报告的实体。

会计主体可以分为记账主体和报告主体。一般情况下，记账主体与报告主体是一致的，但在将母公司和其子公司组成的企业集团作为报告主体编制合并财务报表的情况下，二者就不一致。这样的企业集团只是一个报告主体，不是一个独立的记账主体。

（二）持续经营

在明确认定会计主体之后，接着要准确判断主体状况。具体来讲，要判断企业是否处于持续经营的状况，以便确定会计核算的基础。

持续经营是指作为会计主体的企业，其经营活动将按照既定的目标持续下去，在可以预见的将来，不会面临破产和进行清算。这是绝大多数企业所处的正常状况，这样的会计主体，其所有资产将按照预定的目标，在正常的经营过程中被耗用或出售，它所承担的债务也将如期偿还。对于处在持续经营状况的企业，在进行会计确认、计量、记录和报告时，要采用非清算基础，要着眼于企业的可持续发展。财务会计的一系列方法都是以会计主体持续经营为前提的。例如，只有在持续经营的前提下，企业的资产才能按历史成本计价，固定资产才可以按其使用年限计提折旧。

对于处在非持续经营状况的企业，会计处理则要采用清算基础，着眼于清算资产和清算损益的核算。如果企业不具备持续经营的前提条件，而是已经或即将停止营业、进行清算，则需要处理其全部资产，清理其全部债权债务。

（三）会计期间

对于持续经营的企业来说，既然在可以预见的将来，它不会面临停业清算，企业就不能等到结束其经营活动时，才去进行结算和编制财务会计报告。为了定期反映企业的财务状况和经营成果，向有关各方提供信息，需要清楚划分会计期间，即人为地把持续不断的企业生产经营活动，划分为较短的经营期间。会计期间通常为一年，称为会计年度。世界各国企业的会计年度起讫日期并不统一，例如，有的企业以本年的7月1日至下年的6月30日为一会计年度，有的企业以本年的4月1日至下年的3月31日为一会计年度。

从理论上讲，将会计年度的起讫点定在企业经营活动的淡季（如果有的话）比较适宜，因为此时各项会计要素的变化较小，便于对会计要素进行计量，特别是便于计算确定本会计年度的盈亏。由于淡季的经济业务较少，会计人员有较为充裕的时间办理年度结算业务，便于及时编制财务会计报告。西方国家许多企业的会计年度结算日就是处于营业活动的淡季。然而，将会计年度的起讫日定在营业活动的淡季也有其局限性，这主要表现在淡季资产负债表所反映的年末财务状况往往缺乏代表性，例如，年末所反映的短期偿债能力有可能比年中其他时间的结果要好。

我国《企业会计准则——基本准则》规定，会计期间分为年度和中期。中期是指短于一个完整的会计年度的报告期间，如季度和月度。

（四）货币计量

财务会计主要提供定量的财务信息或会计信息，因此开展会计工作，会计记账或编表时需要恰当选择计量尺度。会计计量尺度的选择涉及三个层次的问题。

第一，在众多计量尺度中选择货币作为主要计量尺度。会计提供信息要以货币为主要计量尺度。企业的经济活动是多种多样、错综复杂的。为了实现会计目的，企业会计必须综合地反映企业的各种经济活动，这就要求有一个统一的计量尺度。在商品经济条件下，货币作为一种特殊的商品，最适合充当这种统一的计量尺度。

第二，选择某种具体的货币作为会计本位币。会计本位币是会计记账或编表时作为统一计量尺度的货币。会计本位币以外的货币称为外币。在企业的日常经营活动中，可能运用多种货币。在这种情况下，必须选择某种货币作为统一计量尺度，否则会计信息的可比性等问题仍然无法解决。在我国，原则上应以人民币作为会计本位币。会计本位币可以分为记账本位币与报告本位币。记账本位币是会计记账时作为统一计量尺度的货币，报告本位币则是会计编表时作为统一计量尺度的货币。一般情况下，记账本位币与报告本位币是一致的，但按照《中华人民共和国会计法》的规定，二者也可能不一致。

企业在日常会计核算中涉及外币业务时，需要将外币金额折算为记账本位币的金额。在编制合并财务报表时，如果涉及外币财务报表，需要首先将以外币反映的财务报表折算为以报告本位币反映的财务报表，然后进行合并。

第三，要选择会计本位币的具体计量尺度，是名义会计本位币，还是不变会计本位币。货币作为一种特殊的商品，其价值不是固定不变的。为了简化会计计量，也便于会计信息的使用，在币值变动不大的情况下，一般不考虑币值的变动。然而，由于世界性的通货膨胀给经济发展带来很大的影响，要求财务会计报告如实地反映通货膨胀的影响，因此产生了通货膨胀会计。

要实际进行会计确认、计量和报告，除了应明确以货币作为主要计量尺度之外，还需要具体确定记账本位币，即按何种统一的货币来反映企业的财务状况与经营成果。在企业的经济业务涉及多种货币的情况下，需要确定某一种货币为记账本位币；涉及非记账本位币的业务，需要采用某种汇率折算为记账本位币登记入账。

二、会计基础

企业会计的确认、计量和报告应当以权责发生制为基础。权责发生制基础要求，凡是当期已经实现的收入和已经发生或应当负担的费用，无论款项是否收付，都应当作为当期的收入和费用，计入利润表；凡是不属于当期的收入和费用，即使款项已在当期收付，也不应当作为当期的收入和费用。

在实务中，企业交易或者事项的发生时间与相关货币收支时间有时并不完全一致。例如，款项已经收到，但销售并未实现；或者款项已经支付，但并不是为本期生产经营活动而发生的。为了更加真实、公允地反映特定会计期间的财务状况和经营成果，基本准则明确规定，企业在会计确认、计量和报告中应当以权责发生制为基础。

收付实现制是与权责发生制相对应的一种会计基础，它是以收到或支付现金作为确认收入和费用的依据。目前，我国的行政单位会计采用收付实现制，事业单位会计除经营业务可以采用权责发生制外，其他大部分业务采用收付实现制。

三、会计信息的质量要求

为了实现财务会计报告的目标，保证会计信息的质量，必须明确会计信息的质量要求。会计信息的质量要求是财务会计报告所提供信息应达到的基本标准和要求。一般认为，会计信息的质量要求主要包括客观性、相关性、明晰性、可比性、实质重于形式、重要性、谨慎性和及时性。

（一）客观性

客观性是指企业的会计记录和财务会计报告必须真实、客观地反映企业的经济活动。企业的会计核算应当以实际发生的经济业务为依据，如实反映企业的财务状况和经营成果。

会计信息的客观性主要包括真实性和可靠性两方面含义。

真实性是指会计反映的结果应当同企业实际的财务状况和经营成果相一致。每一项会计记录都要有合法的凭证为依据，不允许弄虚作假。财务会计报告必须如实反映情况，要保证账证、账账、账表和账实之间相互一致。

可靠性是指对于经济业务的记录和报告，应当做到不偏不倚，以客观事实为依据，而不应受主观意志的左右，力求使会计信息可靠。

（二）相关性

相关性是指会计信息要同信息使用者的经济决策相关联，即人们可以利用会计信息做出有关的经济决策。对会计信息的相关性要求，是随着企业内外环境的变化而变化的。在高度集中的计划经济体制下，企业的会计工作和会计信息主要是为满足国家对企业进行直接管理服务的。随着社会主义市场经济的建立和不断完善，国家对企业的管理逐步由直接管理转向间接管理，主要是利用经济杠杆进行宏观调控，国家对企业会计信息的需要也发生了变化。此外，随着企业筹资渠道的多元化，企业之间的经济联系也迅速增强，会计信息的外部使用者已不再局限于国家，而扩大到其他投资者、债权人等与企业有经济利害关系的群体。同时，随着企业自主权的扩大，会计信息在企业内部经营管理中发挥着更大的作用。因此，在目前情况下，强调会计信息的相关性，就是要求企业会计信息要满足投资者、债权人等利益相关者进行经济决策的需要。

（三）明晰性

明晰性，也称为可理解性，是指会计记录必须清晰、简明，便于理解和使用。

提供会计信息的目的在于帮助信息使用者进行经济决策，要运用会计信息就必须理解会计信息的内涵。这就要求会计信息能简单明了地反映企业的财务状况与经营成果，容易为使用者所理解。要在保证会计信息的客观性与相关性的前提下，力求使会计信息简明易懂。当然，要真正发挥会计信息的作用，还需要使用者具备一定的会计专业知识。

（四）可比性

可比性是指企业提供的会计信息应当相互可比。

可比性包括两个方面：一是同一企业不同时期发生的相同或相似的交易或事项，应当采用一致的会计政策，不得随意变更，如需变更的，应当在附注中说明；二是不同企业发生的相同或相似的交易或事项，应当采用规定的会计政策，确保会计信息口径一致，相互可比。

企业会计信息的使用者不但要通过阅读某一会计期间的财务报告，掌握企业在一定时期的财务状况与经营成果，而且要能够比较企业不同时期的财务报告，以明确企业财务状况和经营成果的变化趋势。因此，企业提供的财务报告应当具有可比性，即对于同一企业在不同地点和不同时间发生的相同类型的经济业务，应该采用一致的会计处理程序与方法。

在会计核算中，相同的业务往往存在着多种会计处理方法。例如，存货计价方法、固定资产折旧的计算方法、产品成本的计算方法等，企业可以在国家统一的会计制度允许的范围内选择运用。但是，为了保证财务报告前后期有关数据的可比性，便于信息使用者做出正确的经济决策，要求企业的各种会计处理方法和财务报告的指标口径、核算内容、编制规则在前后各期保持一致。此外，强化可比性的要求，还可以防止某些企业或个人通过会计处理方法的变动，人为地操纵企业的资产、负债、收入、费用、利润等会计指标，粉饰企业的财务状况和经营成果。

强调可比性并不要求企业采用的会计政策绝对不变。如果原来采用的会计程序和方法已不符合客观性与相关性的要求，企业就不宜继续采用。如果存在更加相关和可靠的会计处理程序与方法，企业不宜保持其会计方法不变。因此，按照可比性的要求，企业不但要揭示其编制财务报告所采用的会计程序与方法，而且在企业确有必要改变原有的会计处理程序与方法时，应当将变更的内容和理由、变更的累积影响数，以及累积影响数不能合理确定的理由等，在会计报表附注中予以说明。

出于比较不同的投资机会等原因，信息使用者还需要能够比较不同企业的财务报告，以评估不同企业相对的财务状况、经营成果和现金流量情况。因此，企业在编制财务报告时，对于相同的经济业务，应当采用相同的会计程序和方法。这就要求，一方面，国家统一的会计制度要尽量减少企业选择会计政策的余地；另一方面，企业要严格按照国家统一的会计制度的规定选择会计政策。

（五）实质重于形式

实质重于形式是指企业应当按照交易或事项的经济实质进行会计确认、计量和报告，而不应仅以交易或事项的法律形式为依据。有时候交易或事项的法律形式并不能真实反映其实质内容，因此，为了真实反映企业的财务状况和经营成果，就不能仅根据交易或事项的外在表现形式来进行会计确认、计量和报告，而应反映其经济实质。例如，在说明资产的确认时曾指出，企业以融资租赁方式租入的固定资产，从法律形式来看，其所有权尚不属于承租企业，但从经济实质来看，该资产受承租企业实际控制，因此，应当将其作为承租企业的资产进行核算，否则，就不能真实反映该项业务对企业的影响。

（六）重要性

重要性是指企业提供的会计信息应当反映与企业财务状况、经营成果和现金流量等有关的所有重要交易或事项。

（七）谨慎性

谨慎性也称为稳健性，是指企业对交易或事项进行会计确认、计量和报告应当保持应有的谨慎，不应高估资产或者收益、低估负债或者费用。在对某一会计事项有多种不同的处理方法可供选择时，应尽可能选择一种不导致高估资产或收入的做法，以免损害企业的财务实力，防止会计信息使用者对企业的财务状况与经营成果持盲目乐观的态度。例如，对期末应收账款预计坏账发生、计提坏账准备，对期末存货估价采用成本与可变现净值孰低法等做法，都体现了谨慎性的要求。

（八）及时性

和任何其他信息一样，会计信息也具有时效性，其价值会随着时间的流逝而逐渐降低。这就要求企业的会计确认、计量和报告必须满足及时性的要求。及时性包括及时记录与及时报告两个方面，及时记录就是要求对企业的经济业务及时地进行会计处理，本期的经济业务应当在本期内进行处理，不能延至下一个会计期间或提前至上一个会计期间；及时报告是指要把会计资料及时地传送出去，将财务报告及时呈报，也就是说，财务报告应该在会计期间结束后规定的日期内呈报给有关单位或个人。及时记录与及时报告是紧密联系的两个方面。及时记录是及时报告的前提，只有将会计资料及时地记录下来，才有可能及时地报告；及时报告是会计信息时效性的重要保证，如果不能及时报告，那么即使会计记录很及时也会使会计信息失去时效性。因此，企业会计应将及时记录与及时报告二者很好地统一起来。

四、会计要素

会计要素是根据交易或者事项的经济特征所确定的财务会计对象的基本分类。基本准则规定，会计要素按照其性质分为资产、负债、所有者权益、收入、费用和利润。其中，资产、负债和所有者权益要素侧重于反映企业的财务状况，收入、费用和利润要素侧重于反映企业的经营成果。会计要素的界定和分类可以使财务会计系统更加科学严密，为投资者或财务报告使用者提供更加有用的信息。

（一）资产

1. 资产的定义

资产，是指小企业过去的交易或者事项形成的、由小企业拥有或者控制的、预期会给小企业带来经济利益的资源。

2. 资产的确认条件

将一项资源确认为资产，需要符合资产的定义，还应同时满足以下两个条件：

（1）与该资源有关的经济利益很可能流入企业；

（2）该资源的成本或者价值能够可靠地计量。

（二）负债

1. 负债的定义

负债，是指小企业过去的交易或者事项形成的，预期会导致经济利益流出小企业的现时义务。

2. 负债的确认条件

将一项现时义务确认为负债，需要符合负债的定义，还应当同时满足以下两个条件：

（1）与该义务有关的经济利益很可能流出企业；

（2）未来流出的经济利益的金额能够可靠地计量。

（三）所有者权益

1. 所有者权益的定义

所有者权益，是指小企业的资产扣除负债后由所有者享有的剩余权益。企业的所有者权益又称为股东权益。所有者权益是所有者对企业资产的剩余索取权，它是企业资产中扣除债权人权益后由所有者享有的部分，既可反映所有者投入资本的保值增值情况，又体现了保护债权人权益的理念。所有者权益的来源包括所有者投入的资本、直接计入所有者权益的利得和损失、留存收益等，通常由实收资本、资本公积、盈余公积和未分配利润构成。

2. 所有者权益的确认条件

所有者权益反映的是小企业所有者对企业资产的剩余索取权，其确认和计量主要取决于资产、负债、收入、费用等其他会计要素的确认和计量。所有者权益即为企业的净资产，是企业资产总额中扣除债权人权益后的净额，反映所有者（股东）财富的净增加额。通常，企业收入增加时，会导致资产的增加，相应地，会增加所有者权益；企业发生费用时，会导致负债增加，相应地，会减少所有者权益。因此，企业日常经营的好坏和资产与负债的质量直接决定着企业所有者权益的增减变化和资本的保值增值。

（四）收入

1. 收入的定义

收入，是指小企业在日常活动中形成的、会导致所有者权益增加的、与所有者投入资本无关的经济利益的总流入。

2. 收入的确认条件

企业收入的来源渠道有多种多样，不同收入来源的特征有所不同，其收入确认条件也往往存在一些差别，如销售商品、提供劳务、让渡资产使用权等。一般而言，收入只有在经济利益很可能流入从而导致企业资产增加或者负债减少、经济利益的流入额能够可靠地计量时，才能予以确认。即收入的确认至少应当符合以下条件：

（1）与收入相关的经济利益应当很可能流入企业；

（2）经济利益流入企业的结果会导致资产的增加或者负债的减少；

（3）经济利益的流入额能够可靠地计量。

（五）费用

1. 费用的定义

费用，是指小企业在日常活动中发生的、会导致所有者权益减少的、与向所有者分配利润无关的经济利益的总流出。

2. 费用的确认条件

费用的确认除了应当符合定义外，也应当满足严格的条件，即费用只有在经济利益很可能流出从而导致企业资产减少或者负债增加、经济利益的流出额能够可靠地计量时，才能予以确认。费用的确认至少应当符合以下条件：

（1）与费用相关的经济利益应当很可能流出企业；

（2）经济利益流出企业的结果会导致资产的减少或者负债的增加；

（3）经济利益的流出额能够可靠地计量。

（六）利润

1. 利润的定义

利润，是指小企业在一定会计期间的经营成果。如果企业实现了利润，表明企业的所有者权益将增加，业绩得到了提升；反之，如果企业发生了亏损（即利润为负数），表明企业的所有者权益将减少，业绩下降。利润是评价企业管理层业绩的指标之一，也是投资者等财务报告使用者进行决策时的重要参考。

利润包括收入减去费用后的净额、直接计入当期利润的利得和损失等。其中收入减去费用后的净额反映企业日常活动的经营业绩；直接计入当期利润的利得和损失反映企业非日常活动的业绩。直接计入当期利润的利得和损失，是指应当计入当期损益、最终会引起所有者权益发生增减变动的、与所有者投入资本或者向所有者分配利润无关的利得或者损失。企业应当严格区分收入和利得、费用和损失之间的区别，以便更加全面地反映企业的经营业绩。

2. 利润的确认条件

利润反映收入减去费用、利得减去损失后的净额。利润的确认主要依赖于收入和费用以及利得和损失的确认，其金额的确定也主要取决于收入、费用、利得、损失金额的计量。

五、会计计量

企业将符合确认条件的会计要素登记入账并列报于财务报表及其附注时,应当按照规定的会计计量属性进行计量,确定相关金额。计量属性反映的是会计要素金额的确定基础,主要包括历史成本、重置成本、可变现净值、现值和公允价值等。

(一) 会计要素的计量属性

1. 历史成本

历史成本又称为实际成本,就是取得或制造某项财产物资时,所实际支付的现金或其他等价物。在历史成本计量下,资产按照其购置时支付的现金或者现金等价物的金额,或者按照购置资产时所付出的对价的公允价值计量。负债按照承担现时义务而实际收到的款项或者资产的金额,或者承担现时义务的合同金额,或者按照日常活动中为偿还负债预期需要支付的现金或者现金等价物的金额计量。

2. 重置成本

重置成本又称为现行成本,是指按照当前市场条件,重新取得同样一项资产所需支付的现金或现金等价物金额。在重置成本计量下,资产按照现在购买相同或者相似资产所需支付的现金或者现金等价物的金额计量。负债按照现在偿付该项债务所需支付的现金或者现金等价物的金额计量。在实务中,重置成本多应用于盘盈固定资产的计量等。

3. 可变现净值

可变现净值,是指在正常生产经营过程中,以资产预计售价减去进一步加工成本和预计销售费用以及相关税费后的净值。在可变现净值计量下,资产按照其正常对外销售所能收到现金或者现金等价物的金额,扣减该资产至完工时估计将要发生的成本、估计的销售费用以及相关税费后的金额计量。可变现净值通常应用于存货资产减值情况下的后续计量。

4. 现值

现值,是指对未来现金流量以恰当的折现率进行折现后的价值,是考虑货币时间价值的一种计量属性。在现值计量下,资产按照预计从其持续使用和最终处置中所取得的未来净现金流入量的折现金额计量。负债按照预计期限内需要偿还的未来净现金流出量的折现金额计量。

5. 公允价值

公允价值,是指在公平交易中,熟悉情况的交易双方自愿进行资产交换或者债务清偿的金额。在公允价值计量下，资产和负债按照在公平交易中熟悉情况的交易双方自愿进行资产交换或者债务清偿的金额计量。

（二）各种计量属性之间的关系

在各种会计要素计量属性中，历史成本反映的是资产或者负债过去的价值，而重置成本、可变现净值、现值以及公允价值反映的是资产或者负债的现时成本或者现时价值，是与历史成本相对应的计量属性。公允价值相对于历史成本而言，具有很强的时间概念，也就是说，当前环境下某项资产或负债的历史成本可能是过去环境下该项资产或负债的公允价值，而当前环境下某项资产或负债的公允价值也许就是未来环境下该项资产或负债的历史成本。一项交易在交易时点通常是按公允价值交易的，随后就变成了历史成本，资产或者负债的历史成本许多就是根据交易时有关资产或者负债的公允价值确定的。比如，在非货币性资产交换中，如果交换具有商业实质，且换入、换出资产的公允价值能够可靠地计量，换入资产入账成本的确定应当以换出资产的公允价值为基础，除非有确凿证据表明换入资产的公允价值更加可靠。在应用公允价值时，相关资产或者负债不存在活跃市场的报价，或者不存在同类或者类似资产的活跃市场报价时，需要采用估值技术来确定相关资产或者负债的公允价值，而在采用估值技术估计相关资产或者负债的公允价值时，现值往往是比较普遍的一种估值方法，在这种情况下，公允价值就是以现值为基础确定的。

（三）计量属性的应用原则

基本准则规定，企业在对会计要素进行计量时，一般应当采用历史成本，采用重置成本、可变现净值、现值、公允价值计量的，应当保证所确定的会计要素金额能够取得并可靠地计量。

值得注意的是，企业会计准则体系引入公允价值是适度、谨慎和有条件的。原因是考虑到我国尚属新兴和转型的市场经济国家，如果不加限制地引入公允价值，就可能出现公允价值计量不可靠，甚至出现人为操纵利润的现象。因此，对公允价值的使用提出了较为严格的要求。

第三节　小企业会计准则的适用范围

一、适用《小企业会计准则》的小企业

《小企业会计准则》适用于在中华人民共和国境内设立的、同时满足下列三个条件的小企业。

（一）不承担社会公众责任

本准则所称承担社会公众责任，主要包括两种情形，一是企业的股票或债券在市场上公开交易，如上市公司和发行企业债的非上市企业、准备上市的公司和准备发行企业债的非上市企业；二是受托持有和管理财务资源的金融机构或其他企业，如非上市金融机构、具有金融性质的基金等其他企业（或主体）。

（二）经营规模较小

本准则所称经营规模较小，是指符合国务院发布的《中小企业划型标准规定》所规定的小企业标准或微型企业标准。

（三）既不是企业集团内的母公司也不是子公司

企业集团内的母公司和子公司均应当执行《企业会计准则》。

二、不适用《小企业会计准则》的小企业

《小企业会计准则》中，对不适用该准则的小企业有着明确的规定，本准则适用于在中华人民共和国境内依法设立的、符合《中小企业划型标准规定》所规定的小型企业标准的企业。下列三类小企业除外。

（1）股票或债券在市场上公开交易的小企业；

（2）金融机构或其他具有金融性质的小企业；

（3）企业集团内的母公司和子公司。

前款所称企业集团、母公司和子公司的定义与《企业会计准则》的规定相同。

这三类小企业，之所以不适用于《小企业会计准则》，都有其具体的原因。

第一类企业，股票或债券在市场上公开交易的小企业，这类企业是符合《中小企业划型标准规定》的，但是由于股票和债券在发行时，对企业的规模有相应的规定和限制，而这个规模实际上已经超出小企业会计准则所定义的范围，所以这类企业并不适用《小企业会计准则》。

第二类企业，即金融机构或其他具有金融性质的小企业，这类企业的业务相对较特殊，《小企业会计准则》的相关规定并不适用。

第三类企业，即企业集团内的母公司和子公司，这类企业一般会在期末进行合并报表，合并之后，其规模肯定超过小企业的规模。而且有些比较小的子公司，为了与集团进行总体汇总，其会计核算系统也需要与集团公司整体一致。

三、《小企业会计准则》的实施原则

《小企业会计准则》在实际工作中，其实施也有相应的规定。

执行本准则的小企业，发生的交易或者事项本准则未作规范的，可以参照《企业会计准则》中的相关规定进行处理。

执行《企业会计准则》的小企业，不得在执行《企业会计准则》的同时，选择执行本准则的相关规定。

执行本准则的小企业公开发行股票或债券的，应当转为执行《企业会计准则》；因经营规模或企业性质变化，导致不符合本准则第二条规定而成为大中型企业或金融企业的，应当从次年1月1日起转为执行《企业会计准则》。

已执行《企业会计准则》的上市公司、大中型企业和小企业，不得转为执行本准则。"第四条 执行本准则的小企业转为执行《企业会计准则》时，应当按照《企业会计准则第38号——首次执行企业会计准则》等相关规定进行会计处理。"

（一）《小企业会计准则》并非强制执行

《小企业会计准则》总则第三条明确规定，"符合本准则第二条规定的小企业，可以执行本准则，也可以执行《企业会计准则》"，就是说符合规定的小企业，在进行会计核算时，可以选用《小企业会计准则》也可以不选用《小企业会计准则》。

并不是只要符合规定的小企业都必须执行《小企业会计准则》，小企业可以根据情况进行会计准则的选用。

（二）两准则的并行原则

只有已实行《小企业会计准则》的企业，其未进行详尽规定的事项，可以参照《企业会计准则》进行核算。而已采用《企业会计准则》的企业，却不能参照《小企业会计准则》进行核算。

已经实行《小企业会计准则》的小企业，当企业规模或性质发生变化时，如企业规模超过小企业的范围，或企业的股票及债券公开发行，导致不符合本准则第二条规定而成为大中型企业或金融企业的，应当从次年1月1日起转为执行《企业会计准则》。

执行《小企业会计准则》的、符合条件的小企业，需要转为执行《企业会计

准则》的，应当按照《企业会计准则》关于首次执行企业会计准则的相关规定，进行初始操作和处理。

2013年1月1日之后已经执行《企业会计准则》的上市公司、大中型企业和小企业，不得再转为执行《小企业会计准则》。

(三) 小企业会计准则制定的意义

第一，小企业会计准则的制定有利于健全企业会计准则体系。

第二，小企业会计准则的制定有利于加强税收征管、促进小企业税负公平。

第三，小企业会计准则的制定有利于加强小企业的内部管理、防范小企业贷款风险。

第四，小企业会计准则的制定为小企业的发展提供了制度空间。

第五，小企业会计准则的制定帮助小企业轻松上阵，充分考虑我国小企业规模较小、业务较为简单、会计基础工作较为薄弱、会计信息使用者的信息需求相对单一等实际情况，对小企业的会计确认、计量和报告进行了简化处理，减少了会计人员职业判断的内容与空间。

第四节　企业会计准则和小企业准则与税法差异比较

一、税会差异所指的"税"的内涵

一般情况下，税会差异的"税"主要是指流转税和企业所得税。

流转税的税会差异主要来自于会计核算收入的确认原则与税法规定纳税义务发生时间、纳税义务产生等。最常见有增值税、消费税涉及的视同销售，增值税提前开具发票，纳税义务提前，会计上由于按照准则判定不符合收入确认，而税务上却须确认纳税义务。

流转税产生的税会差异相对简单。企业所得税由于本身比较复杂，与会计核算的资产、负债、所有者权益和损益等密切相关，所以涉及的税会差异就很复杂。

二、小企业会计准则与企业会计准则对于税会差异的处理原则

(一) 资产方面

1.短期投资、长期债券投资

《小企业会计准则》规定，不采用金融资产四分类方法，对债券投资和股权投

资均采用成本法进行后续计量；持有期间利息的计提在约定付息日，不采用实际利率法。

《企业会计准则第22号——金融工具确认和计量》中规定，金融资产应在初始确认时分为四大类：以公允价值计量且其变动计入当期损益的金融资产（可进一步分为交易性金融资产和指定为以公允值计量且其变动计入当期损益的金融资产，简称交易性金融资产）、持有至到期投资、贷款和应收款项以及可供出售金融资产。某项金融资产具体应分为哪一类，主要取决于企业管理层的风险管理、投资决策等管理意图。《企业会计准则》规定，利息应按实际利率计算。

二者差异对税会差异的影响。《小企业会计准则》的规定基本上就是按照企业所得税法的规定进行，因此不会产生税会差异；《企业会计准则》的规定与企业所得税法差异较大，无论是公允价值变动、计提减值准备、实际利率法等都会产生税会差异。

2. 资产减值

《小企业会计准则》规定，小企业的资产应当按照成本计量，不要求计提资产减值准备。

《企业会计准则第8号——资产减值》规定，资产减值是指资产的可收回金额低于其账面价值。如果可收回金额的计量结果表明，资产的可收回金额低于其账面价值的，应当将资产的账面价值减记至可收回金额，减记的金额确认为资产减值损失，计入当期损益，同时计提相应的资产减值准备。

《企业会计准则第1号——存货》第十九条规定，资产负债表日，企业应当确定存货的可变现净值。以前减记存货价值的影响因素已经消失的，减记的金额应当予以恢复，并在原已计提的存货跌价准备金额内转回，转回的金额计入当期损益。

二者对税会差异的影响。《小企业会计准则》的规定不会产生税会差异；而《企业会计准则》规定计提减值准备或存货跌价准备等，都是无法在计提时在税前扣除，按税法规定须在损失实际发生时才可以扣除，必然产生税会差异。

3. 长期股权投资

《小企业会计准则》规定，统一采用成本法核算。对于通过非货币性资产交换取得的长期股权投资，不区分有无商业实质，也不区分对被投资企业有无控制、共同控制或重大影响，均采用成本法核算，与税法规定基本一致。

《企业会计准则第2号——长期股权投资》规定，初始计量需区分是企业合并形成还是其他方式取得，来确定其初始投资成本，其中涉及货币性资产交换、债务重组的，要按相关具体会计准则进行确认。在后续计量上，投资企业对被投资企业实施控制采用成本法；对被投资企业具有共同控制或重大影响的应采用权益法；对不具有共同控制或重大影响，并且在活跃市场中没有报价，公允价值不能可靠计量的，按照新修订的《企业会计准则第2号——长期股权投资》规定，不应在"长期股权投资"中核算，而应在"可供出售金融资产"核算。

4. 固定资产核算

《小企业会计准则》规定，小企业应根据固定资产的性质和使用情况，并考虑税法的规定，合理确定固定资产的使用寿命和预计净残值。即折旧政策基本与税法规定保持一致。

《企业会计准则第4号——固定资产》的规定，取消了固定资产使用寿命年限和预计净残值的量化标准，允许企业根据固定资产的性质和使用情况，运用会计人员的职业判断，自行确定固定资产的使用寿命年限和预计净残值。

5. 长期待摊费用核算

《小企业会计准则》规定，小企业的长期待摊费用包括，已提足折旧的固定资产的改建支出、经营租入固定资产的改建支出、固定资产的大修理支出和其他长期待摊费用（开办费）等。长期待摊费用应在其摊销期限内采用年限平均法进行摊销，根据其受益对象计入相关资产的成本或者管理费用，并冲减长期待摊费用。保持与所得税法基本一致的后续支出的会计处理方法。

《企业会计准则》规定，"长期待摊费用"核算企业已经发生但应由本期和以后各期负担的，分摊期限在1年以上的各项费用，如以经营租赁方式租入的固定资产发生的改良支出等。筹建期内发生的各项费用，不再在"长期待摊费用——开办费"中列示，而是直接列入了"管理费用"中。

因此，小企业会计准则特点是，资产处理强调历史成本，不计提减值准备，并规定了与所得税法相一致的固定资产计提折旧最低年限，以及后续支出的会计处理方法，实现了资产的会计处理与企业所得税法中的"资产税务处理"相一致。由于不存在暂时性差异，不需采用资产负债表债务法确认递延所得税资产和递延所得税负债，只对出现的永久性差异和时间性差异进行纳税调整即可。而采用《企业会计准则》核算的企业，会计计量属性并不仅限于历史成本，会计账面价值与税法计税基础可能存在差异。因此，应按照资产负债表债务法核算所得税费用，需要确认递延所得税资产和递延所得税负债。

（二）负债方面的差异

《小企业会计准则》规定，要求以实际发生额入账，利息计算统一采用票面利率或合同利率；会计方法也减少预提的使用。如短期借款应当按照借款本金和借款合同利率在应付利息日计提利息费用，不采用实际利率法。因解除与职工的劳动关系给予的补偿的说明，在实际支付补偿时计入损益科目，不采用在劳动合同解除日按折现值预提的做法。长期借款应当按照借款本金和借款合同利率在应付利息日计提利息费用，同短期借款利息的处理原则相同。

《企业会计准则》规定，应付债券是按摊余价值计量并按实际利率确认费用处理的。辞退福利中如实质性辞退工作在一年内实施，但补偿款项超过一年支付的辞退计划，要选择适当的折现率，以折现值后的金额作为该辞退福利的金额计入当期管理费用。

因此，采用《小企业会计准则》核算的企业，负债方面也不存在暂时性差异，不采用资产负债表债务法核算所得税费用，而采用《企业会计准则》核算的企业，应当按照资产负债表债务法核算所得税费用，对产生的暂时性差异要确认递延所得税资产和递延所得税负债。

（三）所有者权益方面的差异

资本公积核算的差异。《小企业会计准则》规定，资本公积核算内容仅限于资本溢价部分，即小企业收到投资者出资额超过其注册资本或股本中所占份额的部分。小企业资本公积不得用于弥补亏损。不核算其他资本公积。

《企业会计准则》规定，资本公积中除核算资本溢价（或股本溢价）外，还核算其他资本公积。同时《企业会计准则》还核算其他综合收益。会计处理相对复杂。

（四）收入方面的差异

收入方面的差异。《小企业会计准则》规定，采用发出货物和收取款项作为标准，减少关于风险报酬转移的职业判断，同时就几种常见的销售方式，明确规定了收入确认的时点。《小企业会计准则》下，收入与费用的确认与计量减少了关于风险报酬转移的职业判断，这是由于考虑到小企业会计人员专业素质较低，不能恰当地进行职业判断所设计的。而《企业会计准则第14号——收入》规定，只有在满足收入确认条件时，才能进行确认，其中需要考虑所有权的主要风险和报酬是否转让，对交易或者事项要贯彻实质重于形式的原则。

三、《小企业会计准则》与《企业会计准则》对于税会差异处理不同产生的原因

中小微企业是社会经济的重要组成部分，企业主体占整个企业主体总数的90%以上，解决的就业和从业人员占到整个社会60%以上。虽然中小微企业众多，但是，在激烈的市场经济竞争中却处于劣势，财务管理偏弱，财务人员整体素质不高。基于这种国情，财政部实事求是地制定颁布了《小企业会计准则》，该准则的中心意图是，降低企业的税务遵从成本，尽可能地减少税会差异，促进企业健康快速发展。

第三章 我国小企业发展现状

第一节 我国小企业发展面临的困难

一、当前我国小企业发展的现状

2016年我国小微企业贷款增速高于大中型企业。中国人民银行发布的数据显示，2016年12月末，我国小微企业人民币贷款余额为20.84万亿元，同比增长16%，比同期大型和中型企业贷款增速分别高7.2和9.1个百分点。央行统计显示，2016年12月末，我国小微企业贷款余额占企业贷款余额的32.1%，占比比上年同期高1.6个百分点。全年小微企业贷款增加3万亿元，同比多增7815亿元，增量占同期企业贷款增量的49.1%，比上年同期高12.5个百分点。从整个企业贷款情况看，2016年12月末，我国非金融企业及机关团体本外币贷款余额为74.47万亿元，同比增长8.3%，增速与上月末持平；全年增加5.71万亿元，同比少增1.23万亿元。

2017年一季度，规模以下小微工业企业调查表明，小微工业企业产品的订单在持续增加，去产能、去库存的效果十分显著。目前，小微工业企业反映资金正常或者充裕的比例已经达到了70%以上，自2012年以来，小微工业企业的景气达到了近年来的一个高点。同时，从企业效益情况来看，一季度整体规模以上工业经济效益快速增长的同时，私营企业实现的利润总额同比增长了15.9%，比去年同期高出近10个百分点。4月份制造业PMI的调查显示，尽管大中型企业的PMI比3月份略有回落，但是小型企业的PMI比上个月提高了1.4个百分点，连续两个月上升，也达到了近年来的一个高点，达到了50%的临界值。这就说明当前经济总体平稳、稳中向好的态势有着更加广泛、深入的基础。

二、当前我国小企业发展中遇到的困难

（一）融资困难
1. 小企业融资困难的具体表现

（1）融资渠道狭窄造成资金来源不足

我国小企业进行融资时，面临的融资渠道比较狭窄的问题，大多数企业仅靠

内源性融资方式筹集资金，很少使用外源融资来为企业注入资金。有数据表明，小企业经营发展所需资金有70%来自于自身的积累和内部融资，而其中有超过五分之一的部分来自小企业所有者的亲人朋友的借款，其他部分为外部融资所得。综观全局，我国小企业的贷款来源主要是国有银行的贷款，融资路径狭窄；我国小企业的贷款取得倾向于期限较短的合约，通过长期经营来获得高收益的项目相对不易获得融资。

一方面，银行贷款仍是我国企业融资的第一资金来源，而且各省市的国有商业银行均以扶持国有经济的发展为主要任务。我国国有银行通常以企业的经营状况作为考量依据发放贷款。虽然近几年我国政府积极引导各类机构扶持小企业的发展，但是在严苛而烦琐的审批制度下，各大商业银行在很大程度上仍集中投放给大型企业，小企业很难达到标准获得贷款，部分银行内部对注册资本低于100万元的企业不予贷款受理。2016年我国银行各个季度用于小微企业的贷款情况如表3-1所示。

表3-1　2016年银行业金融机构用于小微企业的贷款情况表（法人）　单位：亿元

时间 项目	2016年			
	一季度	二季度	三季度	四季度
银行业金融机构合计	242 962	249 509	256 399	267 009
其中：商业银行合计	183 607	188 682	194 807	202 766
国有商业银行	62 199	63 668	65 040	66 483
股份制商业银行	37 951	36 672	37 541	39 194
城市商业银行	39 383	41 611	43 070	45 063
农村商业银行	42 145	44 677	47 121	49 944
外资银行	1 839	1 934	1 903	1 920

数据来源：中国银行业监督管理委员会。

从表中看到，我国银行业对于小微企业的贷款提供者以国有商业银行为主，城市商业银行和股份制商业银行以及农村商业银行提供的贷款额度不相上下，从时间维度看，我国银行对小微企业的贷款额度不断增多，但是增量并不显著。事实上，考虑到贷款的交易成本、监控成本、小企业自身资信不足以及抵押资产的缺乏，即便是政策扶持和小企业信用担保体系并驾齐驱，也难以改变银行意愿。

另外，我国央行对存款准备金和利率的管制相对严格，尤其是对基准利率的规定以及其浮动范围的严格规定，给小企业的贷款获得带来了一定的金融抑制。小企业在资本市场融资时也遭受了资金限制。众所周知，证券市场的融资门槛很高，小企业很难具备公司债券的发行资格，也就难以在资本市场中筹得所需资金。所以看似几十种的融资模式，小企业可得的有效融资渠道屈指可数，根本无力支撑全部小企业的长期融资需求。

（2）信贷支持不充分

据有关部门调查显示，我国三百多万户的私营企业中只有十分之一得到了银行的贷款支持，而我国个体私营企业、乡镇企业和"三资"企业累计的短期存款不足银行存款的五分之一，极大地影响了小企业的信贷支持获得。总的来看，我国企业有约五万亿的存货量，但是，金融机构仅能为不足百分之一的企业提供金融服务。在正常融资渠道遭遇重重障碍的情况下，民间借贷渐渐地滋生繁荣，尤其是在我国一些沿海地区，小企业在民间借贷市场的融资异常活跃，凭借企业所有者的信用在亲朋好友和同行之间灵活拆借。但是，民间融资多为地下进行，不仅无法律保障，而且无制度约束，以较大的风险博取高收益。目前，三线城市的民间借贷市场利率水平远超于银行的利率，一般为10%～12%的月息，大量民间资本以未加规范的形式注入小企业中，势必加大小企业的运营负担，让其在资金来源上失去成本竞争优势。

（3）金融机构与小企业之间信息不对称

当信息在不同经济主体间的分布发生偏离和不均时，就会出现信息不对称的现象。信息不对称在事前会产生逆向选择，在事后会出现道德风险。对于小企业融资而言，事前的信息不对称表现为，信贷市场上的金融机构不能准确地了解借款企业的经营状况和偿债能力以及资金投放项目的真实情况，从而产生逆向选择。

我国目前的信用平台以央行的征信系统作为权威，针对小企业的全国性征信系统还尚未建立健全，而小企业出于对自身利益和商业机密等方面的考虑很少将信息公开。银行无法从已经公布的信息中获取小企业的真实信息，又很难通过其他途径去调查借款企业的经营情况、融资需求以及信用情况。而且小企业与大型企业相比固定资产比例低，抵押担保资源少、信用等级较低，所以金融机构衡量收益风险后，往往选择不予贷款。若金融机构选择放款，则会提高利率甚至追加风险保证金，于是逆向选择使那些经营稳定但是收益率偏低的小企业被信贷市场挤出，而那些风险大收益高、经营不稳定的小企业留在信贷市场中，长此以往，金融机构在逆向选择中增加了信贷风险，于是逐渐拒绝为小企业放款。

事后的信息不对称表现为借款企业的借贷资金的使用情况和其经营效率的高低,将会产生道德风险。以较高利率获得贷款的小企业在高成本的压力下,为了弥补额外的利息支出而选择高风险的项目,从而违背了最初与金融机构约定的安全性原则。有些小企业由于信用观念的缺失,时常发生脱逃金融机构债务偿还,在金融机构留下了难以磨灭的不良形象,这种直观形象直接导致许多金融机构将小企业拒之门外。总的来看,金融机构的逆向选择反而淘汰了那些风险规避型和风险中性的企业,其资金投放于收益不稳定的小企业从而造成资金配置扭曲,进一步诱发了道德风险的发生。

(4)我国相关具体法律缺失

首先,我国对于小企业融资相关的正式法律仅有《中小企业促进法》,而该部法律只能起到纲领性作用,对于小企业融资实践中存在的问题和难点没有细化的内容,对于小企业发展中的配套政策和优惠扶持也没有成文的规范性法案作为指引。其次,我国直接融资和间接融资法律都存在一定的制度性缺陷。我国对股票市场中的募集资金缺乏有效监管,资本市场的监管乏力造成了资本市场的融资受限。而且私募股权的相关法律和概念界定尚未明晰,在实际操作中缺乏明确指引。间接融资中的担保抵押贷款和信用贷款都没有严格的法律保障条款,实际操作中出现的很多问题无法诉诸法律,降低了融资效率。最后,我国民间借贷的相关法律空白,导致难以界定民间资本的性质、形式的合法性。

2. 小企业融资难的原因分析

(1)小企业融资难的内部原因

① 小企业财务管理体系不健全

现阶段,我国小企业缺少专业的财务人员,不能确保企业财务制度的完善,因此使企业的成本和预算之类的资金损失较大。银行不能科学、准确地判断小企业的经营状况和财力状况,也就无法确定是否应该帮助小企业,给予其想要的资金维持。

② 小企业金融人才的缺失和狭义的融资渠道

我国绝大多数中小型企业管理人员的管理水平较为底下,对资金流通等认知程度普遍偏低,不能清楚了解资金运转的流程,导致企业在银行和投资面优势降低从而失去本该有的机会。其有以下两个原因,第一,没有专业人员的辅导就盲目地融资,导致了很多小企业丧失了很多优秀的融资项目和融资机会;第二,小企业大多都是民营企业,主要是私人资金,现有资金少,底子薄,民间借贷的利率较高。结合两点分析,小企业融资难的内部原因是自身缺乏专业人士,外部原因是正规金融信贷不放款，非正规金融信贷利率高。

③ 小企业整体素质偏低

虽然我国小企业的融资困境有许多外来的因素，但是受内部因素影响也很大。首先，从企业的经营管理来看，大部分小企业没有科学的经营决策机制，其经营决策者的学历和素质普遍偏低，往往是盲目发展而没有明确的战略性发展目标，以至企业在面临风险时缺乏抵抗力，也不具备快速化解信贷资金产生风险的能力，因此难以被银行和其他投资机构看好。小企业的股权结构相对单一，缺乏股东的参与度，多为个人、朋友和家族成立的私营企业。任何有竞争力的企业都应该致力于服务整个社会，使所有投资的股东都能获得收益。单一的股权结构造成公司的资本金来源不足、内部治理不科学、抗风险能力低从而企业发展速度缓慢。有研究表明，法人股的比例与公司的绩效成正比，而个人股的持股比例则与企业的绩效没有相关度。其次，从企业的产品发展来看，小企业由于实物资产不多，生产设备简单导致其生产的产品种少，难以形成规模产业，所以难以呈现明显的经营利润来吸引投资者的眼球，而且伴随着小企业较高的破产率，其贷款风险也远高于大型企业。最后，企业的财务状况不够科学和规范，诸多小企业缺乏健全的财务制度，账目和会计报表存在着很大的出入，难以获得资信。更有甚者准备了多套账簿来满足生产经营时的多重目的，骗取银行贷款和税款的减免。另外，许多小企业现金收付较多，难以形成规整的账目来体现企业的真实经营情况，这种现象增加了小企业的经营风险。由于小企业财务信息的可信度极低，贷款者很难根据企业提供的信息来做出判断，并且其负债率居高不下又难以融得新的有效资金来研发新的产品和技术，因此，小企业的强我之路愈发艰难。

（2）小企业融资难的外部原因

① 我国的小企业融资政策性金融制度缺乏

首先，长期以来我国缺乏对于小企业融资进行扶持的政策性金融制度。我国现有中国农业银行、国家开发银行以及中国进出口银行这三大政策性银行，都分别致力于自己侧重的领域，但是小企业很难成为其资金借贷对象，原因是它们对小企业提供融资的条件相对苛刻，依靠现有政策性金融机构来解决小企业融资困境没有可行性，缺乏政策引领的小企业难以在融资关系中拥有"领头雁"，其可持续发展难以实现。

其次，中小金融机构在针对小企业进行融资时的制度不够健全。城市商业银行长期扎根在城市服务于当地的小企业，在其设立之初便设定了单一行制的组织模式，然而伴随着自身规模的壮大，多数商业性银行进行了跨区域发展战略，其在进行股份制改造后,普遍形成了总分制的组织制度,这种模式背离了商业银行的市场定位和初衷,无法实现在小企业融资中的服务作用。由于分行制度中会设置层次划分,总分行之间的信息传达存在着时滞和信息不对称,因此,小企业的贷款申请将面对更多审批。而且,当城市商业银行实现并购重组后,势必面向公司治理更加规范的大型企业提供贷款服务,而逐渐减少为地方小企业量身定做的金融服务,其针对地缘性小企业的信贷服务将越来越少。发展缓慢的城市商业银行又没有科学的内部组织,其管理理念和运作机制都无法适应市场经济的可持续发展要求,难以为小企业提供及时的、可持续性的信贷服务。

再次,农村信用社也是地方性金融机构的一大主体,其贷款服务对象主要为农户,资金回笼与农户的生产周期密不可分,这种周期性的资金与小企业资金需求存在期限错配,很难长期满足小企业大额资金需求。尤其是小企业需要大量长期资金进行技术改造来进行产品的升级换代,但是农信社出于资金安全性考虑只能提供短期资金,而且其受制于单户贷款指标的约束,无法进行大户资金贷款操作。

② 金融机构发展不理想

首先,我国的金融体系中专门为小企业提供融资服务的机构甚少。在我国的金融机构格局中,银行仍然是企业进行贷款融资的主要渠道,但是银行的贷款份额中,大型企业的市场份额占比高达60%以上,小企业很难获得银行的高额贷款。其次,我国央行对贷款利率有明确的规定,并且设定了狭窄的上下限。虽然我国逐步推行利率市场化,但是在央行的管控下利率始终没有完全由资金供求来决定,银行在对小企业进行贷款时难以在高风险的情况下获得高回报。因此,银行的信贷人员往往规避高风险项目,减少了对小企业的贷款发放,从而避免承担无法回收资金的责任。中小金融机构的数量和规模以及覆盖区域都无法完全满足市场需求。

(二)会计核算问题

1. 会计核算主体界限不清

小企业经常出现企业经营权和所有权不分的情况,其后果是使企业财产和个人财产界限模糊,原因有两点。一是公司概念模糊。因为小企业多为民营企业,民营企业的投资者和经营者往往是同一个人,经营者即为投资者,公司观念淡薄,为了方便,家庭财产和企业资金交叉使用。一些企业老板随意从企业账上支取现金或把企业的钱带到家中使用,有的家庭日常开支拿到企业报销;还有些为图方便直接从自己钱包里掏现金发放员工工资和支付货款,使会计核算工作受到严重影响。二是老板对于聘用的管理人员不信任,导致亲自管理企业资金收入和支出,难免出现现金混乱现象。

2.会计核算制度不健全

有些小企业不注重会计制度建设，造成制度缺失和不健全，诸如内部稽核制度、收支审批制度、计量验收制度、成本核算制度、财务清查制度等尚需建立和完善。制度的缺失不仅容易造成企业资产流失、经营管理混乱，也给外部监督带来一定困难。还有一些企业有上述制度，但实际执行中常打折扣，很多制度都未能全面认真执行。

3.会计机构设置不规范

小企业未能严格按照会计准则要求进行会计机构的规范设置，不少小企业不设会计机构，即使设置会计机构，企业也存在着分工不明确、职务模糊等问题。同时，在会计人员的选任方面，小企业基本以聘任兼职会计为主，企业内部人员的亲戚朋友任出纳的现象广泛存在。即使部分小企业能认识到会计核算的重要性，但由于小企业工作环境、劳动报酬以及发展前景等诸多问题，经常会出现一些优秀会计人员离职现象。会计人员无证上岗现象长期存在，会计人员继续教育及工作考核未能全面落实。

4.会计基础工作薄弱

（1）原始凭证与实际经济业务不符

在会计核算里非常重要的是原始凭证归集和整理。原始凭证残缺和虚假现象在我国小企业里很普遍，对整个会计核算工作有着不利影响，也对国家财政收入工作起到干扰作用。原始凭证的问题主要有四类，第一类是经济发生项目与实际填报项目存在差距；第二类是经济项目的内容和发票内容不符；第三类是在填写原始凭证时采用过时的发票与凭据；第四类是违规捏造原始凭证。

（2）账簿设置不完善

小企业未能按照会计准则要求规范设置会计账簿，账簿设置不完善，如一些企业不设总账，无法有效核对各项经济业务的资金流向；不设存货账簿，无法对其进行准确的成本核算。

（3）会计人员素质较差

小企业在岗会计人员的数量和质量都不能保证企业需求，主要原因有两个，一是由于小企业资金有限，待遇较低，意识淡薄等因素制约会计专业技术人才的引入。目前，中小会计从业人员学历较低，专业理论差，在管理中无法分析比较财务数据，不能从更深层次提供企业发展所需要的数据和推断；二是小企业多为家族性企业，会计人员任用常常局限在老板的亲信朋友中，使得选择面狭窄，所选人员会计基本能力较弱，不能适应财务管理高效、迅速要求。

（4）会计电算化水平不高

财务软件的使用和推广极大提高了会计人员的工作效率和准确率，但使用财务软件的小企业非常有限，因为资金限制，会计电算化投入很小，有些小企业只是把最烦琐的材料成本核算或存货管理纳入会计电算化应用范畴，在其他方面仍然保留大量手工账。另外，一些企业会计电算化资料丢失和损害现象也是非常严重的。

第二节　当前我国支持小企业发展采取的措施

一、多部门共推小微企业应收账款融资

为解决小微企业融资难融资贵的问题，我国近年来出台多个文件，不断优化政策环境，引导和推动金融资源向小微企业倾斜。但小微企业获得感与政策期望仍有差距。为此，工信部会同人民银行联合七部门制定了《小微企业应收账款融资专项行动工作方案（2017—2019年）》，并于印发执行。

在宏观上，金融市场本身和社会信用体系还不够完善；在微观上，银企信息不对称，银行对小微企业放贷往往需要以土地、厂房等不动产作抵押，这恰恰是小微企业缺乏的。同时，小微企业拥有的大量应收账款、存货、设备等流动资产，得不到有效利用。因此，探索如何支持小微企业有效利用动产资源融资，既是小微企业的迫切需要，也是金融服务创新的必然要求。

相关专家表示，当前在小微企业动产资源中，应收账款融资的实施条件最为成熟。我国《物权法》对应收账款质押做出了明确规定，由此提供了法律保障；人民银行征信中心在应收账款登记系统的基础上搭建了应收账款融资服务平台，为应收账款融资业务的发展奠定了金融基础设施条件。

与土地、房产等不动产相比，应收账款是小微企业普遍拥有的重要流动资产，且在经营活动中循环发生，性质上是比较接近现金的优质担保品。应收账款融资是一种门槛低、成本低、很便利的融资方式，可以帮助小企业减轻对土地房产抵押的依赖，降低贷款门槛，提高贷款可获得性。同时，还可以帮助企业增强产业链黏性，通过理顺内部资源，提高资源使用效率，降低资金成本；此外，可以帮助银行创新业务模式，降低业务成本和风险。

为增强《小微企业应收账款融资专项行动工作方案（201—2019年）》的落地

性和可操作性，专项行动还明确提出了六大任务，即各地中小企业主管部门、人民银行各级分支机构要牵头，开展各种形式的应收账款融资宣传推广活动，动员更多的小微企业、供应链核心企业、金融机构、服务机构等注册为应收账款融资服务平台用户；支持政府采购，供应商依法合规开展融资，加强"政银企"对接；发挥供应链核心企业引领作用。同时，鼓励供应链核心企业与应收账款融资服务平台对接，提高融资效率；优化金融机构等资金提供方应收账款融资业务流程，合理确定融资期限和授信额度；优化应收账款融资业务流程及推进应收账款质押和转让登记。人民银行推动建立健全应收账款登记公示制度，开展面向金融机构、商业保理公司等应收账款融资主体的登记和查询服务等。

赛迪智库中小企业研究所副所长赵卫东表示，只要各级政府、相关各部门和广大小微企业根据方案要求，加强协调配合，落实工作职责，扎实推进各项工作，确保各项任务落到实处，小微企业融资难融资贵的问题有望得到极大缓解。不少小微企业主表示，小微企业应收账款融资专项行动的实施，对身陷"融资难融资贵"困境的小微企业无疑是一个福音。

《小微企业应收账款融资专项行动工作方案（2017—2019年）》指出，应收账款是小微企业重要的流动资产。发展应收账款融资，对于有效盘活企业存量资产，提高小微企业融资效率具有重要意义，是缓解小微企业融资难融资贵的有效手段，是降成本、补短板的重要举措。融资专项行动的目的是，贯彻落实国务院关于加大金融对实体经济和小微企业支持力度的有关要求，推动开展小微企业应收账款融资。

1.总体思路

全面贯彻落实国务院关于金融支持小微企业健康发展的政策措施，围绕大众创业万众创新，充分发挥应收账款融资服务平台等金融基础设施作用，推动供应链核心企业支持小微企业应收账款融资，引导金融机构和其他融资服务机构扩大应收账款融资业务规模，构建供应链上下游企业互信互惠、协同发展生态环境，优化商业信用环境，促进金融与实体经济良性互动发展。

2.主要目标

（1）小微企业应收账款融资渠道不断丰富。人民银行征信中心应收账款融资服务平台（www.crcrfsp.com，以下简称平台）服务功能不断完善，为应收账款融资参与方提供便捷的注册、信息上传、确认与反馈等服务，在小微企业应收账款融资中发挥主体作用。

（2）小微企业应收账款融资规模稳步增长。参与应收账款融资的银行业金融机构、商业保理公司、小额贷款公司等资金提供方和小微企业用户数量快速增加。国有大型企业（集团）及成员企业、大型民营企业等参与确认小微企业应收账款的供应链核心企业范围不断扩大，初步形成应收账款融资长效机制。

（3）企业商业信用环境进一步优化，企业商业信用信息采集渠道不断拓宽，手段不断完善，初步形成应收账款债务人及时还款约束机制，恶意拖欠账款行为明显减少。

3.主要任务与要求

（1）开展应收账款融资宣传推广活动

各地小企业主管部门、人民银行各级分支机构要牵头，开展各种形式的应收账款融资宣传推广活动，向小微企业普及应收账款融资知识，对平台服务小微企业融资的宣传加大推广力度，加强对应付账款较多企业、供应链核心企业、大型零售企业的宣传培训工作，引导供应链核心企业提高供应链管理意识，以增强供应链黏度，扩大应收账款融资知晓度。动员更多的小微企业、供应链核心企业、金融机构、服务机构等主体注册为平台用户，打通小微企业通过平台实现融资的"入口"，在线开展应收账款融资业务。完善平台对接供应链核心企业管理系统的功能，方便供应链核心企业在平台上及时确认账款。

（2）支持政府采购供应商依法依规开展融资

各地小企业主管部门、人民银行各级分支机构，要推动地方政府为小企业开展政府采购项目融资业务提供便利，加强"政银企"对接，鼓励小企业在签署政府采购合同前明确融资需求，在签署合同时注明收款账号等融资信息。地方政府要督促政府采购部门，及时在中国政府采购网依法公开政府采购合同等信息，确保相关信息真实、公开、有效。金融机构开展融资服务时，要及时通过在中国政府采购网核对合同信息等方式确认合同真实性，原则上不得要求供应商提供担保。

（3）发挥供应链核心企业引领作用

各级国有资产监督管理、工业和信息化、商务等部门要积极组织动员国有大企业、大型民营企业等供应链核心企业加入平台，支持小微企业供应商开展应收账款融资业务，督促企业按时履约，及时支付应付款项，带头营造守法诚信社会氛围。逐步实行应收账款融资核心企业名单制，重点将本地区应付账款较多的供应链核心企业纳入名单管理。鼓励供应链核心企业与平台进行系统对接，开展反向保理融资业务，以点带链、以链带面，形成规模业务模式和示范效应，惠及更多小微企业。

（4）优化金融机构等资金提供方应收账款融资业务流程

金融机构等资金提供方要积极回应企业通过平台推送的融资需求信息，在做好贸易背景真实性调查的基础上，合理确定融资期限和授信额度；加强贷后管理和企业现金流监管，通过平台确定回款路径，及时锁定债务人到期付款现金流。完善应收账款融资规章制度，优化应收账款融资业务流程，改进小微企业应收账款融资风险评估机制。商业保理公司要专注于小微企业应收账款融资业务，提供贸易融资、销售分户账管理、客户资信调查与评估、应收账款管理与催收等综合服务。

（5）推进应收账款质押和转让登记

人民银行要推动建立健全应收账款登记公示制度，开展面向金融机构、商业保理公司等应收账款融资主体的登记和查询服务。金融机构、商业保理公司等资金提供方应根据《中华人民共和国物权法》和《应收账款质押登记办法》（中国人民银行令〔2007〕第4号发布）相关规定办理应收账款质押查询、登记。支持应收账款融资主体，在人民银行征信中心动产融资统一登记系统，办理保理项目下小微企业应收账款转让登记、资产证券化项目下小微企业应收账款类基础资产转让登记、资产转让交易项目下小微企业应收账款类资产转让登记，避免权利冲突，防范交易风险。

（6）优化企业商业信用环境

人民银行各级分支机构要推动地方政府加强企业信用体系建设，引导企业通过平台，每月报送债务人的付款信息，丰富企业信用档案，建立应收账款债务人及时还款约束机制，规范应收账款履约行为，推动优化社会整体商业信用环境。积极推进信用担保、信用保险机构参与应收账款融资业务，协助确认应收账款真实性，合理控制应收账款的风险。人民银行逐步向开展应收账款融资业务的非银行融资机构开放征信系统。

4.保障措施

（1）完善政策支持和系统保障

人民银行要加强信贷指导，结合小微企业信贷政策，导向效果评估，引导金融机构加大对小微企业信贷投放，对积极参加应收账款融资的核心企业，通过支持其开展外汇资金集中运营管理，降低核心企业资金成本。人民银行征信中心要加强平台服务功能建设，准确、及时推送上线企业相关信息，提高使用便捷性，确保上传信息仅在参与机构之间定向传送，保护上线企业商业秘密和信息安全。

（2）加强组织领导和定期监测

人民银行各级分支机构、各地小企业主管部门要联系地方财政、商务、国资、银监等部门建立工作协调机制，因地制宜细化工作措施，加强信息共享和政策联动，发挥部门合力，推动当地小微企业开展应收账款融资。人民银行各级分支机构要加强和政府部门沟通协调，积极开展对辖区内金融机构应收账款融资业务的指导和监测，动态跟踪辖区内应收账款融资工作进展情况。人民银行省会（首府）城市中心支行以上分支机构、各省（区、市）小企业主管部门，要会同有关部门建立定期通报制度，把握工作进度，加强宣传推广，每年1月31日前将上年度工作开展情况、本年度工作计划报送人民银行金融市场司和工业和信息化部中小企业局。

二、财政部、税务总局扩大小型微利企业所得税优惠政策范围

为进一步支持小型微利企业发展，财政部、国家税务总局2017年6月6日发布通知，扩大小型微利企业所得税优惠政策范围。

通知明确，自2017年1月1日至2019年12月31日，将小型微利企业的年应纳税所得额上限由30万元提高至50万元，对年应纳税所得额低于50万元（含50万元）的小型微利企业，其所得减按50%计入应纳税所得额，按20%的税率缴纳企业所得税。

此外，通知要求，各级财政、税务部门要严格按照通知规定，积极做好小型微利企业所得税优惠政策的辅导工作，确保优惠政策落实到位。

通知所称小型微利企业，是指从事国家非限制和禁止行业，并符合下列条件的企业。

1.工业企业，年度应纳税所得额不超过50万元，从业人数不超过100人，资产总额不超过3 000万元；

2.其他企业，年度应纳税所得额不超过50万元，从业人数不超过80人，资产总额不超过1 000万元。

3.本通知第一条所称从业人数，包括与企业建立劳动关系的职工人数和企业接受的劳务派遣用工人数。

所称从业人数和资产总额指标，应按企业全年的季度平均值确定。具体计算公式如下

$$季度平均值=（季初值+季末值）\div 2$$

$$全年季度平均值=全年各季度平均值之和 \div 4$$

年度中间开业或者终止经营活动的，以其实际经营期作为一个纳税年度确定上述相关指标。

三、小微企业减税政策

国家税务总局公布数据显示，小微企业减税额不断增大，2015年、2016年小

微企业优惠政策减税额均超 1 000 亿元。

为扶持小微企业发展，国家专门出台了提高增值税起征点以及减半征收企业所得税的优惠政策。比如，暂免征收增值税的标准由月销售额 2 万元提高至 3 万元，减半征收企业所得税的标准由年应纳税所得额 3 万元提高至 30 万元。

此外，财税部门对高校毕业生、失业人员、残疾人、随军家属、军转干部、退役士兵等重点特殊就业群体实行增值税、所得税减免等税收优惠政策，2016 年该类优惠政策减免税收近 200 亿元。

2017 年，国家继续加大税收支持力度，将科技型中小企业研发费用税前加计扣除比例由 50% 提高到 75%，激励小企业加大科技投入，同时对投向种子期、初创期等创新活动的投资，加大税收优惠支持力度。

四、工商总局深入推进"放管服"，多措并举助力小型微型企业发展

2017 年 5 月 8 日，工商总局发布《关于深入推进"放管服"多措并举助力小型微型企业发展的意见》（工商个字〔2017〕70 号），明确表示助力小型微型企业发展。

文件指出，小型微型企业（以下简称"小微企业"）是我国经济社会发展的重要力量。商事制度改革以来，小微企业数量大幅增长，占各类市场主体的比重稳步提高，在增加就业、促进经济增长、科技创新与社会和谐稳定等方面发挥了不可替代的作用。为了进一步落实《国务院关于扶持小型微型企业健康发展的意见》（国发〔2014〕52 号）和党中央、国务院关于扶持小微企业发展的一系列决策部署，充分发挥工商、市场监管部门与小微企业联系紧密的职能优势，切实履行好"放管服"职能转变，增强小微企业获得感，做小微企业热情服务者，提出如下意见。

（一）总体要求

1. 指导思想

按照党中央、国务院决策部署，全面推进"大众创业、万众创新"，促进小微企业增量提质。简政放权，降低准入门槛，为了小微企业快速增长，营造高效便利的准入环境。转变监管理念，创新监管方式，为了小微企业参与竞争，创造公平有序的市场环境。优化服务，提高效能，激发创业创新活力，为了小微企业做大做强，打造宽松和谐的成长环境。

2. 基本思路

整合职能、协同创新。充分发挥工商职能整合优势，分类施策，为小微企业提供全方位、多层次的指导和服务，构建有利于小微企业健康发展的体制机制。

上下联动、务实推进。加强对基层的业务指导，调动各地促进小微企业健康发展的积极性、创造性，凝聚合力，务求实效。

主动对接、热情服务。优化政务服务，找准小微企业生存发展中的需求和难点，主动对接小微企业，为小微企业提供精准服务。

（二）重点工作

1. 落实商事制度改革的要求，营造小微企业便利化准入环境

积极推进"多证合一"改革，优化市场主体准入、管理和退出机制。在深入推进企业"五证合一"、个体工商户"两证整合"的基础上，进一步加大改革力度，开展"多证合一"改革，切实降低创业营商的制度性成本。深入推进简易注销改革，畅通退出渠道，对名存实亡的小微企业加速市场出清，提升"全流程便利化"服务水平。

推进全程电子化登记。在保留原有纸质登记的基础上，实现网上登记注册。在有条件的地区，可以探索"网上申请、网上受理、网上审核、网上公示、网上发照"一整套电子化登记和营业执照快递送达服务，实现登记"零见面"。在全国范围内推行电子营业执照，推进电子营业执照在电子政务和电子商务环境的应用。

推进名称登记制度改革。全面开放名称库、建立完善名称查询比对系统，对查询申请的名称进行自动筛查服务。简化申请审核流程，申请人可以通过比对系统，以"即查即得"的方式直接提交申请，探索建立快速处理机制，为申请名称和加强名称保护提供最大便利。

深入推进"先照后证"改革。积极配合有关部门做好削减工商登记前置、后置审批事项工作，理顺"证""照"关系，严格落实"双告知、一承诺"制度，推动市场主体登记信息在工商、市场监管部门与审批部门、行业主管部门间的互联互通、共享应用。

2. 强化小微企业名录功能，提升小微企业扶持政策落地的精准性

进一步提高小微企业名录的社会知晓度，在各级登记窗口，发放小微企业名录宣传页，张贴小微企业名录公众号、二维码，做到应知尽知，充分运用报刊、网络等各类媒体扩大宣传效果，提高名录系统的访问量。

主动开展横向合作，健全小微企业信息互联共享机制。鼓励充分利用小微企业名录数据资源，与金融、人社、教育、科技等部门合作，为落实各项小微企业扶持政策提供可靠的数据基础，将小微企业名录打造为扶持小微企业的主要数据平台和服务平台。

充分利用小微企业名录，参与开展小微企业创业创新基地城市评估工作，加

强对小微企业创业创新基地的示范宣传。

深入开展对本地小微企业发展情况的调查研究，进一步拓展小微企业名录的分析和服务功能，形成相对统一完善的统计体系和相对准确的数据系统，及时了解小微企业生存状态，为推进大数据监测服务奠定基础。

3. 加强事中事后监管，营造小微企业健康发展的市场环境

健全市场监管规则，清除市场障碍，推动市场开放共享，加快形成统一开放、竞争有序的市场环境。全面推行"双随机、一公开"抽查制度，按照综合监管、简约监管原则，规范政府部门对小微企业的监管，为小微企业发展提供公平法治的环境。

加强竞争执法和竞争倡导，大力查处垄断协议和滥用市场支配地位的垄断案件，依法制止滥用行政权力排除、限制竞争行为，破除地方保护和行业垄断，充分发挥我国统一大市场的优势和潜力，为小微企业参与竞争创造公平的环境。

加强广告监管，加大广告法律法规的宣传力度，教育引导小微企业发布诚信合法的广告，加大对虚假违法广告查处力度，净化广告市场环境。

加强消费维权，鼓励支持小微企业维护商誉、诚信经营，畅通维权渠道，为诚信小微企业的发展腾出市场空间。

4. 鼓励小微企业运用商标提升品牌价值，增强企业竞争力

立足职能，引导小微企业增强商标品牌意识，发挥企业品牌建设的主体作用。培育小微企业自主商标、战略性新兴产业商标品牌，鼓励小微企业通过商标提升品牌形象，提高服务质量和商业信誉，提高自主创新能力。

推进商标注册便利化改革，拓展商标申请渠道，优化商标注册申请和质权登记受理窗口服务，加快推进商标注册全程电子化进程，为小微企业申请商标提供便利。

提高小微企业的商标注册、运用、管理与保护能力。依法打击侵犯小微企业知识产权和企业合法权益的行为，切实保护注册商标专用权，引导小微企业实施商标品牌战略。

指导小微企业利用注册商标质押融资，拓宽小微企业融资渠道，降低融资成本。

支持小微企业较为集中区域的行业商（协）会或其他社会组织，牵头打造区域品牌、申请注册集体商标和证明商标，加强集体商标和证明商标的运用和保护，促进小微企业发展。

5. 构建共治格局，把服务小微企业做"优"、做"实"、做"细"

鼓励各地在当地党委政府领导下，立足职能、开拓创新，探索开展"最多跑

一次""银企对接"等改革举措，形成具有地方特色的小微企业政务服务。

积极争取地方党委政府支持，协调各级职能部门协同开展小微企业帮扶工作，开展促进小微企业产业结构和治理结构升级工作。做好小微企业创业创新基地城市示范有关工作。运用市场化手段，扶持培育小微企业创业创新孵化器，帮助小微企业提质发展。

指导各级个私协会和社会中介机构发挥作用，大力培育发展社会中介服务机构，推动建立主要面向小微企业的公共服务平台，培育多元化服务主体，为小微企业提供创业辅导、教育培训、管理咨询、市场营销、技术开发和法律支援等全方位服务，完善小微企业生命全周期服务链。

6.加强培训工作，营造小微企业发展的良好氛围

加大培训力度，推动将服务小微企业发展相关课程纳入工商、市场监管系统干部培训和选学内容。

指导各地增强小微企业培训的针对性和实用性，帮助小微企业提升经营管理能力，优化发展理念，促进其持续健康发展。

加强服务小微企业的交流与合作，学习借鉴系统外，尤其是发达国家的先进经验，为制定完善政策促进小微企业健康发展提供参考。

7.加强小微企业党组织建设，激发小微企业发展新活力

适应小微企业特点，采取多种方式灵活设置党组织，加强流动党员管理，扩大党的组织和党的工作在小微企业的覆盖面，增强党组织的凝聚力和影响力。

指导小微企业党组织建设，加强教育，创新载体，引导企业党员围绕生产经营积极创先争优，推动企业科技创新和转型升级，促进企业健康发展。

（三）组织保障

1.加强组织领导

各地工商、市场监管部门要把扶持小微企业发展作为一项重点工作，研究制定具体实施方案。建立由主要领导亲自抓、分管领导具体抓、各业务条线统筹推进的工作机制。在地方党委政府的统一领导下，加强部门间综合协调，形成扶持小微企业发展的合力。

2.加强舆论宣传引导

各地工商、市场监管部门要重视舆论宣传，加大新闻宣传和舆论引导力度，通过政策宣讲、专题课程培训等方式，使小微企业全面了解各项政策和服务。组织主要新闻媒体，开展系列相关报道、专题报道和典型报道，增强全社会的认知度和参与度，形成上下齐抓共管、各方主动参与和积极配合的良好局面。

3. 强化监督检查

各地工商、市场监管部门要建立健全相应的工作推进机制，强化监督检查，确保各项任务落到实处。建立工作实施目标责任考核体系，分解目标任务，压实责任，推动将扶持小微企业发展纳入各级政府的工作督查内容。强化对小微企业发展情况的跟踪和绩效评价。总局适时对各地工作落实情况开展第三方评估，并将评估结果纳入各地"放管服"改革成效的评价体系。

第四章　会计准则在小企业资金筹集中的运用

第一节　投入资本是资金处理的来源

我国《公司法》规定，股东可以用货币出资，也可以用实物、知识产权、土地使用权等可以用货币估价并可以依法转让的非货币财产作价出资；但是，法律、行政法规规定不得作为出资的财产除外。

一、实收资本由哪些内容构成

实收资本是指企业所有者或投资者对企业投入的资产，包括现金资产和非货币性资产，是投资者实际上交付出资本的金额。

《小企业会计准则》对实收资本的定义是，实收资本是指投资者按照合同协议约定或相关规定投入到小企业并构成小企业注册资本的部分。

投资者的出资构成小企业实收资本的部分，有两个必要条件。

（1）必须要符合投资者之间合同协议的约定或相关法律法规的规定；

（2）必须是构成小企业在公司登记机关依法登记的注册资本。

二、如何进行实收资本的计量

（一）以现金方式出资的计量

现金出资方式包括投资人的人民币和各种外币。小企业收到投资者以外币投入资本的，应当按照收到外币出资额当日的即期汇率折算为人民币。

小企业收到投资者的货币出资，应当按照其在小企业注册资本或股本中所占的份额确认实收资本，实际收到或者存入小企业开户银行的金额超过实收资本的差额，确认为资本公积。

（二）以非货币性资产出资的计量

对于投资者以非货币性资产出资，小企业应当对取得资产的计量和实收资本的计量分别加以确定。其中，取得的非货币性资产的金额，应采用评价估计值确定；而实收资本的金额应根据投资合同协议或公司章程的约定，按照投资者在其中所占份额来确定，超出部分应当计入资本公积。

三、投入资本的会计处理

（一）接受现金资产投资

企业接受现金资产投资时，应以实际收到的金额或存入企业开户银行的金额，借记"银行存款"等科目。按投资合同或协议约定的投资者在企业注册资本中所占份额的部分，贷记"实收资本"科目。企业实际收到或存入开户银行的金额超过投资者在企业注册资本中所占份额的部分，贷记"资本公积——资本溢价"科目。

【实例】投入现金资本

A小企业于2017年1月1日正式成立，由三位出资人共同出资，公司的注册资本为2 000 000元。三位出资人的出资比例为：甲50%，乙30%，丙20%。成立当日，所有资本都已按时存入相关银行账户。

【解析】这是共同出资的例子，只需将出资人的投入资金，按实际金额入账即可。其会计处理分录如下：

借：银行存款　　　　　　 2 000 000
　贷：实收资本——甲　　 1 000 000
　　　　　　——乙　　 　 600 000
　　　　　　——丙　　 　 400 000

（二）接受非现金资产投资

企业接受固定资产、无形资产等非现金资产投资时，应按评估价值作为固定资产、无形资产的入账价值，按投资合同或协议约定的投资者在企业注册资本或股本中所占份额的部分作为实收资本或股本入账，超过投资者在企业注册资本或股本中所占份额的部分，记入资本公积。

四、投入资本的税务处理

（一）投入存货的涉税处理

部分股东以货物（不含固定资产）进行出资时，在被投资企业被税务机关认定为一般纳税人以前，向被投资企业移交货物并开具专用发票，但被投资企业无法抵扣增值税进项税额，未来销售货物转让时，还必须按照货物的适用税率计算销项税额，税负较重。建议对于投入存货，应当在被投资企业认定为一般纳税人的次月再进行移交和开具发票。

（二）投入固定资产的增值税处理

对于股东投入的固定资产（不含房屋建筑物）如果同时符合以下三个条件，被投资企业是可以申报抵扣增值税进项税额的。

① 被投资企业已经被认定为一般纳税人；
② 股东投入的固定资产属于可以抵扣的范围；
③ 股东向被投资企业开具了增值税专用发票。

（三）固定资产的所得税处理

（1）对于股东投入的已经使用过的固定资产，小企业在确认折旧年限时，可以适当低于税法规定的最低折旧年限，但不得低于最低折旧年限减去股东已使用年限后的剩余年限，并且不得低于2年。

（2）股东投入固定资产发生评估增值的，股东应就增值部分确认为当期所得缴纳企业所得税，小企业按照评估值确认入账资产，并在未来年度计提折旧或摊销税前扣除。

（四）股东投入的知识产权和不动产的税务处理

对于股东投入的知识产权，如果存在法律规定的使用年限的，按照剩余年限计算摊销；不存在法律规定的使用年限的，按照不低于10年摊销。

对于股东投入的土地使用权，应当按照土地使用证载明的剩余年限摊销，与被投资企业的公司章程约定的企业经营期限无关。对于股东投入的房屋，一般情况下按照不低于20年计算折旧。但如果对应的土地使用权剩余年限低于20年的，可以按照土地使用证载明剩余年限计算折旧。

第二节 小企业资本变动的会计处理

小企业的实收资本应与其在公司登记机关依法登记的注册资本始终保持一致，一般情况下保持恒定不变。但是在某种情况下，根据相关法律法规或投资者之间的约定，实收资本会根据实际情况发生增加或减少的变动。

一、实收资本增加的会计处理

小企业增加资本的途径主要有以下三种。

（1）将资本公积转为实收资本。在账务处理上，借记"资本公积"科目，贷记"实收资本"科目。

（2）将盈余公积转为实收资本。在账务处理上，借记"盈余公积"科目，贷记"实收资本"科目。资本公积和盈余公积均属于所有者权益，转为实收资本时，如为独立小企业，直接结转即可；如为有限责任公司，应按股东原持股份同比例增加各股东的股权，股东之间另有约定的除外。

法定公积金（资本公积和盈余公积）转为资本时，所留存的此项公积金不得少于公司转增前注册资本的25%。

（3）所有者（包括小企业原有者和新投资者）投入。小企业应在收到投资者投入的出资时，借记"银行存款""固定资产""原材料"等科目，贷记"实收资本""资本公积"等科目。

二、实收资本减少的会计处理

一般情况下，小企业的实收资本不能随意减少，尤其是法律禁止投资者在企业成立后，从企业抽逃出资。但是，个别情况下可以依法减资。小企业实收资本减少的原因主要有两种，第一种，资本过剩；第二种，小企业发生重大亏损，短期内无力弥补而需要减少实收资本。

资本减少应符合以下条件。

（1）减资应事先通知所有债权人，债权人无异议方可允许减资；

（2）经股东会议同意，并经有关部门批准；

（3）公司减资后的注册资本不得低于法定注册资本的最低限额。

其账务处理为，借记"实收资本""资本公积"科目，贷记"库存现金""银行存款"等科目。

三、资本增减变动的税务处理

（一）资本公积转增资本的涉税处理

1. 企业所得税的处理

企业权益性投资取得股息、红利等收入，应以被投资企业股东会或股东大会做出利润分配或转股决定的日期来确定收入的实现。被投资企业将股权溢价所形成的资本公积转为股本的，不作为投资方企业的股息、红利收入，投资方企业也不得增加该项长期投资的计税基础。资本溢价或股本溢价形成的资本公积转增资本，免缴企业所得税。

2. 个人所得税的处理

对于股份制小企业股票发行收入所形成的资本公积金转增股本不属于股息、

红利性质的分配，对个人取得的转增股本数额，不作为个人所得，不征收个人所得税，也不得调整个人股东投资成本的计税基础。其他的均应依法纳税。

（二）盈余公积转增资本的涉税处理

1.企业所得税的处理

公司将从税后利润中取得法定公积金和任意公积金转增注册资本，实际上是该公司将盈余公积金向股东分配了股息、红利，股东再以分得的股息、红利增加注册资本。

企业的以下两点收入为免税收入，

第一，国债利息收入；

第二，符合条件的居民企业之间的股息、红利等权益性投资收入。

2.个人所得税

股份制企业用盈余公积金派发红股属于股息、红利性质的分配，对个人取得的红利、股息数额，应按照20%的税率征收个人所得税。

公司将从税后利润中提取的法定公积金和任意公积金转增注册资本，实际上是该公司将盈余公积金向股东分配了股息、红利，股东再以分得的股息、红利增加注册资本。因此，个人股东分得并再投入公司（转增注册资本）的部分应按照"利息、股息、红利所得"项目征收个人所得税。

（三）借入款项也是资金的筹集

很多人都以为，只有在公司发生亏损时，才会向银行借入款项，事实上，并非这样。其实借入的款项也是公司的资金筹集，借入的款项可分为短期借款和长期借款两种，时间短于1个会计年度的为短期借款，时间长于1个会计年度的为长期借款。

1.短期借款

短期借款，是指小企业为了满足日常生产经营的需要，向银行或其他金融机构等借入的期限在1年内（含1年）的各种借款。短期借款主要有经营周转借款、临时借款、结算借款、票据贴现借款、卖方信贷、预购定金借款和专项储备借款等。

（1）短期借款的会计核算

① 取得借款的核算。在取得借款时，一般以取得借款的凭证，按实际借款金额入账，借记"银行存款"科目，贷记"短期借款"科目；偿还借款时，做相反的会计分录。

银行承兑汇票到期，小企业无力支付票款的，按照银行承兑汇票的票面金额，借记"应付票据"科目，贷记"短期借款"科目。

持未到期的商业汇票向银行贴现,应当按照实际收到的金额(减去贴现息后的净额),借记"银行存款"科目,按照贴现息,借记"财务费用"科目,按照商业汇票的票面金额,贷记"应收票据"科目(银行无追索权情况下)或"短期借款"科目(银行有追索权情况下)。

② 借款利息的核算。短期借款利息支出,是企业理财活动中为筹集资金而发生的耗费,应作为一项财务费用计入当期损益。按照权责发生制原则,不论借款合同中对利息支付是如何约定,借款利息都必须按月计提。

在应付利息日,应当按照短期借款合同利率计算确定的利息费用,借记"财务费用"科目,贷记"应付利息"等科目。

"应付利息"科目期末贷方余额,反映小企业尚未偿还的短期借款本金。

③ 归还借款的核算。归还借款时,按照借款合同的相关归还条款进行还款即可,在会计处理上也相对比较简单。

(2)"短期借款"科目的应用

①"短期借款"科目核算。小企业向银行或其他金融机构等借入的期限在1年内的各种借款。

②"短期借款"科目应按照借款种类、贷款人和币种进行明细核算。

【实例】短期借款——经营周转借款

2017年7月1日,A小企业向中国工商银行借入半年期、年利率6%的短期贷款200 000元。借款合同约定2017年12月31日,A小企业应当将该项短期借款的本息一次归还。

【解析】本例中的贷款只有半年,应当归入短期借款中,虽然本例的借款是到期一次还本付息,但是利息仍需要按月计提。在《小企业会计准则》中对短期债款的叙述如下,

"第四十八条 短期借款应当按照借款本金和借款合同利率在应付利息日计提利息费用,计入财务费用。"

2.长期借款

长期借款,是指小企业向银行或是其他金融机构借入的期限在1年以上的各种借款,常见的如银行的长期贷款等。《小企业会计准则》中长期借款的相关处理规定为非流动负债应当按照其实际发生额入账。

长期借款应当按照借款本金和借款合同利率在应付利息中计提利息费用,计入相关资产成本或财务费用。

长期借款科目的应用如下。

（1）"长期借款"科目核算。小企业向银行或其他金融机构借入的期限在 1 年以上的各项借款本金。

（2）"长期借款"科目应按照借款种类、贷款人和币种进行明细核算。

（3）长期借款的主要账务处理。

① 小企业借入长期借款，借记"银行存款"科目，贷记"长期借款"科目。

② 在应付利息日，应当按照借款本金和借款合同利率计提利息费用，借记"财务费用""在建工程"等科目，贷记"应付利息"科目。

③ 偿还长期借款本金，借记"长期借款"科目，贷记"银行存款"科目。

（4）"长期借款"科目期末贷方余额，反映小企业尚未偿还的长期借款本金。

【实例】借入长期借款

2014 年 4 月 1 日，A 小企业向中国工商银行借入三年期贷款 240 000 元，用于现有厂房的改扩建工程。该长期借款利率为 8%，每年年底付息一次，三年后一次性付清本金。

【解析】长期借款借入时，只需直接记银行存款与长期借款同时增加即可。长期借款的利息，需要按月计提，计入财务费用当中。

第三节　小企业货币资金的核算

一、货币资金概述

货币资金是指小企业的经营资金在周转过程中，暂时停留在货币形态上的那部分资金。在小企业经营过程中，大量的经济活动都是通过货币资金的收支来进行的。例如，原材料的购进，商品的销售，工资的发放，税金的交纳，股利、利息的支付以及进行投资活动等事项，都需要通过货币资金进行收付结算。同时，一个企业货币资金拥有量的多少，标志着偿债能力和支付能力的大小，是投资者分析、判断财务状况的重要指标，在企业资金循环周转过程中起着连接和纽带的作用。因此，小企业需要经常保持一定数量的货币资金，既要防止不合理地占压资金，又要保证业务经营的正常需要，并按照货币资金管理的有关规定，对各种收付款项进行结算。

货币资金按其存放地点和用途的不同分为库存现金、银行存款和其他货币资金等。

（一）库存现金

库存现金是小企业为了满足日常经营过程中零星支付需要而保留的现金，是小企业中流动性最强的货币资金。其限额由开户银行根据小企业的实际需要核定。一般按照小企业3～5天日常零星开支所需确定。

根据《库存现金管理暂行条例》的规定，库存现金的使用范围主要包括以下八个方面。

（1）职工工资、津贴。

（2）个人劳务报酬。

（3）根据国家规定颁发给个人的科学技术、文化艺术、体育等的各种奖金。

（4）各种劳保、福利费用以及国家规定的对个人的其他支出。

（5）向个人收购农副产品和其他物资的款项。

（6）出差人员必须随身携带的差旅费。

（7）结算起点（1 000元人民币）以下的零星支出。

（8）中国人民银行确定需要支付库存现金的其他支出。

在日常的库存现金管理过程中，小企业应严格遵守库存现金的收支规定，企业收入的库存现金，应当于当日送存开户银行，当日送存确有困难的，由开户银行确定送存时间；不得"坐支"库存现金，因特殊情况需要坐支库存现金的单位，应当事先报经有关部门审查批准，并在核定的范围和限额内进行，同时，收支的库存现金必须入账；不准用不符合财务制度的凭证顶替库存现金，即不得用"白条顶库"；不准用银行账户代其他单位和个人存入或支取库存现金；不准用单位收入的现金以个人名义存入储蓄（即不得公款私存）；不得设置"小金库"。

（二）银行存款

银行存款，是指小企业存放在银行和其他金融机构的货币资金。按照国家现金管理和结算制度的规定，每个企业都要在银行开立账户，用来办理存款、取款和转账结算。其结算方式主要有，银行汇票、银行本票、商业汇票、支票、信用卡等。

小企业加强银行存款管理，应着重处理好以下六个方面的问题。

（1）加强银行存款的分类管理。根据资金的不同性质、用途，分别在银行开设账户，严格遵守国家银行的各项结算制度和现金管理暂行条例，接受银行监督。

（2）银行账户只限于本单位使用，不准搞出租、出借、套用或转让。

（3）严格支票管理，不得签发空头支票。空白支票必须严格领用注销手续。

（4）应按月与开户银行对账，保证账账、账款相符。平时开出支票，应尽量避免跨月支取，年终开出支票，须当年支款，不得跨年度。

（5）加强银行存款的日常规范管理，应在结算业务中，实行银行存款转账结算。

（6）出纳、会计应按月编制银行存款余额调节表，逐月与银行核对余额，防止错账、乱账。

小企业应按月与开户银行核对银行存款是否相符，查明银行存款收、付与余额的真实性。要指定非出纳人员，将企业银行存款日记账的记录与银行对账单的差异标注出来，在月末发生未达账项，会导致双方的银行存款余额不一致。

小企业与银行的存款余额不一致，受以下四种未达账项的影响。

①银行已收款记账而企业尚未收款记账的款项；
②银行已付款记账而企业尚未付款记账的款项；
③企业已收款记账而银行尚未收款记账的款项；
④企业已付款记账而银行尚未付款记账的款项。

为了保证各银行账户未达账项正确、银行存款余额真实，在每月终了，都应按每个存款账户，逐笔核对银行对账单。通过编制银行存款余额调节表，调节企业与银行双方账面存款余额的不一致。银行存款余额调节表如表4-1所示。

表4-1 银行存款余额调节表

编制单位：　　年　月　日　　　　　　　　　　　　　　　　单位：元

项　目	金　额	项　目	金　额
企业账面存款余额	204 000	银行对账单余额	190 100
加：银行已收，企业未收	13 000	加：企业已收，银行未收	40 000
减：银行已付，企业未付	6 300	减：企业已付，银行未付	19 400
调节后余额	210 700	调节后余额	210 700
财务部负责人：		审核：	编表人：

调节后，存款余额相等，则说明双方账目都没有错误，如果调节后存款余额不相等，应查明原因，进行更正。银行存款余额调节表调节相符后，应由编表人和财务部负责人签字；如发现重大错误或无法调节相符时，应向财务部负责人报告。

（三）其他货币资金

其他货币资金，是指企业除现金、银行存款以外的其他各种货币资金。即存放地点和用途，均与现金和银行存款不同的货币资金。主要包括外埠存款、银行汇票存款、银行本票存款、信用证存款和在途货币资金。

外埠存款是指小企业到外地进行临时或零星采购时，汇往采购地银行开立采购专户的款项。

银行汇票存款是指小企业为取得银行汇票，按照规定存入银行的款项。银行汇票是由银行签发的异地结算凭证，付款期为1个月，除填明"现金"字样的银行汇票外，可以背书转让。

银行本票存款是指小企业为取得银行本票，按照规定存入银行的款项。银行本票是由银行签发的同城结算凭证，付款期为2个月，除填明"现金"字样的银行本票外，可以背书转让。银行本票分定额本票和非定额本票。

信用证存款是指小企业为取得银行信用证，按规定存入银行的款项。信用证结算是国际贸易的一种主要结算方式，向银行申请开立信用证应提交开证申请书、信用证申请人承诺书和购销合同。

在途货币资金是指小企业与所属单位或上下级之间汇解款项，在月终尚未到达，处于在途的资金。

（四）货币资金的内部控制

货币资金是企业流动性最强、控制风险最高的资产，是企业生存与发展的基础。大多数贪污、诈骗、挪用公款等违法乱纪的行为都与货币资金有关，因此，必须加强对企业货币资金的管理和控制，建立健全货币资金内部控制，确保经营管理活动合法而有效。

1. 货币资金内部控制目标

内部控制目标是企业管理层建立健全内部控制的根本出发点。货币资金内部控制目标有以下四个。

（1）货币资金的安全性

通过良好的内部控制，确保企业库存现金安全，预防被盗窃、诈骗和挪用。

（2）货币资金的完整性

检查企业收到的货币是否已全部入账，预防私设"小金库"等侵占企业收入的违法行为。

（3）货币资金的合法性

检查货币资金取得、使用是否符合国家财经法规，手续是否齐备。

（4）货币资金的效益性

合理调度货币资金，使其发挥最大的效益。

2.货币资金内部控制环境

货币资金内部控制环境,是对企业货币资金内部控制的建立和实施有重大影响因素的统称。控制环境的好坏,直接决定着企业内部控制能否实施或实施的效果,影响着特定控制的有效性。货币资金内部控制环境主要包括以下几方面因素。

(1)管理决策者

管理决策者是货币资金内部控制环境中的决定性因素,在推行企业领导个人负责制的情况下,管理决策者的领导风格、管理方式、知识水平、法制意识和道德观念都直接影响货币资金内部控制执行的效果。因此,管理决策者本人应加强自身约束,同时,通过民主集中制、党政联席会等制度加强监督。

(2)员工的职业道德和业务素质

在内部控制每个环节中,各岗位都处于相互牵制和制约之中,如果任何一个岗位的工作出现疏忽大意,就会导致某项控制失效。比如,空白支票和印章应分别由不同的人保管,如果保管印章的会计警惕性不高,将使保管空白支票的出纳有机可乘。由此造成出纳携款潜逃的案件也屡见不鲜。

(3)内部审计

内部审计是企业自我评价的一种活动,内部审计可协助管理层监督控制措施和程序的有效性,能及时发现内部控制的漏洞和薄弱环节。内部审计力度的强弱同样影响货币资金内部控制的效果。

二、货币资金的核算

(一)库存现金的核算

小企业应当设置"库存现金"科目,对库存现金的收支和结存情况进行核算。借方登记现金的增加,贷方登记现金的减少,期末余额在借方,反映企业实际持有的库存现金的金额。有外币现金的小企业,还应当分别按照人民币和外币进行明细核算。

同时,为了加强对小企业库存现金的总分类核算和明细分类核算。小企业还应设置"库存现金总账"和"库存现金日记账"。"库存现金日记账"可以帮助企业加强对现金的管理,随时掌握现金的收付和库存余额。"库存现金日记账"一般采用"三栏式"格式,按照现金收付的时间或出纳人员受理的时间,按顺序逐笔登记;库存现金日记账应当做到日清月结,账款相符;每次记账后,都应当将账面余额与库存现金的实有数额进行核对。

1. 现金的收入核算

（1）从银行提取现金

企业因向职工支付工资、支付差旅费、购买办公用品等事项需要从银行提取现金时，其账务处理为，借记"库存现金"科目，贷记"银行存款"科目。

（2）日常业务的现金收入

当企业对外销售商品或提供劳务取得现金收入时，应借记"库存现金"科目，贷记"主营业务收入""其他业务收入"以及"应交税费——应交增值税（销项税额）"等相关科目。同时，结转相应的成本科目。

（3）处置资产的现金收入

企业处置固定资产取得现金收入时，应借记"库存现金"科目，贷记"固定资产清理"科目，同时，结转被处理资产的成本。

2. 现金支出的核算

当小企业发生的业务属于库存现金使用范围时，库存现金会流出企业，常见的业务处理有以下情况。

（1）企业将现金存入银行时，应借记"银行存款现金"科目；

（2）因支付职工出差费用等原因所需的现金时，按支出凭证所记载的金额，借记"其他应收款""管理费用"等科目，贷记"库存现金"科目。

3. 现金短缺和溢余的核算

为保证资产的安全，确保账实相符，小企业应当按规定进行现金清查。所谓现金清查，就是对小企业库存现金的盘点与核对，包括对出纳人员每日终了进行的账款核对，以及对小企业财产进行的定期清查和不定期清查。

库存现金的清查一般采用实地盘点法。清查时，出纳人员必须在场，清查的内容主要是，是否挪用现金、是否白条抵库、是否超额留存现金以及账款是否相符等。清查的结果应编制现金盘点报告单，注明现金短缺或是溢余，并由出纳人员和盘点人员签字盖章。在现金清查中，如果发现有挪用现金、白条抵库等情况，应及时予以纠正；对于超限额留存的现金，应及时送存银行。

（1）现金短缺的核算

在清查过程中，发现账实不符的，首先应通过"待处理财产损益"科目进行核算。现金清查中发现短缺的现金，应区分短缺原因，属于应由责任人赔偿的部分，借记"其他应收款——应收现金短缺款"或"库存现金"等科目，贷记"待处理财产损益"科目；属于应由保险公司赔偿的部分，借记"其他应收款——应收保险赔款"科目，贷记"待处理财产损益"科目；属于无法查明原因的，经批准后，借记"管理费用——现金短缺"科目,贷记"待处理财产损益"科目。

(2)现金溢余的核算

现金溢余,属于应支付给相关人员或单位的,应借记"待处理财产损益"科目,贷记"其他应付款——应付现金溢余"科目;属于无法查明原因的,经批准后,借记"待处理财产损益"科目,贷记"营业外收入——现金溢余"科目。

(二)银行存款的核算

小企业应设置"银行存款"科目,反映和监督企业银行存款的收入、支出和结存情况。该科目的借方登记银行存款的增加额,贷方登记银行存款的减少额,期末余额在借方,反映小企业存在银行或其他金融机构的各种款项。有外币银行存款的小企业,还应当分别按照人民币和外币进行明细核算。

此外,小企业还应设置"银行存款总账"和"银行存款日记账",分别进行银行存款的总分类核算和明细分类核算,以加强对银行存款的管理。"银行存款日记账"应当按照开户银行和其他金融机构、存款种类等设置,由出纳人员根据收付款凭证,按照业务的发生顺序逐笔登记。每日终了,应结出余额。"银行存款日记账"应定期与"银行对账单"进行核对,至少每月核对一次。小企业银行存款账面余额与银行对账单余额之间如有差额,应编制"银行存款余额调节表"调节相符。

1. 银行存款收入的核算

(1)小企业将款项存入银行或收到款项时,应按照金额,借记"银行存款"科目,贷记"库存现金""应收账款"等科目。

(2)小企业对外销售货物或提供劳务,直接通过银行转账取得收入时,应按照取得银行存款金额,借记"银行存款"科目,贷记"主营业务收入""其他业务收入"以及"应交税费——应交增值税(销项税额)"等科目。同时,结转相应的成本科目。

2. 存款利息的核算

(1)计息日和计息期

小企业的存款账户一般都是按季计算利息,计算日为每季度末月的20日,如3月20日、6月20日、9月20日、12月20日。单位撤销或转移存款账户,还清借款时,对于结清账户随时结算利息。计息期实行"算头不算尾",从有存款业务发生的当日起计算,即所谓"算头";到业务终止(存款支取)前一日止,即所谓"不算尾",按照实际存款天数计算利息。

对于逐笔计算的存款,其计息时期,满月的按月计算,有整月又有零头天数的,可全部化成天数,按天数计算;满月不论月大月小,均按30天计算,零头天数则按实际天数计算。

（2）确认利息的核算

小企业的存款在银行存续期间产生的利息，应作为融资费用的冲减，借记"应收利息"科目，贷记"财务费用"科目；收到这部分利息时，借记"银行存款"科目，贷记"应收利息"科目。

3.银行存款支出的核算

（1）小企业从银行提取款项或以银行存款支付款项时，应按支出金额，借记"库存现金""应付账款"等科目，贷记"银行存款"科目。

（2）小企业以银行存款向供货方或提供劳务方进行支付时，按支出金额，借记"库存商品""原材料"等资产科目，贷记"银行存款"科目。

（三）其他货币资金的核算

"其他货币资金"科目主要核算小企业的银行汇票存款、银行本票存款、信用卡存款、信用证保证金存款、外埠存款、备用金等其他货币资金。在具体核算过程中，"其他货币资金"科目应按照银行汇票或本票、信用卡发放银行、信用证的收款单位，外埠存款的开户银行，分别以"银行汇票""银行本票""信用卡""信用证保证金""外埠存款"等进行明细核算。

小企业增加其他货币资金，借记"其他货币资金"科目，贷记"银行存款"科目；减少其他货币资金，做相反的会计分录。本科目期末借方余额，反映小企业持有的其他货币资金。

1.外埠存款的核算

外埠资金，是指企业到外地进行临时或零星采购时，汇往采购地银行开立采购专户的款项。

2.银行汇票存款的核算

银行汇票存款，是指企业为取得银行汇票，按照规定存入银行的款项。企业应向银行提交"银行汇票委托书"并将款项交存开户银行。

第五章　会计准则在小企业资产处理中的运用

第一节　小企业固定资产的会计处理

一、固定资产的确认和初始计量

（一）固定资产的定义和确认条件

1. 固定资产的定义

固定资产，是指小企业为生产产品、提供劳务、出租或经营管理而持有的、使用寿命超过1年的有形资产。小企业的固定资产包括房屋、建筑物、机器、机械、运输工具、设备、器具、工具等。

从固定资产的定义看，固定资产具有以下三个特征。

第一，固定资产是为生产商品、提供劳务、出租或经营管理而持有。小企业持有的固定资产是小企业的劳动工具或手段，而不是直接用于出售的产品。其中"出租"的固定资产，指用于出租的机器设备类固定资产，不包括以经营租赁方式出租的建筑物，后者属于小企业的投资性房地产，不属于固定资产。

第二，固定资产使用寿命超过一个会计年度。通常情况下，固定资产的使用寿命是指使用固定资产的预计期间，如自用房屋建筑物的使用寿命或使用年限。某些机器设备或运输设备等固定资产，其使用寿命以该固定资产所能生产产品或提供劳务的数量来表示，例如，汽车按其预计行驶里程估计使用寿命。固定资产使用寿命超过一个会计年度，意味着固定资产属于长期资产，随着使用和磨损，通过计提折旧方式逐渐减少账面价值。对固定资产计提折旧，是对固定资产进行后续计量的内容。

第三，固定资产为有形资产。固定资产具有实物特征，这一特征将固定资产与无形资产区别开来。有些无形资产可能同时符合固定资产的其他特征，如无形资产为生产商品、提供劳务而持有，使用寿命超过一个会计年度，但是，由于其没有实物形态，所以不属于固定资产。

2.固定资产的确认条件

固定资产在符合定义的前提下,应当同时满足以下两个条件,才能加以确认。

(1)与该固定资产有关的经济利益很可能流入小企业

小企业在确认固定资产时,如果与该固定资产有关的经济利益很可能流入小企业,并同时满足固定资产确认的其他条件,那么,小企业应将其确认为固定资产;否则,不应将其确认为固定资产。

在实务中,判断与固定资产有关的经济利益是否很可能流入小企业,主要判断与该固定资产相关的风险和报酬是否转移到了小企业。与固定资产所有权相关的风险,是指由于经营情况变化造成的相关受益的变动,以及由于资产闲置、技术陈旧等原因造成的损失;与固定资产相关的报酬,是指在固定资产使用寿命内,使用该固定资产而获得的收入,以及处置该资产所实现的利得等。

对于构成固定资产的各组成部分,如果各自具有不同使用寿命或者以不同方式为小企业提供经济利益,并适用不同折旧率或折旧方法的,那么,各组成部分实际是以独立的方式为小企业提供经济利益。因此,小企业应当分别将各组成部分确认为单项固定资产。

(2)该固定资产的成本能够可靠地计量

成本能够可靠地计量是资产确认的一项基本条件。小企业在确定固定资产成本时必须取得确凿证据,根据所获得的最新资料,对固定资产的成本进行合理的估计。比如,小企业对于已达到预定使用状态但尚未办理竣工结算的固定资产,需要根据工程预算、工程造价或者工程实际发生的成本等资料,按估计价值确定成本,办理竣工结算后,再按照实际成本调整原来的暂估价值。

(二)固定资产的初始计量

固定资产的初始计量,是指确定固定资产的取得成本。固定资产应当按照成本进行初始计量。

成本包括小企业为购建某项固定资产达到预定可使用状态前所发生的一切合理的、必要的支出。在实务中,小企业取得固定资产的方式是多种多样的,包括外购、自行建造、投资者投入以及融资租入等,取得的方式不同,其成本的具体构成内容及确定方法也不尽相同。

1.外购固定资产的成本

外购固定资产的成本,包括购买价款、相关税费、运输费、装卸费、保险费、安装费等,但不含按照税法规定可以抵扣的增值税进项税额。

外购固定资产是否达到预定可使用状态,需要根据具体情况分析判断。如果购入不需安装的固定资产,购入后即可发挥作用,即购入后即可达到预定可使用状态。如果购入需安装的固定资产,只有安装调试后达到设计要求或合同规定的标准,该项固定资产才可发挥作用,达到预定可使用状态。

在实务中,小企业可能以一笔款项购入多项没有单独标价的固定资产。如果这些资产均符合固定资产的定义,并满足固定资产的确认条件,则应将各项资产单独确认为固定资产,并按照各项固定资产或类似资产的市场价格或评估价值比例对总成本进行分配,分别确定各项固定资产的成本。

小企业购入(含以分期付款方式购入)的固定资产分为不需要安装的固定资产和需要安装的固定资产两种情况。不需要安装的固定资产,账务处理为,按照实际支付的购买价款、相关税费(不包括按照税法规定可抵扣的增值税进项税额)、运输费、装卸费、保险费等,借记"固定资产"科目,按照税法规定可抵扣的增值税进项税额,借记"应交税费——应交增值税(进项税额)"科目,贷记"银行存款""长期应付款"等科目;需要安装的固定资产,其取得成本应当加上安装费等,其账务处理为,按照计入固定资产成本的金额,先记入"在建工程"科目,待安装完毕,交付使用时再转入"固定资产"科目。

通常,企业购买固定资产在正常信用条件期限内付款,但也会发生超过正常信用条件购买固定资产的经济业务事项,如采用分期付款方式购买资产,且在合同中规定的付款期限比较长,超过了正常信用条件。在这种情况下,该类购货合同实质上具有融资租赁性质,购入资产的成本不能以各期付款额之和确定,而应以各期付款额的现值之和确定。固定资产购买价款的现值,应当按照各期支付的购买价款选择恰当的折现率进行折现后的金额加以确定。折现率是反映当前市场货币时间价值和延期付款债务特定风险的利率。该折现率实质上是供货企业的必要报酬率。各期实际支付的价款与购买价款的现值之间的差额,符合资本化条件的,应当计入固定资产成本,其余部分应当在信用期间内确认为财务费用,计入当期损益。其账务处理为,购入固定资产时,按购买价款的现值,借记"固定资产"或"在建工程"等科目,按应支付的金额,贷记"长期应付款"科目,按其差额,借记"未确认融资费用"科目。

2.自行建造固定资产

自行建造固定资产的成本,由建造该项资产在竣工决算前发生的支出(含相关的借款费用)构成。包括工程物资成本、人工成本、交纳的相关税费、应予资本化的借款费用以及应分摊的间接费用等。

小企业自行建造固定资产包括自营建造和出包建造两种方式。无论采用何种方式，所建工程都应当按照实际发生的支出确定其工程成本并单独核算。

（1）自营方式建造固定资产

小企业以自营方式建造固定资产，是指小企业自行组织工程物资采购、自行组织施工人员从事工程施工，完成固定资产建造。其成本应当按照直接材料、直接人工、直接机械施工费等计量。

企业为建造固定资产准备的各种物资，应当按照实际支付的买价、运输费、保险费等相关税费作为实际成本，并按照各种专项物资的种类进行明细核算。工程完工后，剩余的工程物资转为本企业存货的，按其实际成本或计划成本进行结转。建设期间发生的工程物资盘亏、报废及毁损，减去残料价值以及保险企业、过失人等赔款后的净损失，计入所建工程项目的成本；小企业在建工程在试运转过程中形成的产品、副产品或试车收入，盘盈的工程物资或处置净收益，冲减所建工程项目的成本。工程完工后发生的工程物资盘盈、盘亏、报废、毁损，计入当期营业外收支。

建造固定资产领用工程物资、原材料或库存商品，应按其实际成本转入所建工程成本。自营方式建造固定资产，应负担的职工薪酬和辅助生产部门为之提供的水、电、修理、运输等劳务产生的费用，以及其他必要支出等也应计入所建工程项目的成本。

符合资本化条件的借款费用，应计入所建造固定资产成本。小企业在建工程竣工决算前发生的借款费用，应当根据借款合同利率计算确定的利息费用，借记"在建工程"科目，贷记"应付利息"等科目。办理竣工决算后发生的利息费用，借记"财务费用"科目，贷记"应付利息"等科目。

小企业以自营方式建造固定资产，发生的工程成本应通过"在建工程"科目核算，工程完工达到预定可使用状态时，从"在建工程"科目转入"固定资产"科目。

（2）出包方式建造固定资产

在出包方式下，小企业通过招标方式将工程项目发包给建造承包商，由建造承包商组织工程项目施工。小企业要与建造承包商签订建造合同，小企业是建造合同的甲方，负责筹集资金和组织管理工程建设，通常称为建设单位，建造承包商是建设合同的乙方，负责建筑安装工程施工任务。

企业以出包方式建造固定资产，其成本由建造该项固定资产达到预定可使用状态前所发生的必要支出构成，包括发生的建筑工程支出、安装工程支出以及需分摊计入各固定资产价值的待摊支出。建筑工程、安装工程支出，如人工费、材料费、机械使用费等由建造承包商核算。对于发包企业而言，建筑工程支出、安装工程支出是构成在建工程成本的重要内容，结算的工程价款计入在建工程成本。待摊支出，是指在建设期间发生的，不能直接计入某项固定资产价值、而应由所建造固定资产共同负担的相关费用，包括为建造工程发生的管理费、可行性研究费、征地费、临时设施费、公证费、监理费、应负担的税金、符合资本化条件的借款费用、建设期间发生的工程物资盘亏、报废及毁损净损失，以及负荷联合试车费等。其中，征地费是指企业通过划拨方式取得建设用地发生的青苗补偿费、地上建筑物、附着物补偿费等。企业为建造固定资产，通过出让方式取得土地使用权而支付的土地出让金，不计入在建工程成本，应确认为无形资产（土地使用权）。

出包方式下，"在建工程"科目主要是企业与建造承包商办理工程价款的结算科目，企业支付给建造承包商的工程价款作为工程成本通过"在建工程"科目核算。企业应按合理估计的工程进度和合同规定结算的进度款，借记"在建工程——建筑工程（××工程）""在建工程——安装工程（××工程）"科目，贷记"银行存款""预付账款"等科目。工程完成时，按合同规定补付的工程款，借记"在建工程"科目，贷记"银行存款"等科目。企业将需安装设备运抵现场安装时，借记"在建工程——在安装设备（××设备）"科目，贷记"工程物资——××设备"科目；企业为建造固定资产发生的待摊支出，借记"在建工程——待摊支出"科目，贷记"银行存款""应付职工薪酬""长期借款"科目。

在建工程达到预定可使用状态时，

首先，计算分配待摊支出，待摊支出的分配率可按下列公式计算

$$待摊费用分配率 = \frac{累计发生的待摊费用}{建筑工程支出 + 安装工程支出 + 在安装设备支出} \times 100\%$$

××工程应分配的待摊支出 =（××工程的建筑工程支出 + 安装工程支出 + 在安装设备支出）× 分配率

其次，计算确定已完工的固定资产成本，按下列公式计算

房屋、建筑等固定资产成本 = 建筑工程支出 + 应分摊的待摊支出

需要安装设备的成本 = 设备成本 + 为设备安装发生的基础、支座等建筑工程支出 + 安装工程支出 + 应分摊的待摊支出

然后，进行会计处理，借记"固定资产"科目，贷记"在建工程——建筑工程""在建工程——安装工程""在建工程——待摊支出"科目。

3. 其他方式取得的固定资产的成本

企业取得固定资产的其他方式主要包括接受投资者投资、融资租入、盘盈固定资产等。

（1）投资者投入固定资产的成本

投资者投入固定资产的成本，应当按照评估价值和相关税费确定。会计核算时，小企业在办理固定资产移交手续之后，按投资合同或协议约定的价值，作为固定资产的入账价值，借记"固定资产"科目；按投资各方确认的价值在其注册资本中所占的份额，确认为实收资本或股本；两者的差额确认为资本公积，贷记"资本公积——资本溢价"科目。

（2）融资租入的固定资产的成本

融资租入的固定资产的成本，应当按照租赁合同约定的付款总额和在签订租赁合同过程中发生的相关税费等确定。

（3）盘盈固定资产的成本

盘盈固定资产的成本，应当按照同类或者类似固定资产的市场价格或评估价值，扣除按照该项固定资产新旧程度折旧后的余额确定。

二、固定资产的后续计量

后续计量主要包括固定资产折旧的计提以及固定资产的后续支出的计量，小企业在进行固定资产后续计量时，应根据小企业会计准则和国家相关法律、法规的规定处理。

（一）固定资产折旧

1. 固定资产折旧的定义

折旧，是指在固定资产使用寿命内，按照确定的方法，对应计折旧额进行系统分摊。应计折旧额，是指应当计提折旧的固定资产的原价（成本）扣除其预计净残值后的金额。小企业会计准则规定，小企业不计提资产减值准备，所以无须考虑固定资产的减值准备。

小企业应当根据固定资产的性质和使用情况，并考虑税法的规定，合理确定固定资产的使用寿命和预计净残值。固定资产的使用寿命、预计净残值一经确定，不得随意变更。

2. 影响固定资产折旧的因素

影响固定资产折旧的因素主要有以下几个方面。

（1）固定资产原价，指固定资产成本。

（2）预计净残值，指假定固定资产预计使用寿命已满，小企业从该项固定资产处置中获得的扣除预计处置费用后的净额。

（3）固定资产的使用寿命，指小企业使用固定资产的预计期间，或者该固定资产所能生产产品或者提供劳务的数量。企业固定资产折旧是固定资产由于磨损和损耗而逐渐转移的价值。小企业在确定固定资产的使用寿命时，主要应当考虑下列因素，① 预计生产能力或实物产量；② 预计有形损耗或无形损耗；③ 法律或者类似规定对资产使用的限制。

3.固定资产折旧的范围、年限

除以下情况外，小企业应该对所有固定资产计提折旧。

（1）房屋、建筑物以外未投入使用的固定资产。

（2）以经营租赁方式租入的固定资产。

（3）已提足折旧仍继续使用的固定资产。

在确认计提折旧的范围时，还应注意以下几点。

（1）固定资产应当按月计提折旧，并根据固定资产的受益对象计入相关资产成本或者当期损益。固定资产自达到预定可使用状态时，开始计提折旧，终止确认时或划分为持有待售非流动资产时，停止计提折旧。为了简化核算，当月增加的固定资产，当月不计提折旧，从下月起计提折旧；当月减少的固定资产，当月仍计提折旧，从下月起不计提折旧。

（2）固定资产提足折旧后，不论是否继续使用，均不再计提折旧，提前报废的固定资产也不再补提折旧。所谓提足折旧，是指已经提足该项固定资产的应计折旧额。

（3）已达到预定可使用状态但尚未办理竣工决算的固定资产，应当按照估计价值确定其成本，并计提折旧；待办理竣工决算后，再按实际成本调整原来的暂估价值，但不需要调整原已计提的折旧额。

（4）除国务院财政、税务主管部门另有规定外，固定资产计提折旧的最低年限如下。

房屋、建筑物：20年；

机器、机械和其他生产设备：10年；

与生产经营活动有关的器具、工具、家具等：5年；

飞机、火车、轮船以外的运输工具：4年；

电子设备：3年。

4.固定资产折旧方法

企业应根据与固定资产有关的经济利益的预期实现方式合理选择折旧方法。小企业应按照年限平均法（即直线法，下同）计提折旧。小企业的固定资产由于技术进步等原因，确需加速折旧的，可以采用双倍余额递减法和年数总和法。企业选用不同的固定资产折旧方法，将影响固定资产使用寿命期间内不同时期的折旧费用，因此，固定资产的折旧方法一经确定，不得随意变更。

（1）年限平均法

年限平均法又称直线法，是指将固定资产的应计折旧额，均衡地分摊到固定资产预计使用寿命内的一种方法。采用这种方法计算的每期折旧额均相等。计算公式为

$$年折旧率 = \frac{1-预计净残值率}{预计使用寿命（年）} \times 100\%$$

$$月折旧率 = \frac{年折旧率}{12}$$

$$月折旧额 = 固定资产原价 \times 月折旧率$$

（2）双倍余额递减法

双倍余额递减法，是指在不考虑固定资产预计净残值的情况下，根据每期期初固定资产原价减去累计折旧后的金额和双倍的直线法折旧率计算固定资产折旧的一种方法。应用这种方法计算折旧额时，由于每年年初固定资产净值没有扣除预计净残值，所以在计算固定资产折旧额时，应在其折旧年限到期前两年内，将固定资产净值扣除预计净残值后的余额平均摊销。计算公式为

$$年折旧率 = 2 \div 预计使用寿命（年）\times 100\%$$

$$月折旧率 = 年折旧率 \div 12$$

$$月折旧额 = 固定资产净值 \times 月折旧率$$

（3）年数总和法

年数总和法又称年限合计法，是指将固定资产的原价减去预计净残值后的余额，乘以一个以固定资产尚可使用寿命为分子、以预计使用寿命逐年数字之和为分母的逐年递减的分数计算每年的折旧额。计算公式为

$$年折旧率 = \frac{尚可使用年限}{预计使用寿命的年数总和} \times 100\%$$

$$月折旧率 = 年折旧率 \div 12$$

$$月折旧额 =（固定资产原价 - 预计净残值）\times 月折旧率$$

双倍余额递减法和年数总和法都是加速折旧法，其特点是在固定资产使用的早期多提折旧，后期少提折旧，其递减的速度逐年加快，从而相对加快折旧速度，目的是使固定资产成本在估计使用寿命内加快得到补偿。

5.固定资产折旧的会计处理

固定资产应当按月计提折旧，计提的折旧应通过"累计折旧"科目核算，并

根据用途计入相关资产的成本或者当期损益。

（1）小企业自行建造固定资产过程中使用的固定资产，计提的折旧应计入在建工程成本。

（2）小企业基本生产车间所使用的固定资产，其计提的折旧应计入制造费用。

（3）管理部门所使用的固定资产，计提的折旧应计入管理费用。

（4）销售部门所使用的固定资产，计提的折旧应计入销售费用。

（5）经营租出的固定资产，其应提的折旧额应计入其他业务成本。

（二）固定资产的后续支出

固定资产的后续支出，是指固定资产使用过程中，发生的更新改造支出、修理费用等。后续支出的处理原则为，符合固定资产确认条件的，应计入固定资产成本，同时，将被替换部分的账面价值扣除；不符合固定资产确认条件的，应计入当期损益。固定资产的后续支出通常包括，固定资产在使用过程中发生的日常修理费、大修理费用、改建支出、房屋的装修费用等。

1. 改建支出

根据小企业会计准则的规定，固定资产在使用过程中进行改建的，固定资产的改建支出，应计入固定资产的成本。

固定资产的改建支出，是指改变房屋或者建筑物结构、延长使用年限等发生的支出。

2. 日常修理支出

固定资产的日常修理费在发生时，根据固定资产的受益对象计入相关资产成本或者当期损益。小企业生产车间（部门）发生的固定资产修理费用等后续支出，记入"制造费用"科目，行政管理部门等发生的固定资产修理费用等后续支出，记入"管理费用"科目。

3. 与固定资产后续支出有关的长期待摊费用

长期待摊费用，是核算小企业已经发生但由本期和以后各期负担，并且分摊期限在1年以上的各项费用，主要包括，已提足折旧的固定资产的改建支出、经营租入固定资产的改建支出、固定资产的大修理支出和其他长期待摊费用等。

长期待摊费用应在其摊销期限内，采用年限平均法进行摊销，根据其受益对象计入相关资产的成本或者管理费用，并冲减长期待摊费用。在具体核算时，小企业按月摊销长期待摊费用，借记"制造费用""管理费用"科目，贷记"长期待摊费用"科目。长期待摊费用主要有以下几种情况。

第一，已提足折旧的固定资产的改扩建支出，按照固定资产预计尚可使用年限分期摊销。

改扩建项目，是指现有的单位在已有的基础上，对原有设施、工艺条件进行扩充性建设或大规模改造，从而增加产品的生产能力或经济效益的项目，以及原有企业进行设备更新或技术改造的项目，包括改建、扩建、停产复建等。

从定义上可看出，改扩建在一般情况下可以延长使用寿命，对于"已提足折旧的固定资产"而言，小企业准则规定是不能对折旧年限进行调整的，所以只能通过长期待摊费用核算，并在固定资产预计尚可使用年限分期摊销。

第二，经营租入固定资产的改扩建支出，按照合同约定的剩余租赁期限分期摊销。

以经营租赁方式租入的固定资产，与该资产相关的风险和报酬并没有转移给承租方，因而资产的所有权仍属于出租方，承租方只在协议规定的期限内拥有对该资产的使用权，只能计入长期待摊费用，在协议约定的租赁期内平均分摊。此种情形的改扩建支出，是指改变房屋或者建筑物结构、延长使用年限等发生的支出。通过改变房屋或者建筑物的结构，增大了其使用价值或者延长了使用年限，能为企业带来一定的经济利益流入，由于此类固定资产所有权仍然属于出租方而不是作为承租方的改建方，所以其收益期为合同约定的剩余租赁期限内，其改扩建支出也只能在剩余租赁期限内摊销。

对于"经营租入固定资产的改扩建支出"，企业会计准则和小企业会计准则中的核算原理和方法均一致。

第三，符合税法规定的固定资产大修理支出，按照固定资产预计尚可使用年限分期摊销。固定资产的大修理支出，是指同时符合下列条件的支出，

一是修理支出达到取得固定资产时的计税基础50%以上；

二是修理后固定资产的使用寿命延长2年以上。

符合以上两项条件的大修理支出，在发生时，借记"长期待摊费用"科目，贷记"原材料""银行存款"科目；该支出在固定资产尚可使用年限内进行摊销，借记"相关资产的成本"或者"当期损益"科目，贷记"长期待摊费用"科目。

（三）固定资产清查

小企业应定期或者至少于每年年末对固定资产进行清查盘点，以保证固定资产核算的真实性。在固定资产清查过程中，如果发现盘盈、盘亏的固定资产，应当填制固定资产盘盈、盘亏报告表。清查固定资产的损益，应及时查明原因，并按照规定程序报批处理。

1. 固定资产盘盈

盘盈的固定资产，按照同类或者类似固定资产的市场价格扣除按新旧程度估

计的折旧后的余额，借记"固定资产"科目，贷记"待处理财产损益——待处理固定资产损溢"科目。经审批后，借记"待处理财产损益——待处理固定资产损溢"科目，贷记"营业外收入"科目。

2.固定资产盘亏

盘亏的固定资产，按照该项固定资产的账面价值，借记"待处理财产损益——待处理固定资产损溢"科目，按照已计提折旧，借记"累计折旧"科目，按照其原值，贷记"固定资产"科目。经批准处理后，按照可收回的保险赔偿额或者过失人赔偿，借记"其他应收款"科目，按照科目余额，贷记"待处理财产损益——待处理固定资产损溢"科目，按照其借方差额，盘亏固定资产发生的损失记入"营业外支出"科目。

三、固定资产的处置

（一）固定资产终止确认的条件

固定资产满足下列条件之一的，应当予以终止确认。

1.该固定资产处于处置状态。固定资产处置包括，固定资产的出售、转让、报废或毁损、对外投资、非货币性资产交换、债务重组等。对于处置状态的固定资产不再用于生产商品、提供劳务、出租或经营管理，因此不再符合固定资产的定义，应予终止确认。

2.该固定资产预期通过使用或处置不能产生经济利益。固定资产的确认条件之一是"与该固定资产有关的经济利益很可能流入企业"，如果一项固定资产预期通过使用或处置不能产生经济利益，就不再符合固定资产的定义和确认条件，应予终止确认。

（二）固定资产处置的账务处理

企业出售、转让、报废固定资产或发生固定资产毁损，应扣除其账面价值、相关税费和清理费用后的净额，计入营业外收入或营业外支出。固定资产处置一般通过"固定资产清理"科目进行核算。

企业因出售、报废或毁损、对外投资、非货币性资产交换、债务重组等处置固定资产，其会计处理一般经过以下几个步骤。

第一，固定资产转入清理。固定资产转入清理时，按固定资产账面价值，借记"固定资产清理"科目，按已计提的累计折旧，借记"累计折旧"科目，按固定资产账面余额，贷记"固定资产"科目。

第二，发生的清理费用。固定资产清理过程中，发生的有关费用以及应支付的相关税费，借记"固定资产清理"科目，贷记"银行存款""应交税费——应交增值税"科目。

第三，出售收入和残料等的处理。企业收回出售固定资产的价款、残料价值和变价收入等，应冲减清理支出。按实际收到的出售价款以及残料变价收入等，借记"银行存款""原材料"科目，贷记"固定资产清理"科目。

第四，保险赔偿的处理。企业计算或收到的应由保险公司或过失人赔偿的损失，应冲减清理支出，借记"其他应收款""银行存款"科目，贷记"固定资产清理"科目。

第五，清理净损益的处理。固定资产清理完成后的净损失，属于生产经营期间正常的处理损失，借记"营业外支出——处置非流动资产损失"科目，贷记"固定资产清理"科目；属于生产经营期间，由于自然灾害等非正常原因造成的，借记"营业外支出——非常损失"科目，贷记"固定资产清理"科目。固定资产清理完成后的净收益，借记"固定资产清理"科目，贷记"营业外收入"科目。

四、小企业会计准则与企业会计准则的比较

（一）固定资产的初始计量

小企业会计准则和企业会计准则都要求，以固定资产取得时的成本作为固定资产的初始成本。

1. 外购固定资产

在小企业会计准则和企业会计准则下，外购固定资产的成本，都包括购买价款、相关税费以及相关的运输费、装卸费、安装费等，但不包括按照税法规定可以抵扣的增值税税额。

2. 自行建造固定资产

（1）自营建造的固定资产

自营建造的固定资产的核算，小企业会计准则和企业会计准则存在以下区别。

① 固定资产成本的截止日期不同。小企业会计准则下，截至竣工结算前。企业会计准则下，截至预定可使用状态。

② 在建造过程中，发生的借款费用的资本化条件和范围不同。小企业会计准则下，小企业为购建固定资产在竣工结算前发生的借款费用，应当计入固定资产的成本，而不计入财务费用。企业会计准则下，符合资本化条件的资产，发生在资本化期间的有关借款费用应该资本化，资本化金额的计算区分为一般借款和专门借款。符合资本化条件的资产，是指需要经过相当长时间的购建或者生产活动，才能达到预定可使用或者可销售状态的固定资产、投资性房地产和存货等资产。

（2）出包建造固定资产

在小企业会计准则和企业会计准则下，出包建造固定资产的成本确定规则一致，都是按照应支付给承包单位的工程价款作为固定资产的成本，核算都要通过"在建工程"科目过渡到"固定资产"科目。

3.投资者投入的固定资产

小企业会计准则下，应当按照投资合同或者协议约定的价值确定。企业会计准则下，投资者投入的固定资产的成本，应当按照投资合同或协议约定的价值确定，但合同或协议约定价值不公允的除外。

（二）固定资产的后续计量

1.固定资产折旧

（1）折旧范围不同。小企业会计准则下，房屋、建筑物以外，未投入使用的固定资产不计提折旧。企业会计准则下，需要计提折旧。

（2）折旧年限不同。小企业会计准则下，折旧年限有最低限制。企业会计准则下，是固定资产的预期使用年限。

2.固定资产后续支出

（1）固定资产大修理支出不同。小企业会计准则下，符合税法规定的，通过"长期待摊费用"科目核算。企业会计准则下，符合资本化条件的，计入固定资产，不符合资本化条件的，应当计入当期损益。

（2）固定资产日常修理费用处理不同。小企业会计准则下，生产车间发生的固定资产日常修理费用等后续支出，记入"制造费用"科目，行政管理部门等发生的固定资产日常修理费用等后续支出，记入"管理费用"科目。企业会计准则下，应当根据不同情况，分别计入当期管理费用或销售费用。

3.固定资产清查

（1）固定资产清查盘亏净损失的处理不同。企业会计准则下，如属于经营损失，借记"管理费用"科目；如属于非常损失，借记"营业外支出"科目。小企业会计准则下，不需要区分原因，全部记入"营业外支出"科目。

（2）固定资产盘盈的处理不同。小企业会计准则下，通过"待处理财产损益"科目过渡，盘盈净收益记入"营业外收入"科目。企业会计准则下，作为前期差错处理，在财产清查中盘盈的固定资产，在按管理权限报经批准前，应先通过"以前年度损益调整"科目核算。盘盈的固定资产，应按重置成本确定其入账价值，借记"固定资产"科目，贷记"以前年度损益调整"科目。

4. 固定资产减值

小企业会计准则下，固定资产不计提减值。企业会计准则下，要计提减值。

第二节　小企业无形资产的会计处理

一、无形资产的确认和初始计量

（一）无形资产的定义及其特征

无形资产有广义和狭义之分，在知识经济时代，广义的无形资产打破了传统的范畴，形式越来越多样化，如绿色食品标志使用权、ISO 9000 质量认证体系、环境管理体系认证、人力资源、注册的域名、企业形象、企业精神等，无形资产的内容变得日益丰富，已成为企业生存发展的基石。狭义的无形资产，是指小企业为生产产品、提供劳务、出租或经营管理而持有的、没有实物形态的可辨认非货币性资产。无形资产具有以下几方面特征。

1. 由企业拥有或者控制，并能为其带来未来经济利益的资源

预计能为小企业带来未来经济利益是作为一项资产的本质特征，无形资产也不例外。通常情况下，小企业拥有或者控制的无形资产是，拥有其所有权并且能够为企业带来未来经济利益的。但是，在某些情况下，并不需要小企业拥有其所有权，如果小企业有权获得某项无形资产产生的经济利益，同时，又能约束其他人获得这些经济利益则说明小企业控制了该项无形资产，或者说控制了该项无形资产产生的经济利益。具体表现为，小企业拥有该无形资产的法定所有权或者使用权，并受到法律的保护。比如，小企业与其他企业签订合约转让商标权，由于合约的签订，使商标使用权转让方的相关权利受到法律的保护。

2. 无形资产不具有实物形态

通常，无形资产表现为某种权利、某项技术，或是某种获取超额利润的综合能力，它们不具有实物形态。比如，土地使用权、非专利技术等。小企业的无形资产很大程度上是通过自身所具有的技术等优势为企业带来未来经济利益。

某些无形资产的存在有赖于实物载体。比如，计算机软件需要存储在磁盘中，但这并不改变无形资产本身不具有实物形态的特性。一项包含无形和有形要素的资产，是属于固定资产还是属于无形资产，通常以哪个要素更重要作为判断的依据。例如，计算机控制的机械工具没有特定计算机软件就不能运行时，说明该软

件是构成相关硬件不可缺少的组成部分,该软件应作为固定资产处理;如果计算机软件不是相关硬件不可缺少的组成部分,则该软件应作为无形资产核算。只要将一项资产归类为无形资产,则不具有实物形态,这是无形资产的特征之一。

3.无形资产具有可辨认性

符合以下条件之一的,则认为其具有可辨认性。

(1)能够从小企业中分离或者划分出来,并能单独用于出售或转让等,而不需要同时处置在同一获利活动中的其他资产,表明无形资产可以辨认。某些情况下,无形资产可能需要与有关的合同一起用于出售转让等,这种情况下也视为可辨认无形资产。

(2)产生于合同性权利或其他法定权利,无论这些权利是否可以从小企业或其他权利和义务中转移或者分离。如一方通过与另一方签订特许权合同而获得的特许使用权;通过法律程序申请获得的商标权、专利权等。

如果小企业有权获得一项无形资产产生的未来经济利益,并能约束其他方获取这些利益,则表明小企业控制了该项无形资产。例如,对于会产生经济利益的技术知识,若其受到版权、贸易协议约束(如果允许)等法定权利或雇员保密法定职责的保护,那么说明该小企业控制了相关利益。

客户关系、人力资源等,由于小企业无法控制其带来的未来经济利益,不符合无形资产的定义,不应将其确认为无形资产。

内部产生的品牌、报刊名、刊头、客户名单和实质上类似的项目支出,由于不能与整个业务开发成本区分开来,因此,这类项目不应确认为无形资产。

4.无形资产属于非货币性资产

非货币性资产,是指小企业持有的货币资金和以固定或可确定的金额收取的资产以外的其他资产。无形资产由于没有发达的交易市场,一般不容易转化成现金,在持有过程中为小企业带来未来经济利益的情况不确定,不属于以固定或可确定的金额收取的资产,属于非货币性资产。

(二)无形资产的分类

1.按经济内容分类

小企业的无形资产按其反映的经济内容,可以分为:土地使用权、专利权、商标权、著作权、非专利技术等。

自行开发建造厂房等建筑物,相关的土地使用权与建筑物应分别进行处理。外购土地及建筑物支付的价款应在建筑物与土地使用权之间按照合理的方法进行分配;难以合理分配的,应当全部作为固定资产。

(1）土地使用权

土地使用权，是指国家准许某企业在一定期间内对国有土地享有开发、利用、经营的权利。根据我国《土地管理法》的规定，我国土地实行公有制，任何单位和个人不得侵占、买卖或者以其他形式非法转让。国家和集体可以依照法定程序对土地使用权实行有偿出让，企业也可以依照法定程序取得土地使用权，或将已取得的土地使用权依法转让。企业取得土地使用权的方式大致有，行政划拨取得、外购取得及投资者投资取得。

（2）专利权

专利权，是指国家专利主管机关，依法授予发明创造专利申请人，对其发明创造在法定期限内所享有的专有权利，包括发明专利权、实用新型专利权和外观设计专利权。根据我国的专利法规定，专利权分为发明专利和实用新型及外观设计专利两种，自申请日起计算，发明专利权的期限为20年，实用新型及外观设计专利权的期限为10年。发明者在取得专利权后，在有效期内将享有专利的独占权。

（3）商标权

商标权，是指专门在某类指定的商品或产品上使用特定的名称或图案的权利，依法注册登记后，取得的受法律保护的独家使用权利。商标是用来辨认特定的商品或劳务的标记，代表着企业的一种信誉，从而具有相应的经济价值。根据我国商标法规定，注册商标的有效期限为10年，期满可依法延长。

（4）著作权

著作权又称版权，是指作者对其创作的文学、科学和艺术作品，依法享有的某些特殊权利。著作权包括作品署名权、发表权、修改权和保护作品完整权，还包括复制权、发行权、出租权、展览权、表演权、放映权、广播权、信息网络传播权、摄制权、改编权、翻译权、汇编权以及应当由著作权人享有的其他权利。

（5）非专利技术

非专利技术也称专有技术，是指不为外界所知、在生产经营活动中已采用的、不享有法律保护的、可以带来经济效益的各种技术和诀窍。非专利技术一般包括工业专有技术、商业贸易专有技术、管理专有技术等。非专利技术因为未经法定机关按法律程序批准和认可，所以不受法律保护。非专利技术没有法律上的有效年限，只有经济上的有效年限。

（6）特许权

特许权又称特许经营权、专营权，是指企业在某一地区经营或销售某种特定商品的权利，或是一家企业接受另一家企业使用其商标、商号、秘密技术等权利。

前者一般是由政府机构授权，准许企业使用或在一定地区享有经营某种业务的特权，如烟草专卖权；后者是指企业间依照签订的合同，有期限或无期限使用另一家企业的某些权利，如连锁店分店使用总店的名称等。

2.按来源途径分类

无形资产按其来源途径，可以分为外来无形资产和自创无形资产。

外来无形资产，是指企业通过从国内外科研单位及其他企业购进、接受投资的无形资产等方式从企业外部取得。

自创无形资产，是指企业自行开发、研制的无形资产。

（三）无形资产的确认条件

1.与该资产有关的经济利益很可能流入小企业

作为无形资产确认的项目，必须具备产生的经济利益很可能流入企业。通常情况下，无形资产产生的未来经济利益包括在销售商品、提供劳务的收入中，或者小企业使用该项无形资产而减少或节约的成本中，或体现在获得的其他利益中。在实务中，要确定无形资产创造的经济利益是否很可能流入小企业，需要实施职业判断。

2.该无形资产的成本能够可靠地计量

成本能够可靠地计量是资产确认的一项基本条件。对于无形资产来说，这个条件更为重要。比如，企业内部产生的品牌、报刊名等，因其成本无法可靠地计量，不作为无形资产确认。

（四）无形资产的初始计量

无形资产科目，核算小企业持有的无形资产成本，借方登记取得的无形资产成本，贷方登记出售无形资产转出的无形资产账面余额，期末借方余额，反映企业无形资产的成本。本科目应按无形资产项目设置明细账，进行明细核算。

无形资产应当按照成本进行计量，即以取得无形资产并使之达到预定用途而发生的全部支出，作为无形资产的成本。对于不同来源取得的无形资产，其初始成本的构成也不尽相同。

1.外购无形资产的成本

外购的无形资产，其成本包括购买价款、相关税费和相关的其他支出（含相关的借款费用）。其中，直接归属于使该项资产达到预定用途，所发生的其他支出，包括使无形资产达到预定用途所发生的专业服务费用、测试无形资产是否能够正常发挥作用的费用等，但不包括为引入新产品进行宣传发生的广告费、管理费用及其他间接费用，也不包括在无形资产已经达到预定用途以后发生的费用。

小企业外购无形资产,应当按照实际支付的价款。借记"无形资产"科目,贷记"银行存款"等科目。

外购房产所支付的价款中包括土地使用权和建筑物的价值,所支付的价款应当在建筑物与土地使用权之间按照合理的方法进行分配,其中属于土地使用权的部分,借记"无形资产"科目,贷记"银行存款"等科目。

2.投资者投入的无形资产的成本,应当按照评估价值和相关税费确定。

3.自行开发的无形资产的成本,由符合资本化条件后至达到预定用途前发生的支出(含相关的借款费用)构成。

二、内部开发的无形资产费用的确认和计量

(一)内部开发的无形资产费用的确认

小企业自行开发无形资产发生的支出,同时满足下列条件的,才能确认为无形资产。

1.完成该无形资产以使其能够使用或出售在技术上具有可行性

判断无形资产的开发在技术上是否具有可行性,应以目前阶段的成果为基础,并提供相关证据和材料,证明企业进行开发所需的技术条件等已经具备,不存在技术上的障碍或其他不确定性。比如,企业已经完成了全部计划、设计和测试活动,这些活动是使资产能够达到设计规划书中的功能、特征和技术所必需的活动或经过专家鉴定等。

2.具有完成该无形资产并使用或出售的意图

开发某项产品或专利技术产品等,通常是根据管理当局决定该项研发活动的目的或者意图加以确定。研发项目形成成果以后,是为出售还是为自己使用并从使用中获得经济利益,应按照管理当局的决定为依据。因此,企业的管理当局应当明确表明,其持有拟开发无形资产的目的,并具有完成该项无形资产开发并使其能够使用或出售的可能性。

3.能够证明运用该无形资产生产的产品存在市场或无形资产自身存在市场,无形资产将在内部使用的,应当证明其有用性

开发支出资本化作为无形资产确认,其基本条件是,能够为小企业带来未来经济利益。如果有关的无形资产在形成以后,主要是用于形成新产品或新工艺的,小企业应对运用该无形资产生产的产品市场情况进行估计,应能够证明所生产的产品存在市场,能够带来经济利益的流入;如果有关的无形资产开发以后,主要是用于对外出售的,则企业应能够证明,市场存在对该类无形资产的需求,开发

以后存在外在的市场，可以出售并带来经济利益的流入；如果无形资产开发以后，不是用于生产产品，也不是用于对外出售，而是在小企业内部使用的，则小企业应能够证明在内部使用时对该企业的有用性。

4.有足够的技术、财务资源和其他资源支持，以完成该无形资产的开发，并有能力使用或出售该无形资产

这一条件主要包括：

（1）为完成该项无形资产开发具有技术上的可靠性。开发的无形资产使其形成成果在技术上的可靠性是继续开发活动的关键。因此，必须有确凿证据证明小企业继续开发该项无形资产，有足够的技术支持和技术能力。

（2）财务资源和其他资源支持。财务和其他资源支持，是能够完成该项无形资产开发的经济基础，因此，小企业必须能够说明为完成该项无形资产的开发所需的财务和其他资源，是否能够足以支持完成该项无形资产的开发。

（3）能够证明小企业获取在开发过程中所需的技术、财务和其他资源，以及小企业获得这些资源的相关计划等。如在小企业自有资金不足以提供支持的情况下，是否存在外部其他方面的资金支持，如通过银行等借款机构愿意为该无形资产的开发提供所需资金的声明等来证实。

（4）有能力使用或出售该无形资产以取得收益。

5.归属于该无形资产开发阶段的支出能够可靠地计量

企业对于研究开发活动发生的支出应单独核算，如发生的研究开发人员的工资、材料费等，在企业同时从事多项研究开发活动的情况下，所发生的支出同时用于支持多项研究开发活动的，应按照一定的标准在各项研究开发活动之间进行分配，无法明确分配的，应予费用化计入当期损益，不计入开发活动的成本。

（二）内部开发的无形资产的计量

内部开发活动形成的无形资产，其成本由可直接归属于该资产的创造、生产，并使该资产能够以管理层预定的方式运作的所有必要支出组成。可直接归属于该资产的成本包括，开发该无形资产时耗费的材料、劳务成本、注册费；开发该无形资产过程中使用的其他专利权和特许权的摊销，以及按照借款费用的处理原则可以资本化的利息支出；为使该无形资产达到预定用途前所发生的其他费用。

在开发无形资产过程中，除上述可直接归属于无形资产开发活动的其他销售费用、管理费用等间接费用外，在无形资产达到预定用途前发生的可辨认的无效和初始运作损失；为运行该无形资产发生的培训支出等不构成无形资产的开发成本。

值得强调的是，内部开发无形资产的成本仅包括在满足资本化条件的时点至

无形资产达到预定用途前发生的支出总和,对于同一项无形资产,在开发过程中达到资本化条件之前,已经费用化计入损益的支出不再进行调整。

(三) 内部开发费用的会计处理

1. 基本原则

无形资产准则规定,小企业开发阶段的支出符合条件的才能资本化,不符合资本化条件的计入当期损益(管理费用)。只有同时满足无形资产准则规定的各项条件的,才能确认为无形资产,否则计入当期损益。

2. 具体账务处理

(1) 企业自行开发无形资产发生的研发支出,未满足资本化条件的,借记"研发支出——费用化支出"科目,满足资本化条件的,借记"研发支出——资本化支出"科目,贷记"原材料""银行存款""应付职工薪酬"科目。

(2) 企业购买正在进行中的研究开发项目,应按确定的金额,借记"研发支出——资本化支出"科目,贷记"银行存款"科目。以后发生的研发支出,应当比照上述(1)的规定进行处理。

(3) 研究开发项目达到预定用途形成无形资产的,应按照"研发支出——资本化支出"科目的余额,借记"无形资产"科目,贷记"研发支出——资本化支出"科目。

三、无形资产的后续计量

(一) 无形资产后续计量的原则

无形资产应当在其使用寿命内采用平均年限法进行摊销,计入相关资产的成本或管理费用,并冲减无形资产。

摊销期自其可供使用时开始至停止使用或出售时止。有关法律规定或合同约定了使用年限的,可以按照规定或约定的使用年限分期摊销。企业不能可靠地估计无形资产使用寿命的,摊销期不短于10年。

小企业一般按月进行账务处理,因此,企业应按月对无形资产进行摊销,自无形资产可供使用(即其达到预定用途)当月起开始摊销,处置当月不再摊销。

无形资产的摊销额一般应当计入当期损益,企业自用的无形资产,其摊销额计入管理费用;出租的无形资产,其摊销金额计入其他业务支出;某项无形资产包含的经济利益通过所生产的产品或其他资产实现的,其摊销金额应当计入相关资产成本。

(二) 具体账务处理

1. 摊销期和摊销方法

无形资产的摊销期自其可供使用时(即其达到预定用途)开始至终止确认时

止。在无形资产的使用寿命内，系统地分摊其应摊销金额，应采用年限平均法。

2.残值的确定

无形资产的残值一般为零，除非有第三方承诺，在无形资产使用寿命结束时，愿意以一定的价格购买该项无形资产，或者存在活跃的市场，通过市场可以得到无形资产使用寿命结束时的残值信息，并且从目前情况来看，在无形资产使用寿命结束时，该市场还可能存在的情况下，可以预计无形资产的残值。

四、无形资产的处置

无形资产的处置，主要是指无形资产出售、对外出租、对外捐赠，或者是无法为企业带来未来经济利益时，应予终止确认并转销。处置无形资产所得到的处置收入扣除其账面价值、相关税费等后的净额，应计入"营业外收入"或"营业外支出"。其中，无形资产的账面价值，是指无形资产的成本扣减累计摊销后的金额。

小企业处置某项无形资产，表明企业放弃无形资产的所有权，应按照实际收到的价款，借记"银行存款"科目，按照应支付的相关税费及其他费用，按照已计提的累计摊销金额，借记"累计摊销"科目，贷记"应交税费——应交增值税""银行存款"科目，按照其账面余额，贷记"无形资产"科目，按其差额，贷记"营业外收入"或"营业外支出"科目。

五、小企业会计准则与企业会计准则的比较

（一）两准则的相同点

无形资产后续计量中，小企业会计准则和企业会计准则均要求摊销额按照不同的受益对象，分别计入相关成本、费用科目，且摊销起止点相同，均自无形资产可供使用当月起开始摊销，处置当月不再摊销。

（二）两准则的不同点

1.减值处理不同。企业会计准则规定无形资产发生减值时，要计提无形资产减值准备。小企业会计准则中不用考虑减值。

2.摊销方法不同。小企业会计准则下，只能采用年限平均法计提摊销。企业会计准则下，可采用年限平均法、年数总和法等。

3.对于不能可靠地估计使用寿命的无形资产，企业会计准则中规定可以不摊销，但需每期进行减值测试。小企业会计准则中规定要按照不短于10年的期限进行摊销。

4.无形资产用于对外出租时，每期计提的摊销额，企业会计准则中记入"其

他业务成本"科目，小企业会计准则中记入"其他业务支出"科目。

5.无形资产出售时，小企业会计准则和企业会计准则均规定处置净损益记入当期损益"营业外收入"或"营业外支出"科目。不同的是，企业会计准则中，应结转相应的"无形资产""累计摊销"和"无形资产减值准备"科目金额。小企业会计准则中，需结转无形资产账面价值。

第三节　小企业存货的会计处理

一、存货的概念

存货，是指小企业在日常生产经营过程中持有以备出售的产成品或商品、处在生产过程中的在产品、将在生产过程或提供劳务过程中耗用的材料和物料等，以及小企业（农、林、牧、渔业）为出售而持有的，或在将来收获为农产品的消耗性生物资产。

小企业的存货通常包括，原材料、在产品、半成品、产成品、商品、周转材料、委托加工物资、消耗性生物资产等。

（1）原材料，是指小企业在生产过程中，经加工改变其形态或性质并构成产品主要实体的各种原料及主要材料、辅助材料、外购半成品（外购件）、修理用备件（备品备件）、包装材料、燃料等。

（2）在产品，是指小企业正在制造但尚未完工的产品。包括正在各个生产工序加工的产品，以及已加工完毕但尚未检验，或已检验但尚未办理入库手续的产品。

（3）半成品，是指小企业经过一定生产过程并已检验合格，交付半成品仓库保管，但尚未制造完工成为产成品，仍需进一步加工的中间产品。

（4）产成品，是指小企业已经完成全部生产过程并已验收入库，符合标准规格和技术条件，可以按照合同规定的条件送交订货单位，或者可以作为商品对外销售的产品。

（5）商品，是指小企业（批发业、零售业）外购或委托加工完成并已验收入库用于销售的各种商品。

（6）周转材料，是指小企业能够多次使用、逐渐转移其价值但仍保持原有形态且不确认为固定资产的材料。包括包装物、低值易耗品、小企业（建筑业）的钢模板、木模板、脚手架等。

(7)委托加工物资,是指小企业委托外单位加工的各种材料、商品等物资。

(8)消耗性生物资产,是指小企业(农、林、牧、渔业)在生长中的大田作物、蔬菜、用材林以及存栏待售的牲畜等。

二、存货的确认条件

存货必须在符合定义的前提下,同时满足下列两个条件,才能予以确认。

(一)与该存货有关的经济利益很可能流入企业

资产最重要的特征是预期会给企业带来经济利益。如果某一项目预期不能给企业带来经济利益,就不能确认为企业的资产。存货是企业的一项重要的流动资产,因此,对存货的确认,关键是判断其是否很可能给企业带来经济利益或其所包含的经济利益是否很可能流入企业。通常,拥有存货的所有权是与该存货有关的经济利益很可能流入本企业的一个重要标志。一般情况下,根据销售合同已经售出(取得现金或收取现金的权利),所有权已经转移的存货,其所含经济利益已不能流入本企业,因而不能再作为企业的存货进行核算,即使该存货尚未运离企业。企业在判断与该存货有关的经济利益能否流入企业时,通常应结合考虑该存货所有权的归属,而不应仅看其存放的地点。

(二)该存货的成本能够可靠地计量

成本或者价值能够可靠地计量是资产确认的一项基本条件。存货作为企业资产的组成部分,要予以确认也必须能够对其成本可靠地进行计量。存货的成本能够可靠地计量必须以取得的确凿证据为依据,并且具有可验证性。如果存货成本不能可靠地计量,则不能确认为存货。如企业承诺的订货合同,由于并未实际发生,不能可靠确定其成本,因此就不能确认为购买企业的存货。

《小企业会计准则》第十一条至第十五条主要规范了存货的确认和计量方法。取得的存货应当按照成本进行计量;发出存货采用先进先出法、加权平均法或个别计价法确定其实际成本;盘盈的存货应按照同类或类似存货的市场价格确定其成本。小企业发生的各项生产费用,应按照成本核算对象和成本项目分别归集。因存货盘亏或者盘盈而产生的亏损或者收益应计入当期损益。

三、存货的初始计量

小企业取得的存货,应当按照成本进行计量。存货成本包括采购成本、加工成本和其他成本三个组成部分。

企业在日常核算中,采用计划成本法或售价金额法核算的存货成本,实质上也是存货的实际成本。比如，采用计划成本法，通过"材料成本差异"或"产品成本差异"科目，将材料或产成品的计划成本调整为实际成本。采用售价金额法，通过"商品进销差价"科目将商品的售价调整为实际成本（进价）。

（一）外购存货的成本

外购存货的成本包括，购买价款、相关税费、运输费、装卸费、保险费以及在外购存货过程中发生的其他直接费用，但不含按照税法规定可以抵扣的增值税进项税额。存货的购买价款，是指企业购入的材料或商品的发票账单上列明的价款，但不包括按规定可以抵扣的增值税税额。

相关税费，包括计入存货成本的进口关税、消费税、资源税、不能抵扣的增值税等。外购存货过程中发生的其他直接费用，包括入库前发生的仓储费用、包装费、运输途中的合理损耗、入库前的挑选整理费用等。

下面就外购存货时所涉及的一些相关科目进行介绍。

1. 在途物资

（1）本科目核算小企业采用实际成本进行材料、商品等物资的日常核算、尚未到达或尚未验收入库的各种物资的实际采购成本。小企业（批发业、零售业）在购买商品过程中发生的费用（包括运输费、装卸费、包装费、保险费、运输途中的合理损耗和入库前的挑选整理费等），在"销售费用"科目核算，不在本科目核算。

（2）本科目应按照供应单位和物资品种进行明细核算。

（3）在途物资的主要账务处理

① 小企业外购材料、商品等物资，应当按照发票账单所列购买价款、运输费、装卸费、保险费以及在外购材料过程中发生的其他直接费用，借记"在途物资"科目，按照税法规定可抵扣的增值税进项税额，借记"应交税费——应交增值税（进项税额）"科目，按照购买价款、相关税费、运输费、装卸费、保险费，以及在外购物资过程中发生的其他直接费用，贷记"库存现金""银行存款""其他货币资金""预付账款""应付账款"科目。

材料已经收到、但尚未办理结算手续的，可暂不做会计分录；待办理结算手续后，再根据所付金额或发票账单的应付金额，借记"在途物资"科目，贷记"银行存款"科目。

应向供应单位、外部运输机构收回的材料、商品短缺、其他应冲减材料或商品采购成本的赔偿款项，应根据有关的索赔凭证，借记"应付账款"或"其他应收款"科目，贷记"在途物资"科目。因自然灾害等发生的损失和尚待查明原因的途中损耗，先记入"待处理财产损益"科目，查明原因后再做处理。

② 月末，应将仓库转来的外购材料或商品收料凭证，按照材料或商品并区分就不同情况进行汇总。

第一，对于收到发票账单的收料凭证（包括本月付款或开出、承兑商业汇票的上月收料凭证），应按照汇总金额，借记"原材料""周转材料""库存商品"等科目，贷记"在途物资"科目。

第二，对于尚未收到发票账单的收料凭证，应区分材料或商品，并按照估计金额暂估入账，借记"原材料""周转材料""库存商品"等科目，贷记"应付账款——暂估应付账款"科目，下月初用红字做同样的会计分录予以冲回，以便下月收到发票账单等结算凭证时，按照正常程序进行账务处理。

（4）本科目期末借方余额，反映小企业已经收到发票账单，但材料或商品尚未到达或尚未验收入库的在途材料、商品等物资的采购成本。

2.原材料

（1）本科目核算小企业库存的各种材料。包括原料及主要材料、辅助材料、外购半成品（外购件）、修理用备件（备品备件）、包装材料、燃料等的实际成本或计划成本。

购入的工程用材料，在"工程物资"科目核算，不在本科目核算。

（2）本科目应按照材料的保管地点（仓库）、材料的类别、品种和规格等进行明细核算。

（3）原材料的主要账务处理

① 小企业购入并已验收入库的材料，按照实际成本，借记"原材料"科目，贷记"在途物资""应付账款"科目。涉及按照税法规定可抵扣的增值税进项税额的，还应当借记"应交税费——应交增值税（进项税额）"科目。

购入的材料已经到达并已验收入库，但在月末尚未办理结算手续的，可按照暂估价值入账，借记"原材料""周转材料"科目，贷记"应付账款——暂估应付账款"科目；下月初用红字做同样的会计分录予以冲回，以便下月收到发票账单等结算凭证时，按照正常程序进行账务处理。

② 自制并已验收入库的材料，按照实际成本，借记"原材料"科目，贷记"生产成本"科目。

③ 取得投资者投入的原材料，应按照评估价值，借记"原材料"科目，贷记"实收资本""资本公积"科目。涉及增值税进项税额的，还应进行相应的账务处理。

④ 生产经营领用材料，按照实际成本，借记"生产成本""制造费用""销售费用""管理费用"等科目，贷记本科目。

出售材料结转成本，按照实际成本，借记"其他业务成本"科目，贷记"原材料"科目。

发给外单位加工的材料，按照实际成本，借记"委托加工物资"科目，贷记"原材料"科目。外单位加工完成并已验收入库的材料，按照加工收回材料的实际成本，借记"原材料"科目，贷记"委托加工物资"科目。

⑤ 清查盘点，发现盘盈、盘亏、毁损的原材料，按照实际成本（或估计价值），借记或贷记"原材料"科目，贷记或借记"待处理财产损益——待处理流动资产损溢"科目。

⑥ 采用计划成本进行材料日常核算的小企业，日常领用、发出原材料均按照计划成本记账。月末，按照发出各种原材料的计划成本，计算应负担的成本差异，实际成本大于计划成本，借记"生产成本""制造费用""销售费用""管理费用""委托加工物资""其他业务成本"等科目，贷记"材料成本差异"科目；实际成本小于计划成本的差异，作红字会计分录。

（4）本科目期末借方余额，反映小企业库存材料的实际成本或计划成本。

3. 材料成本差异

（1）本科目核算小企业采用计划成本，进行日常核算的材料计划成本与实际成本的差额。小企业可以在"原材料""周转材料"科目设置"成本差异"明细科目。

（2）本科目分别在"原材料""周转材料"科目，按照类别或品种进行明细核算。

（3）材料成本差异的主要账务处理

① 小企业验收入库材料发生的材料成本差异，实际成本大于计划成本的差异，借记"材料成本差异"科目，贷记"材料采购"科目；实际成本小于计划成本的差异作相反的会计分录。

入库材料的计划成本应尽可能接近实际成本。除特殊情况外，计划成本在年度内不得随意变更。

② 结转发出材料应负担的材料成本差异，按照实际成本大于计划成本的差异，借记"生产成本""管理费用""销售费用""委托加工物资""其他业务成本"等科目，贷记"材料成本差异"科目；实际成本小于计划成本的差异作红字会计分录。

发出材料应负担的成本差异应按月分摊，不得在季末或年末一次计算。发出材料应负担的成本差异，除委托外部加工发出材料可按照月初成本差异率计算外，应使用本月的实际成本差异率；月初成本差异率与本月实际成本差异率相差不大的，也可按照月初成本差异率计算。计算方法一经确定，不得随意变更。

材料成本差异率的计算公式为

$$本月材料成本差异率 = \frac{月初结存材料的成本差异 + 本月验收入库材料的成本差异}{月初结存材料的计划成本 + 本月验收入库材料的计划成本} \times 100\%$$

$$月初材料成本差异率 = \frac{月初结存材料的成本差异}{月初结存材料的计划成本} \times 100\%$$

发出材料应负担的成本差异 = 发出材料的计划成本 × 材料成本差异率

（4）本科目期末借方余额，反映小企业库存材料等的实际成本大于计划成本的差异；贷方余额反映小企业库存材料等实际成本小于计划成本的差异。

4. 库存商品

（1）本科目核算小企业库存的各种商品的实际成本或售价。包括库存产成品、外购商品、存放在门市部准备出售的商品、发出展览的商品以及寄存在外的商品等。

接受来料加工制造的代制品和为外单位加工修理的代修品，在制造和修理完成验收入库后，视同小企业的产成品，也通过本科目核算。

可以降价出售的不合格品，也在本科目核算，但应与合格产品分开记账。

已经完成销售手续，但购买单位在月末未提取的库存产成品，应作为代管产品处理，单独设置代管产品备查簿，不再在本科目核算。

小企业（农、林、牧、渔业）可将本科目改为"1405 农产品"科目。

小企业（批发业、零售业）在购买商品过程中发生的费用（包括运输费、装卸费、包装费、保险费、运输途中的合理损耗和入库前的挑选整理费等），在"销售费用"科目核算，不在本科目核算。

（2）本科目应按照库存商品的种类、品种和规格等进行明细核算。

（3）库存商品的主要账务处理

①小企业生产的产成品的入库和出库，平时只记数量不记金额，月末计算入库产成品的实际成本。生产完成验收入库的产成品，按照其实际成本，借记"库存商品"科目，贷记"生产成本"科目。

对外销售产成品，借记"主营业务成本"科目，贷记"库存商品"科目。

②购入商品到达并验收入库后，按照商品的实际成本或售价，借记"库存商品"科目，贷记"库存现金""银行存款""在途物资"科目。涉及增值税进项税额的，还应进行相应的处理。按照售价与进价之间的差额，贷记"商品进销差价"科目。

购入的商品已经到达并已验收入库，但尚未办理结算手续的，可按照暂估价值入账，借记"库存商品"科目，贷记"应付账款——暂估应付账款"科目；下月初用红字做同样的会计分录予以冲回，以便下月收到发票账单等结算凭证时，按照正常程序进行账务处理。

对外销售商品结转销售成本或售价，借记"主营业务成本"科目，贷记"库存商品"科目。月末，分摊已销商品的进销差价，借记"商品进销差价"科目，贷记"主营业务成本"科目。

（4）本科目期末借方余额，反映小企业库存商品的实际成本或售价。

5.商品进销差价

（1）本科目核算小企业采用售价进行日常核算的商品售价与进价之间的差额。

（2）本科目应按照库存商品的种类、品种和规格等进行明细核算。

（3）商品进销差价的主要账务处理

①小企业购入、加工收回以及销售退回等增加的库存商品，按照商品售价，借记"库存商品"科目，按照商品进价，贷记"银行存款""委托加工物资"科目，按照售价与进价之间的差额，贷记"商品进销差价"科目。

②月末，分摊已销商品的进销差价，借记"商品进销差价"科目，贷记"主营业务成本"科目。

销售商品应分摊的商品进销差价，按照以下公式计算

$$商品进销差价率 = \frac{月末分摊前本科目贷方余额}{"库存商品"科目月末借方余额 + 本月"主营业务收入"科目贷方发生额} \times 100\%$$

$$本月销售商品应分摊的商品进销差价 = 本月"主营业务收入"科目贷方发生额 \times 商品进销差价率$$

小企业的商品进销差价率，各月之间是比较均衡的，也可以采用上月商品进销差价率计算分摊本月的商品进销差价。年度终了，应对商品进销差价进行复核调整。

（4）本科目的期末贷方余额，反映小企业库存商品的商品进销差价。

6.委托加工物资

（1）本科目核算小企业委托外单位加工的各种材料、商品等物资的实际成本。

（2）本科目应按照加工合同、受托加工单位以及加工物资的品种等进行明细核算。

（3）委托加工物资的主要账务处理

① 小企业发给外单位加工的物资，按照实际成本，借记"委托加工物资"科目，贷记"原材料""库存商品"科目；按照计划成本或售价核算的，还应同时结转材料成本差异或商品进销差价。

② 支付加工费、运杂费等，借记"委托加工物资"科目，贷记"银行存款"等科目；需要交纳消费税的委托加工物资，由受托方代收代缴的消费税，借记该科目（收回后用于直接销售的）或"应交税费——应交消费税"科目（收回后用于继续加工的），贷记"应付账款""银行存款"科目。

③ 加工完成并验收入库的物资和剩余的物资，按照加工收回物资的实际成本和剩余物资的实际成本，借记"原材料""库存商品"科目，贷记"委托加工物资"科目。

④ 采用计划成本或售价核算的，按照计划成本或售价，借记"原材料"或"库存商品"科目，按照实际成本，贷记"委托加工物资"科目，按照实际成本与计划成本或售价之间的差额，借记或贷记"材料成本差异"科目或贷记"商品进销差价"科目。

采用计划成本或售价核算的，也可以采用上月材料成本差异率或商品进销差价率，计算分摊本月应分摊的材料成本差异或商品进销差价。

（4）本科目期末借方余额，反映小企业委托外单位加工尚未完成物资的实际成本。

7.周转材料

（1）本科目核算小企业库存的周转材料的实际成本或计划成本。包括包装物、低值易耗品，以及小企业（建筑业）的钢模板、木模板、脚手架等。

各种包装材料，如纸、绳、铁丝、铁皮等，应在"原材料"科目内核算；用于储存和保管产品、材料而不对外出售的包装物，应按照价值大小和使用年限的长短，分别在"固定资产"科目或本科目核算。

小企业的包装物、低值易耗品，也可以单独设置"1412 包装物""1413 低值易耗品"科目。包装物数量不多的小企业，也可以不设置本科目，将包装物并入"原材料"科目核算。

（2）本科目应按照周转材料的种类，分别"在库""在用"和"摊销"科目进行明细核算。

（3）周转材料的主要账务处理

① 小企业购入、自制、委托外单位加工完成并验收入库的周转材料，以及对周转材料的清查盘点，比照"原材料"科目的相关规定进行账务处理。

② 生产、施工领用周转材料，通常采用一次转销法，按照其成本，借记"生产成本""管理费用""工程施工"等科目，贷记"周转材料"科目。

随同产品出售但不单独计价的包装物，按照其成本，借记"销售费用"科目，贷记"周转材料"科目。

随同产品出售并单独计价的包装物，按照其成本，借记"其他业务成本"科目，贷记"周转材料"科目。

金额较大的周转材料，也可以采用分次摊销法，领用时应按照其成本，借记"周转材料"（在用）科目，贷记"周转材料"（在库）科目；按照使用次数摊销时，应按照其摊销额，借记"生产成本""管理费用""工程施工"等科目，贷记"周转材料"（摊销）科目。

③ 周转材料采用计划成本进行日常核算的，领用发出周转材料，还应结转应分摊的成本差异。

（4）本科目的期末余额，反映小企业在库、出租、出借周转材料的实际成本或计划成本，以及在用周转材料的摊余价值。

8. 消耗性生物资产

（1）本科目核算小企业（农、林、牧、渔业）持有的消耗性生物资产的实际成本。

（2）本科目应按照消耗性生物资产的种类、群别等进行明细核算。

（3）消耗性生物资产的主要账务处理

① 外购的消耗性生物资产，按照应计入消耗性生物资产成本的金额，借记"消耗性生物资产"科目，贷记"银行存款""应付账款"科目。

② 自行栽培的大田作物和蔬菜，应按照收获前发生的必要支出，借记"消耗性生物资产"科目，贷记"银行存款"科目。

自行营造的林木类消耗性生物资产，应按照郁闭前发生的必要支出，借记"消耗性生物资产"科目，贷记"银行存款"科目。

自行繁殖的育肥畜、水产养殖的动植物，应按照出售前发生的必要支出，借记"消耗性生物资产"科目，贷记"银行存款"科目。

③ 产畜或役畜淘汰转为育肥畜的，应按照转群时的账面价值，借记"消耗性生物资产"科目，按照已计提的累计折旧，借记"生产性生物资产累计折旧"科目，按照其账面余额，贷记"生产性生物资产"科目。

育肥畜转为产畜或役畜的，应按照其账面余额，借记"生产性生物资产"科目，贷记"消耗性生物资产"科目。

④ 择伐、间伐或抚育更新性质采伐，而补植林木类消耗性生物资产发生的后续支出，借记"消耗性生物资产"科目，贷记"银行存款"科目。

林木类消耗性生物资产达到郁闭后发生的管护费用等后续支出，借记"管理费用"科目，贷记"银行存款"科目。

⑤ 农业生产过程中发生的，应归属于消耗性生物资产的费用，按照应分配的金额，借记"消耗性生物资产"科目，贷记"生产成本"科目。

⑥ 消耗性生物资产收获为农产品时，应按照其账面余额，借记"农产品"科目，贷记"消耗性生物资产"科目。

⑦ 出售消耗性生物资产，应按照实际收到的金额，借记"银行存款"科目，贷记"主营业务收入"科目。按照其账面余额，借记"主营业务成本"科目，贷记"消耗性生物资产"科目。

（4）本科目期末借方余额，反映小企业（农、林、牧、渔业）消耗性生物资产的实际成本。

9. 外购存货的相关会计处理

（1）工业企业（小企业）

① 实际成本法

工业企业（小企业）的外购存货多是指原材料的采购。在实际成本法下，企业按照存货的实际取得成本入账。如果企业已经取得了原材料的法定所有权，且已验收入库，那么就应借记"原材料"科目，贷记"银行存款"等相关科目。如果企业取得了法定所有权，但原材料尚未验收入库，那么就采用"在途物资"科目。

A. 发票账单与材料同时到达，应在材料验收入库后，进行账务处理如下。

借：原材料（按增值税材料的实际成本）

应交税费——应交增值税（进项税额）

（按专用发票上注明的增值税额）

贷：银行存款应付账款

应付票据等（按实际支付的款项或应付的账款）

B. 取得发票等结算凭证或已支付货款，但材料尚未运到，应根据发票账单等结算凭证进行账务处理如下。

借：在途物资（按材料的实际成本）

应交税费——应交增值税（进项税额）

（按增值税专用发票上注明的增值税额）

贷：银行存款应付账款

应付票据等（按实际支付的款项或应付的账款）

待材料到达，验收入库后，再根据收料单进行账务处理如下。

借：原材料（按材料的实际成本）

贷：在途物资（按材料的实际成本）

C. 材料已到达并已验收入库，发票等结算凭证尚未收到，款项尚未支付，根据以下程序进行账务处理。

在没有收到发票账单等结算凭证前先不作账务处理。

如果在月末，发票等结算凭证仍未收到，则须按材料的暂估价值，借记"原材料"科目，贷记"应付账款"科目。

下月初先用红字作同样的记账凭证予以冲回。

待收到发票账单等结算凭证后，再按实际金额，借记"原材料""应交税费——应交增值税（进项税额）"科目，贷记"银行存款""应付账款""应付票据"科目。

② 计划成本法

计划成本是一种简化的存货核算方法，在这种方法下，小企业采用预先制定好的计划成本记录存货的取得、发出和结存，同时，设立"材料成本差异"账户，记录计划成本同实际成本的差额。

当小企业取得存货时，应先根据实际发生的取得成本，借记"材料采购"科目，贷记"银行存款"等相关科目。发生的材料成本差异，实际成本大于计划成本的差异，借记"材料成本差异"科目，贷记"材料采购"科目；实际成本小于计划成本的差异作相反的会计分录。入库材料的计划成本应当尽可能接近实际成本。除特殊情况外，计划成本在年度内不得随意变更。

结转发出材料应负担的材料成本差异，按照实际成本大于计划成本的差异，借记"生产成本""管理费用""销售费用""委托加工物资""其他业务成本"科目，贷记"材料成本差异"科目；实际成本小于计划成本的差异做红字会计分录。

发出材料应负担的成本差异应按月分摊，不得在季末或年末一次计算。发出材料应负担的成本差异，除委托外部加工发出材料可按照月初成本差异率计算外，应使用本月的实际成本差异率；月初成本差异率与本月实际成本差异率相差不大的，也可按照月初成本差异率计算。计算方法一经确定，不得随意变更。

材料成本差异率的计算公式为

$$本月材料成本差异率 = \frac{月初结存材料的成本差异 + 本月验收入库材料的成本差异}{月初结存材料的计划成本 + 本月验收入库材料的计划成本} \times 100\%$$

$$月初材料成本差异率 = \frac{月初结存材料的成本差异}{月初结存材料的计划成本} \times 100\%$$

发出材料应负担的成本差异 = 发出材料的计划成本 × 材料成本差异率

原材料的日常核算，既可以采用计划成本，也可以采用实际成本，还可以对不同的材料分别采用计划成本或者实际成本。具体采用哪种方法，由小企业根据具体情况自行决定。一般来说，材料品种繁多的小企业，可以采用计划成本进行日常核算；但对于某些品种不多且占产品成本比重较大的原料或者主要材料，也可以单独采用实际成本进行核算，以便保证产品成本的真实、准确。对于企业规模较小、材料品种简单、采购业务不多的企业，一般采用实际成本，进行原材料的日常收发核算。

（2）商品流通企业（小企业）

① 进价法

商品流通企业（小企业）的外购存货多是指商品采购，其进价法类似于工业企业（小企业）的实际成本法，即按照存货的实际取得成本（也就是进价）入账。如果企业已经取得商品的法定所有权，且已经验收入库，那么就应借记"库存商品"科目，贷记"银行存款"等相关科目。如果企业取得了法定所有权，但商品尚未验收入库，那么就应采用"在途物资"会计科目。

② 售价法

商品流通企业（小企业）的售价法类似于工业企业的计划成本法，当小企业支付价款和相关运杂费时，应先根据实际发生的取得成本（即进价），借记"在途物资"科目，贷记"银行存款"等相关科目。商品验收入库时，按照售价，借记"库存商品"科目，按照进价，贷记"在途物资"科目，两者的差额记入"商品进销差价"科目。

月末，分摊已销商品的进销差价，借记"商品进销差价"科目，贷记"主营业务成本"科目。

销售商品应分摊的商品进销差价，按照以下公式计算

$$商品进销差价率 = \frac{月末分摊前"商品进销差价"科目贷方余额}{"库存商品"科目月末借方余额 + 本月"主营业务收入"科目贷方发生额} \times 100\%$$

本月销售商品应分摊的商品进销差价 = 本月"主营业务收入"科目贷方发生额 × 商品进销差价率

小企业的商品进销差价率，各月之间是比较均衡的，也可以采用上月商品进销差价率计算分摊本月的商品进销差价。年度终了，应对商品进销差价进行复核调整。

（二）加工取得的存货的成本

通过进一步加工取得的存货的成本包括，直接材料、直接人工以及按照一定方法分配的制造费用。其中，直接材料是指直接由材料存货转移来的价值。直接人工是指企业在生产产品过程中，直接从事产品生产的工人的职工薪酬。直接人工和间接人工的划分依据是，生产工人是否与所生产的产品直接相关（即可否直接确定其服务的产品对象）。制造费用是指企业为生产产品和提供劳务而发生的各项

间接费用。制造费用是一种间接生产成本，包括企业生产部门（如生产车间）管理人员的职工薪酬、折旧费、办公费、水电费、机物料消耗、劳动保护费、季节性和修理期间的停工损失等。经过1年期以上的制造，才能达到预定可销售状态的存货而发生的借款费用，也计入存货的成本。这里所指的借款费用，是指小企业因借款而发生的利息及其他相关成本。包括借款利息、辅助费用以及因外币借款而发生的汇兑差额等。

小企业应当根据生产特点和成本管理的要求，选择适合于本企业的成本核算对象、成本项目和成本计算方法。小企业发生的各项生产费用，应按照成本核算对象和成本项目分别归集。

（1）属于材料费、人工费等直接费用，直接计入基本生产成本和辅助生产成本。

（2）属于辅助生产车间为生产产品提供的动力等直接费用，可以先作为辅助生产成本进行归集，然后按照合理的方法分配计入基本生产成本；也可以直接计入所生产产品发生的生产成本。

（3）其他间接费用应作为制造费用进行归集，月度终了，再按一定的分配标准，分配计入有关产品的成本。

制造费用的分配，一般根据制造费用的性质，合理选择分配方法。企业所选择的制造费用分配方法，必须与制造费用的发生具有较密切的相关性，并且使分配到每种产品上的制造费用金额科学合理，同时还应适当考虑计算手续的简便。在各种产品之间分配制造费用，常用方法有，按生产工人工资、按生产工人工时、按机器工时、按耗用原材料的数量或成本、按直接成本（原材料、燃料、动力、生产工人工资等职工薪酬之和）及按产成品产量等。

月末，企业应当根据在产品数量的多少、各月在产品数量变化的大小、各项成本比重大小，以及定额管理基础的好坏等具体条件，采用适当的分配方法，将制造费用在完工产品与在产品之间进行分配。常用的分配方法有，不计算在产品成本法、在产品按固定成本计价法、在产品按所消耗直接材料成本计价法、约当产量比例法、在产品按定额成本计价法、定额比例法等。

加工取得的存货成本应记入以下科目。

1. 生产成本

（1）本科目核算小企业进行工业性生产，发生的各项生产成本。包括生产各种产品（产成品、自制半成品等）、自制材料、自制工具、自制设备等。

小企业对外提供劳务发生的成本，可将本科目改为"4001 劳务成本"科目，或单独设置"4002 劳务成本"科目进行核算。

（2）本科目可按照基本生产成本和辅助生产成本进行明细核算。

（3）生产成本的主要账务处理

① 小企业发生的各项直接生产成本，借记"生产成本"（基本生产成本、辅助生产成本）科目，贷记"原材料""库存现金""银行存款""应付职工薪酬"科目。

各生产车间应负担的制造费用，借记"生产成本"（基本生产成本、辅助生产成本）科目，贷记"制造费用"科目。

② 辅助生产车间为基本生产车间、管理部门和其他部门提供的劳务和产品，可在月末，按照一定的分配标准分配给各受益对象，借记"生产成本"（基本生产成本）"销售费用""管理费用""其他业务成本""在建工程"等科目，贷记"生产成本"（辅助生产成本）科目；也可在提供相关劳务和产品时，借记"生产成本""销售费用""管理费用""其他业务成本""在建工程"等科目，贷记"原材料""库存现金""银行存款""应付职工薪酬"等科目。

③ 小企业已经生产完成，并已验收入库的产成品以及入库的自制半成品，可在月末，借记"库存商品"科目，贷记"生产成本"（基本生产成本）科目。

（4）本科目期末借方余额，反映小企业尚未加工完成的在产品成本。

2. 制造费用

（1）本科目核算小企业生产车间（部门）为生产产品和提供劳务而发生的各项间接费用。

小企业经过 1 年期以上的制造，才能达到预定可销售状态的产品而发生的借款费用，也在本科目核算。

小企业行政管理部门为组织和管理生产经营活动而发生的管理费用，在"管理费用"科目核算，不在本科目核算。

（2）本科目应按照不同的生产车间、部门和费用项目进行明细核算。

（3）制造费用的主要账务处理

① 生产车间发生的机物料消耗和固定资产修理费，借记"制造费用"科目，贷记"原材料""银行存款"科目。

② 发生的生产车间管理人员的工资等职工薪酬，借记"制造费用"科目，贷记"应付职工薪酬"科目。

③ 生产车间计提的固定资产折旧费，借记"制造费用"科目，贷记"累计折旧"科目。

④ 生产车间支付的办公费、水电费等，借记"制造费用"科目，贷记"银行存款"科目。

⑤发生季节性和修理期间的停工损失，借记"制造费用"科目，贷记"原材料""应付职工薪酬""银行存款"科目。

⑥小企业经过1年期以上的制造，才能达到预定可销售状态的产品，在制造完成之前发生的借款利息，在应付利息日根据借款合同利率计算确定的利息费用，借记"制造费用"科目，贷记"应付利息"科目。制造完成之后发生的利息费用，借记"财务费用"科目，贷记"应付利息"科目。

⑦将制造费用分配计入有关的成本核算对象，借记"生产成本——基本生产成本""辅助生产成本"科目，贷记"制造费用"科目。

⑧季节性生产小企业，制造费用全年实际发生额与分配额的差额，除其中属于为下一年开工生产作准备的可留待下1年分配外，其余部分实际发生额大于分配额的差额，借记"生产成本——基本生产成本"科目，贷记"制造费用"科目；实际发生额小于分配额的差额，做相反的会计分录。

（4）除季节性的生产性小企业外，本科目期末无余额。

（三）其他方式取得的存货的成本

企业取得存货的其他方式，主要包括接受投资者投资、提供劳务等。

1.投资者投入存货的成本

投资者投入存货的成本应按照评估价值作为其入账价值。

2.提供劳务的成本

根据《小企业会计准则》第十二条的规定，提供劳务的成本包括，与劳务提供直接相关的人工费、材料费和应分摊的间接费用。

3.自行栽培、营造、繁殖或养殖的消耗性生物资产的成本

（1）自行栽培的大田作物和蔬菜的成本包括：在收获前耗用的种子、肥料、农药等材料费、人工费和应分摊的间接费用。

（2）自行营造的林木类消耗性生物资产的成本包括，郁闭前发生的造林费、抚育费、营林设施费、良种试验费、调查设计费和应分摊的间接费用。

（3）自行繁殖的育肥畜的成本包括，出售前发生的饲料费、人工费和应分摊的间接费用。

（4）水产养殖的动物和植物的成本包括，在出售或入库前耗用的苗种、饲料、肥料等材料费、人工费和应分摊的间接费用。

4.盘盈存货的成本

盘盈存货的成本，应当按照同类或类似存货的市场价格或评估价值确定。

四、发出存货的计量

(一) 确定发出存货成本的方法

小企业应采用先进先出法、加权平均法或者个别计价法,确定发出存货的实际成本。计价方法一经选用,不得随意变更。

企业应根据各类存货的实物流转方式、企业管理的要求、存货的性质等实际情况,合理地选择发出存货成本的计算方法,以合理确定当期发出存货的实际成本。

对于性质和用途相似的存货,应当采用相同的成本计算方法,确定发出存货的成本。企业在确定发出存货的成本时,可以采用先进先出法、加权平均法和个别计价法三种方法。企业不得采用后进先出法确定发出存货的成本。

1. 先进先出法

先进先出法,是指以先购入的存货应先发出(销售或耗用)为前提,对发出存货进行计价。采用这种方法,先购入的存货成本在后购入存货成本之前转出,据此确定发出存货和期末存货的成本。

先进先出法的优点是,它的期末存货接近于当期成本。因为先进先出法假设最先购入的商品最先发出,所以期末存货金额是最近的购货成本。其缺点则是,无法实现收入与成本的配比,与当期收入相对应的是以前的成本,这就有可能扭曲利润。特别是当发生通货膨胀时,先进先出法将会低估存货的发出成本,从而虚增利润,加重企业的税务负担。

2. 加权平均法

加权平均法也称全月一次加权平均法,是指以当月全部进货数量加上月初存货数量作为权数,去除当月全部进货成本加上月初存货成本,计算出存货的加权平均单位成本,以此为基础,计算当月发出存货的成本和期末存货的成本。计算存货的平均单位成本的公式为

$$存货单位成本 = \frac{月初库存存货的实际成本 + 本月各批进货的实际成本之和}{月初库存存货数量 + 本月各批进货数量之和}$$

本月发出存货的成本 = 本月发出的存货的数量 × 存货单位成本

本月月末库存存货成本 = 月末库存存货的数量 × 存货单位成本
　　　　　　　　　　 = 月初结存存货的实际成本 + 本月收入存货的实际成本 −
　　　　　　　　　　　本月发出存货的实际成本

3. 个别计价法

个别计价法也称个别认定法、具体辨认法、分批实际法,其特征是注重所发

出存货具体项目的实物流转与成本流转之间的联系，逐一辨认各批发出存货和期末存货所属的购进批别或生产批别，分别按其购入或生产时所确定的单位成本，计算各批发出存货和期末存货的成本。即把每一种存货的实际成本作为计算发出存货成本和期末存货成本的基础。对于不能替代使用的存货、为特定项目专门购入或制造的存货以及提供的劳务，通常采用个别计价法确定发出存货的成本。在实际工作中，越来越多的企业采用计算机信息系统进行会计处理，个别计价法可以广泛应用于发出存货的计价，并且个别计价法确定的存货成本最为准确。

个别计价法的优点是能够准确地计算出存货的发出成本，缺点是工作量大，记录成本高，特别是当存货品种繁多，发出收入频繁时，采用个别计价法的成本就会过高。所以，个别计价法通常适用于不能代替使用的存货、为特定项目专门购入或者制造的存货以及提供的劳务等。

4. 存货发出计价的核算方法比较

表 5-1　存货发出计价核算方法比较表

方法	前提条件	具体计算过程
先进先出法	假设先购进的先发出	按先进先出的假定流转顺序来选择发出计价及期末结存货的计价
加权平均法	—	存货单位成本 = $\dfrac{月初存货实际成本 + 本月购进存货实际成本}{月初存货数量 + 本月购进存货数量}$ 本月发出存货成本 = 本月发出存货数量 × 存货单位成本 月末库存存货成本 = 月末库存存货数量 × 存货单位成本
个别计价法	实物流转与价值流转一致	逐一辨认发出存货和期末存货所属的购进、生产批别，分别按其购进、生产时确定的单位成本，计算发出存货和期末存货成本

（二）存货成本的结转

对于周转材料，采用一次转销法进行会计处理，在领用时按其成本计入生产成本或当期损益；金额较大的周转材料，也可以采用分次摊销法进行会计处理。出租或出借周转材料，不需要结转其成本，但应进行备查登记。

小企业销售存货，应将已售存货的成本结转为当期损益，计入营业成本。企业在确认存货销售收入的当期，应将已经销售存货的成本结转为当期营业成本。

（三）存货毁损、盘盈和盘亏的会计处理

因存货的毁损、盘盈和盘亏而产生的收益和损失应入当期损益。

存货发生毁损、处置收入、可收回的责任人赔偿和保险赔款，扣除其成本、相关税费后的净额，应计入"营业外支出"或"营业外收入"。

盘盈存货实现的收益应计入"营业外收入"；盘亏存货发生的损失应计入"营业外支出"。

五、小企业会计准则与企业会计准则的比较

（一）加工取得的存货的成本

小企业会计准则规定，小企业通过加工取得的存货成本包括直接材料、直接人工和制造费用。

企业会计准则规定，存货加工成本，由直接人工和制造费用构成，其实质是企业在进一步加工存货的过程中追加发生的生产成本，不包括直接由材料存货转移来的价值。

（二）存货的有关核算

1. 存货盘盈时所用的损益类科目不同

小企业会计准则下，存货盘盈通过"营业外收入"科目核算；企业会计准则下，冲减当期"管理费用"科目。

2. 生产用固定资产日常修理维护领用存货的处理不同

小企业会计准则下，记入"制造费用"科目；企业会计准则下，记入"管理费用"科目。

3. 关于存货减值的处理不同

小企业会计准则下，不计提存货跌价准备；企业会计准则下，如存货的可变现净值低于其成本，则需要计提存货跌价准备。

第六章 会计准则在小企业收入处理中的运用

第一节 小企业商品收入中的会计处理

一、小企业销售商品收入方面会计

小企业销售商品收入，是指小企业销售商品（或产成品、材料，下同）取得的收入。

销售商品收入中所指的商品是一个宽泛的概念，不仅指批发业和零售业小企业销售的商品，还包括小制造业企业生产和销售的产成品、代制品、代修品以及小企业销售的其他构成存货的资产，如原材料、周转材料（包装物、低值易耗品）、消耗性生物资产。

《小企业会计准则》所称的销售商品收入与《企业所得税法》所规定的销售货物收入在构成上是一致的。

（一）小企业销售商品收入确认的条件

《小企业会计准则》根据收入的概念并考虑便于小企业实务操作和所得税汇算清缴，对销售商品收入确认做了原则性规定：一般情况下，小企业应当在发出商品且收到货款或取得收款权利时，确认销售商品收入。这一收入确认原则表明，确认销售商品收入有两个标志：一是物权的转移，表现为发出商品；二是收到货款或取得收款权利。这两个标志是经济利益能够流入小企业的最直接标志，符合《小企业会计准则》第五十八条所规定的收入的概念。小企业销售商品同时满足这两个条件时，通常就应当确认收入。发出商品通常是指小企业将所售商品交付给购买方或购买方已提取所购商品，但是所售商品是否离开企业并不是发出商品的必要条件。如果小企业已经完成销售手续，如购买方直接采取交款提货方式，在发票已经开出，货款已经收到，提货单也已经交给购买方时，无论商品是否已被购货方提取，都应作为发出商品处理。因为，此时商品所有权已经转移给购买方，购买方随时可以凭单提货，销售方此时只是起代购买方保管商品的作用。

（二）小企业各种销售方式下销售商品收入确认的时点

各种销售方式下销售商品收入确认的时点如下。

1. 采用现金、支票、汇兑、信用证等方式销售商品

由于不存在购买方承付的问题，商品一经发出即收到货款或取得收款权利，因而在商品办完发出手续时即应确认收入。

在这种销售方式下，发出商品是确认收入的重要标志。

2. 托收承付销售商品

是指小企业根据合同发货后，委托银行向异地购买方收取款项，购买方根据合同验货后，向银行承诺付款的销售方式。在这种销售方式下，小企业发出商品且办妥托收手续时，通常表明小企业已经取得收款的权利。因此，可以确认收入。

在这种销售方式下，办妥托收手续是确认收入的重要标志。

3. 预收款销售商品

是指购买方在商品尚未收到前按合同或协议约定分期付款，销售方在收到最后一笔款项时才交货的销售方式。在这种销售方式下，小企业发出商品即意味着小企业作为销售方已经收到了购买方支付的最后一笔款项，应将收到的货款全部确认为收入，在此之前预收的货款应确认为负债，如确认为预收账款。

在这种销售方式下，收到最后一笔款项是确认收入的重要标志。

4. 分期收款销售商品

是指商品已经交付，但货款分期收回的销售方式。《企业所得税法实施条例》考虑到在整个回收期内企业确认的收入总额是一致的，同时考虑到与增值税政策的衔接，规定以分期收款方式销售货物的，按照合同约定的收款日期确认收入的实现。为了简化核算，便于小企业实务操作，《小企业会计准则》对分期收款销售商品的收入确认时点，采用了与《企业所得税法实施条例》相同的规定，但与《企业会计准则》的规定不同。《企业会计准则》要求在发出商品时确认收入，其理由在于《企业会计准则》认为按照合同约定的收款日期分期收回货款，强调的只是一个结算时点，与收入确认所强调的风险和报酬的转移没有关系。

在这种销售方式下，小企业按照合同约定开出销售发票是确认收入的重要标志。

5. 商品需要安装和检验的销售

是指售出的商品需要经过安装、检验等过程的销售方式。在这种销售方式下，所售商品的安装和检验工作是销售合同或协议的重要组成部分，在购买方接受交货以及安装和检验完毕前，销售方一般不应确认收入，只有在购买方接受商品以及安装和检验完毕时才能确认收入。但如果安装程序比较简单，可以在发出商品

时确认收入。例如，某电梯生产企业销售电梯，电梯已发出，发票账单已交付购买方，购买方已预付部分货款。但根据合同约定，销售方需负责安装且在销售方安装并经检验合格后，购买方才支付余款。在此例中，销售方发出电梯时不能确认收入，而应当在安装完毕并检验合格后才确认收入。

在这种销售方式下，完成安装和检验是确认收入的重要标志。

6. 采用支付手续费方式委托代销商品

是指委托方和受托方签订合同或协议，委托方根据代销商品数量和金额向受托方支付手续费的销售方式。在这种销售方式下，委托方发出商品时，并不知道受托方能否将商品销售出去，能够销售多少。因此，委托方在发出商品时通常不应确认收入，而在收到受托方开出的代销清单时，能够确定受托方销售商品的数量、金额。因此，可以确认收入。

在这种销售方式下，取得受托方开出的代销清单是确认收入的重要标志。

受托方应在所受托商品销售后，将按合同或协议的约定计算确定收取的手续费确认为收入。

7. 以旧换新销售商品

是指销售方在销售商品的同时回收与所售商品相同的旧商品或其他旧商品。在这种销售方式下，应将销售和回收分别进行会计处理：销售的商品作为商品销售进行处理确认收入，回收的商品作为购进商品处理，即作为存货采购处理。

在这种销售方式下，发出新商品和取得旧商品是确认收入的重要标志。

8. 产品分成

是指多家企业在合作进行生产经营的过程中，合作各方对合作生产出的产品按照约定进行分配，并以此作为生产经营收入。由于产品分成是一种以实物代替货币作为收入的，而产品的价格又随着市场供求关系而波动，因此只有在分得产品之日按照产品的市场价格确认收入的实现，才能够体现生产经营的真实所得。但是，如果所分得的产品不存在市场价格或市场价格显失公允，应当请专业评估机构对其价值进行评估确定。

在这种销售方式下，分得产品是确认收入的重要标志。

（三）其他注意事项

1. 附有销售退回条件的商品销售

附有销售退回条件的商品销售，即购买方依照有关合同或协议有权退货的销售方式。在这种销售方式下，如果小企业能够按照以往的经验对退货的可能性做出合理的估计，可以在发出商品时，将估计不会发生退货的部分确认收入，估计可能发生退货的部分,不确认销售收入也不结转销售成本,作为发出商品处理,仅表现商品库存的减少,单独设置"1406 发出商品"科目进行核算;如果小企业不能合理地确定退货的可能性,则应当在售出商品退货期满时才确认收入。

2. 小企业发生非货币性资产交换

小企业发生非货币性资产交换、偿债,以及将货物用于捐赠、赞助、集资、广告、样品、职工福利和利润分配,应当作为小企业与外部发生的交易,属于收入实现的过程,视同销售商品,按上述规定确认收入。《企业所得税法实施条例》采用与此相类似的规定。

3. 小企业内部部门领用

小企业在建工程、管理部门等内部部门领用所生产的产成品、原材料等,应当作为小企业内部发生的经济事项,属于小企业内部不同资产之间相互转换,不属于收入实现的过程,不应确认收入,应当按照成本进行结转。《企业所得税法实施条例》也采用了与此相类似的规定。

二、小企业销售商品收入金额的计量原则

《小企业会计准则》对小企业销售商品收入金额的计量做了原则性规定:应当按照从购买方已收或应收的合同或协议价款确定销售商品收入的金额。在我国社会主义市场经济条件下,小企业向购买方销售商品通常会根据《中华人民共和国合同法》签订销售合同或协议,其中有关所售商品的价格、数量、规格和价款的约定是销售合同或协议的重要组成内容,并且是经过交易双方充分协商,按照公平交易原则达成的,充分体现了交易双方的意愿。因此,可以作为销售商品收入金额的确定依据。该价款收到与否不影响对其收入金额的确定。但是,如果销售商品的合同或协议价款中包含了不属于销售方的金额,如小企业作为增值税一般纳税人销售商品应向购买方收取的增值税销项税额,在计量收入金额时应当从价款中扣除。

三、小企业计量销售商品收入金额应考虑的几个因素

在计量销售商品收入的金额时,应当考虑以下影响收入金额的因素。

(一) 现金折扣

是指债权人为鼓励债务人在规定的期限内付款而向债务人提供的债务扣除。现金折扣通常发生在小企业以赊销方式销售商品中,小企业为了鼓励购买方提前支付货款,与购买方即债务人达成协议,债务人在不同的期限内付款可享受不同

比例的折扣。小企业销售商品如果涉及现金折扣，由于现金折扣是否会提供给购买方要等到规定的各个不同期限分别到期时才能最终确定，这一时间通常会晚于销售商品收入确认的时点。因此，为了简化核算，便于小企业实务操作，《小企业会计准则》规定应当按照销售价款直接确定收入金额，而不需要对现金折扣进行扣除。待到实际发生现金折扣时，将所授予购买方的现金扣除金额计入财务费用，视为小企业销售商品过程中发生的融资费用。

（二）商业折扣

是指小企业为促进商品销售而在商品标价上给予的价格扣除。商业折扣与现金折扣的区别在于，商业折扣是在确定所售商品价款之前已存在的因素，而现金折扣则在确定所售商品价款之后在结算过程中出现的因素。小企业销售商品如果涉及商业折扣，在确定销售商品收入的金额时应当扣除向购买方提供的商业折扣，因为商业折扣是销货方给予购货方的一种价格优惠，是影响最终成交价格的一个重要因素。

例如，某小企业的销售策略是客户订购商品在1 000件以上的，给予20%的价格优惠，该商品的正常销售价格是每件100元，如果某客户订购了1 200件商品，该小企业对该笔商品销售确定收入金额应为96 000元，其确定过程为每件商品按照80元（100-100×20%）计价，即扣除了所提供的商业折扣。

按照《中华人民共和国合同法》第十条的规定，合同当事人订立的合同有书面形式、口头形式和其他形式。因此，如果小企业销售商品时仅与购买方达成了口头协议，而没有签订书面形式的合同或协议，在这种情况下，只要口头形式的合同或协议具有法律效力，也可以按照口头协议所达成的销售价款计量收入的金额。

四、小企业销售退回和销售折让的会计处理

（一）小企业销售退回的会计处理原则

销售退回是指小企业售出的商品由于质量、品种不符合要求等原因而发生的退货。这种情况实际上是销售失败的体现。

小企业将商品销售给购买方，如果购买方发现该商品在质量、品种不符合合同或协议要求，并且影响其使用或对外销售，可能会要求向销售方退货。从发生退货的商品的销售时间来看，可能有两种情况：第一种情况是当期（如当月、当年）销售的商品在当期发生了退货，具体可分为三种情形：① 当月销售当月退货；② 上月销售本月退货；③ 年初销售年底退货。第二种情况是以前期间（如以前年度）销售的商品在本年度发生了退货。从发生退货的商品的销售数量来看，也有两种情形：一是所售商品全部退货，二是所售商品部分退货。

对于已确认销售商品收入的售出商品发生销售退回的,不论此销售业务是发生在本年度还是以前年度,小企业均应当在该笔退货实际发生时冲减退货当期(通常为当月)的销售商品收入。这一规定体现了简化核算的要求。

小企业发生销售退回时,对于已发生的现金折扣或商业折扣,应同时冲减销售退回当期的财务费用或主营业务收入。如果该项销售退回允许扣减增值税税额,应同时调整"应交税费——应交增值税(销项税额)"科目的相应金额。

(二)小企业销售折让的会计处理

销售折让是指小企业因售出商品的质量不合格等原因而在售价上给予的减让。小企业将商品销售给购买方,如果购买方发现该商品在质量、规格等方面不符合合同或协议要求,但不影响其使用或对外销售,可能会要求销售方在价格上给予一定的减让。这一价格减让会影响已确认收入的金额。

对于已确认销售商品收入的售出商品发生销售折让的,不论此销售业务是发生在本年度还是以前年度,小企业均应当在该笔折让实际发生时冲减当期(通常为当月)的销售商品收入。这一规定也体现了简化核算的要求。

《小企业会计准则》所规定的销售退回和销售折让,其前提都是小企业已经确认了销售商品收入,销售已经完成。通俗地讲,就是小企业已经在"主营业务收入"或"其他业务收入"科目进行了登记,记账的时间可能是当月、当年,也可能是以前年度。《小企业会计准则》规定所解决的问题是对已经登记入账的收入所对应的商品如果发生了退货或与购买方在价款上做出了减让时的会计处理。因此,《小企业会计准则》所规定的销售退回和销售折让与仅是发出商品但还没有登记收入账的退回或价格减让不同,后面这两种情况,从会计准则的角度来看,实际上销售并未完成,不涉及销售商品收入的会计处理,仅仅表现为商品库存的增减变动或交易价格的协商确定。

例如,附有销售退回条件的商品销售,即购买方依照有关合同或协议有权退货的销售方式。在这种销售方式下,如果小企业能够按照以往的经验对退货的可能性做出合理的估计,可以在发出商品时,将估计不会发生退货的部分确认收入,估计可能发生退货的部分,不确认销售收入也不结转销售成本,作为发出商品处理,仅表现商品库存的减少,单独设置"1406 发出商品"科目进行核算;如果小企业不能合理地确定退货的可能性,则应当在售出商品退货期满时才确认收入。

又如,对于未确认收入的售出商品发生销售退回的,小企业应按已记入"发出商品"科目的商品金额(即商品的实际成本或售价),借记"库存商品"科目,贷记"发出商品"科目。

（三）销售折让与现金折扣、商业折扣的区别和联系

这三者有两点相同之处：一是影响的对象相同，三者都涉及销售商品收入金额的确定；二是交易的对象相同，三者都是与购买方发生的。

它们的区别有以下三点：

一是发生的时间不同。销售折让和现金折扣都是在销售完成之后发生的，商业折扣在销售完成之前发生的。

二是发生的原因不同。销售折让是由于售出商品的质量不合格等原因在售价上给予购买方的减让，现金折扣是为了及时收回货款而向购买方（即债务人）提供的债务扣除（即在价款上予扣减让），商业折扣是为了促销商品而在售价上给予的价格优惠。

三是会计处理不同。销售折让发生时冲减当期销售商品收入，借记"主营业务收入"科目，贷记"应收账款"科目，其结果是减少了主营业务收入；现金折扣发生时增加当期财务费用，借记"财务费用"科目，贷记"应收账款"科目，其结果不影响主营业务收入，但增加了财务费用；商业折扣发生时，按照考虑商业折扣后的金额，借记"应收账款"或"银行存款"科目，贷记"主营业务收入"科目。

第二节 小企业劳务收入中的会计处理

一、小企业提供劳务收入的概念和范围

小企业提供劳务的收入，是指小企业从事建筑安装、修理修配、交通运输、仓储租赁、邮电通信、咨询经纪、文化体育、科学研究、技术服务、教育培训、餐饮住宿、中介代理、卫生保健、社区服务、旅游、娱乐、加工以及其他劳务服务活动取得的收入。

（一）劳务的范围

劳务是无形的商品，是指为他人提供服务的行为，包括体力和脑力劳动。《小企业会计准则》所列举的提供劳务收入所涉及的行业较为广泛，既包括工业，也包括第三产业等。具体包括建筑安装、修理修配、交通运输、仓储租赁、邮电通信、咨询经纪、文化体育、科学研究、技术服务、教育培训、餐饮住宿、中介代理、卫生保健、社区服务、旅游、娱乐、加工以及其他劳务服务活动等。

（二）各项劳务的具体内涵

1. 建筑安装

属于建筑业范畴，指建筑物主体工程竣工后，建筑物内各种设备的安装活动，以及施工中的线路敷设和管道安装。不包括工程收尾的装饰，如对墙面、地板、天花板、门窗等处理活动。

2. 修理修配

通常是指受托方对损伤和丧失功能的货物进行修复，使其恢复原状和功能的业务。所涉及的行业很多，例如机动车、电子产品和日用产品修理，金属制品、机械和设备修理业等。

3. 交通运输

包括：

（1）铁路运输业，指铁路客运、货运及相关的调度、信号、机车、车辆、检修、工务等活动；

（2）道路运输业，包括公路旅客运输、道路货物运输、道路运输辅助活动等；

（3）水上运输业，包括水上旅客运输、水上货物运输、水上运输辅助活动；

（4）航空运输业，包括航空客货运输、通用航空服务、航空运输辅助活动；

（5）管道运输业；

（6）装卸搬运和运输代理业等。

4. 仓储租赁

包括仓储和租赁两部分。仓储指专门从事货物仓储、货物运输中转仓储，以及以仓储为主的物流送配活动，例如谷物、棉花等农产品仓储。租赁包括两类：一是机械设备租赁，指不配备操作人员的机械设备的租赁服务，包括汽车租赁、农业机械租赁、建筑工程机械与设备租赁、计算机及通信设备租赁、其他机械与设备租赁等；二是文化及日用品出租，包括图书及音像制品出租、其他文化及日用品出租等。

5. 邮电通信

包括邮电和通信两部分。邮政业和交通运输、仓储列为一类，主要包括国家邮政，即国家邮政系统提供的邮政服务，以及其他寄递服务，即国家邮政系统以外的单位所提供的包裹、小件物品的收集、运输、发送服务。通信包括电信、广播电视和卫星传输服务，互联网和相关服务等。

6. 咨询经纪

咨询业包括会计、审计及税务服务、社会经济咨询以及其他专业咨询；经纪业是指商品经纪人等活动。

7. 文化体育

文化业包括新闻和出版业，广播、电视、电影、文化艺术业等；体育业包括体育组织、体育场馆及其他体育活动。

8. 科学研究

主要指为了增加知识（包括有关自然、工程、人类、文化和社会的知识），以及运用这些知识创造新的应用所进行的系统的、创造性的活动。该活动仅限对新发现、新理论的研究，新技术、新产品、新工艺的研制。研究和试验发展包括基础研究、应用研究和试验发展，即自然科学研究和试验发展、工程和技术研究和试验发展、农业科学研究和试验发展、医学研究和试验发展、社会人文科学研究和试验发展等。

9. 技术服务

包括专业技术服务业、科技推广和应用服务业两类。前者包括气象服务、地震服务、海洋服务、测绘服务及技术监测、环境监测、工程技术与规划管理等；后者包括技术推广服务、科技中介服务和其他科技服务。

10. 教育培训

包括学前教育、初等教育、中等教育、高等教育以及其他教育（职业技能培训、特殊教育等）。

11. 餐饮住宿

餐饮业包括正餐服务、快餐服务、饮料及冷饮服务以及其他餐饮服务；住宿业包括旅游饭店、一般旅馆及其他住宿服务。

12. 中介代理

中介包括房地产中介服务、职业中介服务等；代理包括贸易、金融领域的代理等。

13. 卫生保健

包括医院、卫生院及社区医疗活动、门诊部医疗活动、计划生育技术服务活动、妇幼保健活动、专科疾病防治活动、疾病预防控制及防疫活动以及其他卫生保健活动。

14. 社区服务

主要包括居民服务业和其他服务业。

15. 旅游

包括旅行社服务业，指为社会各界提供商务、组团和散客旅游的服务。包括向顾客提供咨询、旅游计划和建议、日程安排、导游、食宿和交通等服务。

16. 娱乐

包括室内娱乐活动、游乐园、休闲健身及其他娱乐活动。

17. 加工

属于制造业的范畴，包括农副食品加工业，木材加工和木、竹、藤、棕、草制品业，石油加工、炼焦及核燃料加工业，黑色金属冶炼和压延加工业、有色金属冶炼和压延加工业，废弃资源综合利用业等。

二、小企业提供劳务收入确认和计量

同一会计年度内开始并完成的劳务，应当在提供劳务交易完成且收到款项或取得收款权利时，确认提供劳务收入。提供劳务收入的金额为从接受劳务方已收或应收的合同或协议价款。

劳务的开始和完成分属不同会计年度的，应当按照完工进度确认提供劳务收入。年度资产负债表日，按照提供劳务收入总额乘以完工进度扣除以前会计年度累计已确认提供劳务收入后的金额，确认本年度的提供劳务收入。同时，按照估计的提供劳务成本总额乘以完工进度扣除以前会计年度累计已确认营业成本后的金额，结转本年度营业成本。

（一）不跨会计年度的劳务收入确认原则

同一会计年度内开始并完成的劳务收入，应当在提供劳务交易完成且收到款项或取得收款权利时，确认提供劳务收入。这一确认原则包含两个条件，并且应当同时具备。

1. 收入确认的前提是劳务已经完成。

2. 收到款项或取得收款的权利，表明收入金额能够可靠确定并且该经济利益能够流入小企业。

（二）不跨会计年度的劳务收入计量原则

提供劳务收入的金额为从接受劳务方已收或应收的合同或协议价款。

由于不跨会计年度的劳务与销售商品非常类似，只是所提供商品的形态不同，一个是不具有实物形态，另一个是具有实物形态。因此，《小企业会计准则》对不跨会计年度的劳务收入的确认和计量原则与销售商品收入的确认和计量原则完全相同。

（三）跨会计年度的劳务收入确认原则

跨会计年度的劳务，通常是指小企业受托加工制造机械设备等，以及从事建筑、安装、装配工程业务或者提供劳务等，持续时间超过12个月。

劳务的开始和完成分属不同会计年度的,应当按照完工进度确认提供劳务收入。这实质上就是《企业会计准则》所规定的完工百分比法。完工百分比法,是指按照提供劳务交易的完工进度确认收入和费用的方法。在这种方法下,确认的提供劳务收入金额能够提供不同会计年度关于提供劳务交易及其业绩的有用信息,其关键是合理确定所提供劳务的完工进度。

小企业确定提供劳务交易的完工进度,可以选用下列方法。

1.已完工工作量的测量,如完成的工程形象进度。例如,某小企业负责为某社区盖居民活动中心大楼,一共3层,在18个月的时间内完成,第1年年底盖完了2层,则第1年完成的工程进度为66.7%。

2.已经提供的劳务量占应提供劳务总量的比例,如已挖土石方量占总土石方量的比例。例如,某小企业负责为某工地挖地基,总土方石量为1 000立方米,时间为2016年7月1日至2017年6月30日,在2016年12月31日,经测算共挖土石方量为600立方米,则2016年完成的工程进度为60%。

3.已经发生的成本占估计的提供劳务成本总额的比例,例如某工程概算成本为100万元,分3年完工,第1年实际发生的工程成本为30万元,则第1年完成的工程进度为30%。

(四)跨会计年度的劳务收入计量原则

劳务的开始和完成分属不同会计年度的,在年度资产负债表日,按照提供劳务收入总额乘以完工进度扣除以前会计年度累计已确认提供劳务收入后的金额,确认本年度提供劳务收入。同时,按照估计的提供劳务成本总额乘以完工进度扣除以前会计年度累计已确认劳务成本后的金额,结转营业成本。

本计量要求应从以下三个方面来把握。

1.确认劳务收入和结转劳务成本的时点均为年度资产负债表日,也就是年末(12月31日)。

2.规定了劳务收入金额的确定方法,按照提供劳务收入总额乘以完工进度扣除以前会计年度累计已确认提供劳务收入后的金额,确认本年度提供劳务收入。在按照该方法具体确定劳务收入金额时,把握两个关键点:一是完工进度,二是提供劳务收入总额。完工进度按照以上解释来应用,下面重点解释提供劳务收入总额的确定。

提供劳务收入总额一般根据交易双方签订的合同或协议注明的交易总金额确定。也就是说,提供劳务收入总额通常在合同或协议中规定了明确的金额,即合同金额,但是也不排除随着劳务的提供可能会根据实际情况增加或减少交易总金额。在这种情况下，小企业作为劳务提供方应当及时调整劳务收入总额并且区分不同情况进行会计处理，如果该调整金额相对原合同金额比例较小（如不超过10%），为简化核算，便于小企业实务操作，可以将该调整金额直接记入最后一个会计年度的收入之中，不需要在不同会计年度之间进行重新分配；反之，应当将该调整金额在调整所在会计年度和以后剩余的会计年度之间进行重新分配。

本年提供劳务收入金额可按照下列公式计算确定：

本年确认的提供劳务收入金额＝提供劳务收入总额 ×
截至本年年末劳务的完工程度 -
以前年度已确认的提供劳务收入累计金额

3. 规定了应结转提供劳务成本金额的确定方法，按照估计的提供劳务成本总额乘以完工进度扣除以前会计年度累计已确认营业成本后的金额，结转本年度营业成本。在按照该方法具体确定本年度提供劳务应结转的营业成本金额时，也需要把握两个关键点：一是完工进度；二是提供劳务成本总额。完工进度与确定提供劳务收入所使用的完工进度完全相同。下面重点解释提供劳务成本总额的确定。

提供劳务成本总额在劳务最终完成之前实际上是一个估计的金额，只有等到劳务最终完成时才能确定实际发生的劳务成本总额。由于这类劳务属于跨会计年度的劳务，按照完工百分比法确认提供劳务收入的同时，应当结转所提供劳务相应的营业成本。因此，就需要在劳务提供的过程中计算确定应结转的营业成本。在这种情况下，可行的做法只能是采用估计的提供劳务成本总额。基于此考虑，《小企业会计准则》规定中采用"估计的提供劳务成本总额"这一概念。

提供劳务成本总额既然是一个估计金额，根据提供劳务的成本发生的不同特点，提供劳务成本总额可以采用两种方法进行估计。

（1）"完全估计法"，即在劳务开始提供之前，小企业根据有关因素确定的该劳务的概算成本。

（2）"实际发生＋部分估计法"，即按照至年度资产负债表日止已经实际发生的成本和完成劳务以后年度将要发生的成本来确定，其中"至年度资产负债表日止已经实际发生的成本"可以从"生产成本"或"劳务成本"科目的借方发生额分析取得。但是，无论采用哪一种方法确定劳务成本总额，同样不排除随着劳务的提供可能会根据实际情况增加或减少劳务成本总额。

三、包含销售商品和提供劳务的混合合同或协议的收入确认原则

小企业与其他企业签订的合同或协议包含销售商品和提供劳务时，销售商品

部分和提供劳务部分能够区分且能够单独计量的，应当将销售商品的部分作为销售商品处理，将提供劳务的部分作为提供劳务处理。

销售商品部分和提供劳务部分不能够区分，或虽能区分但不能够单独计量的，应当作为销售商品处理。

（一）能拆尽拆原则

先应当考虑将销售商品和提供劳务尽可能分拆开，也就是做到"一个合同、两笔交易"分别确认销售商品收入和提供劳务收入。如果实在无法进行分拆，再作为"一笔交易"，即将整个合同视为销售商品确认收入。

（二）可计量原则

在对混合销售进行分拆时，相对来讲，可以从交易形式或完成交易结果等方面比较容易地区分销售商品和提供劳务，但是在实际确定或分配其各自的交易金额时有时候是存在困难的。在这种情况下，只有单独计量销售商品的金额和提供劳务的金额时，才能按照"能拆尽拆"原则作为"两笔交易"分别确认收入。《小企业会计准则》所称"单独计量"，是指能够客观、合理、公正地确定相关金额。客观就是要尽可能避免人为干扰和操纵；合理就是要尽可能做到有理有据，符合交易实际情况，如实反映交易；公正就是要尽可能实现不偏不倚，既不夸大销售商品，也不贬低提供劳务，反之亦然。

（三）简化原则

为了简化核算，便于小企业实务操作，减少纳税调整负担，满足汇算清缴以及流转税的需要，销售商品部分和提供劳务部分实在分拆不开，一是不能区分；二是虽能区分但不能单独计量，应当将整个销售合同全部作为销售商品处理。

四、小商品流通企业收入的会计处理

（一）商品销售的核算：一般纳税人售价金额核算

1. 商品销售核算的科目设置

采用售价金额核算方法的小商品流通企业，商品销售的核算也需设置"主营业务收入"科目和"主营业务成本"科目，但其登记方法和明细账的设置与采用数量进价金额核算方法的小商品流通企业不尽相同。

采用售价金额核算方法的小商品流通企业设置的"主营业务收入"科目，其贷方登记含税的销售额，借方登记定期或月终计算出的销项税额和期末结转"本年利润"科目的不含税的销售收入数额，期末结转后该科目应无余额。其明细账按商品大类或实物负责人分户。

"主营业务成本"科目借方登记每月结转的已销库存商品的含税售价,贷方登记月末计算结转的已销商品应分摊的进销差价(包括不含税的售价与进价之间的差额和应向购买者收取的销项税额)和期末结转"本年利润"科目的进价成本数额,结转后该科目应无余额。其明细账应按商品大类或实物负责人分户。

2. 商品一般销售的核算

实行售价金额核算的小商品流通企业,每日营业终了时各实物负责人要清点当日销货款并送存银行,财会部门应根据有关凭证按含税销售额反映商品销售收入和银行存款的增加,借记"银行存款"科目,贷记"主营业务收入"科目。同时,按含税的售价借记"主营业务成本"科目,贷记"库存商品"科目,以注销库存商品,反映实物负责人所经管商品的实存额和经济责任。待计算出已销商品应分摊的进销差价后,再贷记"主营业务成本"科目,将含税的售价调整为销售商品的进价成本。为了简化核算手续,计算已销商品应分摊的进销差价并调整进价成本的工作,一般在月末进行。

前已介绍,售价金额核算为小零售企业所采用,小零售企业在商品销售中采用一手钱一手货的销售方式,对顾客不开增值税专用发票,无法根据发票确认销售收入和销项税额,只能定期或月份终了,根据当期收取的含税销售额和规定的计算公式计算不含税的销售收入和销项税额,因此小零售企业平时按含税的销售额进行账务处理,定期或月末计算出销项税额以后,再将含税的销售额调整为不含税的销售收入。

不含税销售额及销项税额的计算公式为

销项税额 = 不含税销售额 × 税率

将含税销售额调整成为不含税销售额的账务处理方法为:借记"主营业务收入"科目,贷记"应交税费——应交增值税(销项税额)"科目。

3. 委托代销商品销售的核算

实行售价金额核算的小商品流通企业,委托其他企业代销商品的账务处理方法为:发出委托代销商品时,按含税售价,借记"委托代销商品"科目,贷记"库存商品"科目;收到代销单位转来的代销清单时,按销售价,借记"应收账款"科目,贷记"主营业务收入"科目;按应支付的手续费等,借记"销售费用"科目,贷记"应收账款"科目。同时,按代销商品的售价,借记"主营业务成本"等科目,贷记"委托代销商品"科目。将含税销售额调整为不含税销售额时,借记"主营业务收入"科目,贷记"应交税费应交增值税(销项税额)"科目。月度终了,应将售出委托代销商品的售价调整为实际成本。

4. 受托代销商品销售的核算

小零售企业商品品种繁多，业务繁忙，不可能把每一笔销货款都按自营和代销商品分开登记，每天营业终了时，也不可能对代销商品进行盘点，以存计销。因此，代销商品和自营商品在销售时可全部计入"主营业务收入"科目，待代销商品全部销售或月终时，再由各部、组填报代销商品分户盘存计销表，冲销商品销售收入，贷记"应付账款"科目。

（二）商品销售的核算：一般纳税人数量进价金额核算方法

1. 商品销售收入的确认和计量

小商品流通企业销售商品的收入，应当在下列条件同时满足时予以确认：①已将商品所有权上的主要风险和报酬转移给购货方；②既没有保留通常与所有权相联系的继续管理权，也没有对已售出的商品实施控制；③与交易相关的经济利益能够流入本企业；④相关的收入和成本能够可靠的计量。

小商品流通企业销售商品的收入应按小商品流通企业与购货方签订的合同或协议金额或双方接受的金额计量。若有现金折扣，在实际发生时直接计入当期财务费用。若有销售折让，应在实际发生时直接从当期实现的销售收入中抵减。小商品流通企业商品销售的具体入账价格主要有以下几种。

（1）批发价。是批发企业将商品销售给零售企业或其他企业的价格。

（2）零售价。是零售企业将商品销售给个人或集体消费者的价格。

（3）出口商品的入账价格，一律以离岸价（FOB）为入账基础，如按到岸价（CIF）对外成交的，在商品离境后所发生的应由我方负担的以外汇支付的国外运费、保险费、佣金和银行财务费等，以红字冲减收入。不易按商品认定的累计佣金收支，列入销售费用。出口商品发生的对外理赔，应以红字冲减收入。

2. 商品销售核算的科目设置

为了正确及时地反映商品销售过程中取得的收入和发生的成本支出，正确计算商品销售成果，必须合理设置核算商品销售业务的科目。商品销售的核算，一般设置"主营业务收入""主营业务成本"等科目进行。

"主营业务收入"科目核算小商品流通企业在销售商品、提供劳务等日常活动中所产生的收入。其借方登记冲减商品销售收入数额和期末结转"本年利润"科目数额，贷方登记企业实现销售收入数额，期末结转后该科目应无余额。该科目应按主营业务的种类设置明细账，进行明细核算。

"主营业务成本"科目核算小商品流通企业销售商品、提供劳务等日常活动发生的实际成本。其借方登记结转商品销售成本的数额，贷方登记冲减商品销售成本和期末转入"本年利润"科目的数额，期末结转后该科目应无余额。该科目应按销售及其他业务的种类设置明细账，进行明细核算。

3.商品一般销售的核算

小商品流通企业确认本期实现的商品销售收入时，应按实际收到或应收的价款，借记"银行存款""应收账款""应收票据"等科目，按实现的销售收入，贷记"主营业务收入"科目，按专用发票上注明的增值税额，贷记"应交税费——应交增值税（销项税额）"科目。结转商品销售成本时，按照销售商品进价（实际成本），借记"主营业务成本"科目，贷记"库存商品"科目。

"主营业务收入"科目反映销售商品的售价，"主营业务成本"科目反映销售商品的进价（实际成本），两个科目同期余额的差额（有销售折扣与折让的，应再减去销售折扣与折让）便是企业该会计期间的销售成果，销售成果如为正数，是毛利；反之，为毛损。商品销售成本可以逐日计算和结转，也可以定期计算和结转。在实际工作中，为简化核算手续，商品销售成本一般在月末一次汇总计算结转。

4.销售折扣折让的核算

（1）销售折扣的核算

销售折扣有商业折扣和现金折扣两种。商业折扣通常是在商品价目表上根据批发、零售、特约经销等不同销售对象给予一定幅度的折扣。现金折扣，是指债权人为鼓励债务人在规定的期限内付款而向债务人提供的债务扣除。

在有商业折扣的情况下，小商品流通企业出售商品采用扣减商业折扣后的价格成交，此时"主营业务收入"科目以实际成交价格记账，在有现金折扣的情况下，"主营业务收入"科目应按未扣除现金折扣的价格记账，对给予买方的现金折扣，在实际发生时直接计入当期财务费用。小商品流通企业应按实际收到的金额，借记"银行存款"等科目，按给予的现金折扣，借记"财务费用"科目，按应收的账款，贷记"应收账款""应收票据"等科目。

（2）销售折让的核算

销售折让，是指小商品流通企业因售出商品的质量不合格等原因而在售价上给予的减让。在有销售折让的情况下，"主营业务收入"科目应按未扣除销售折让的价格记账，对于发生的销货折让则在实际发生时直接从当期实现的销售收入中抵减。具体处理方法如下。

购货方尚未进行会计处理，也未付款，销售方应在收到购货方转来的原开出增值税专用发票的发票联和抵扣联上注明"作废"字样。该业务如属当月销售，销货方也未进行账务处理，则只需根据双方协商的扣除折让的价款和增值税额，重新开具增值税专用发票并进行账务处理。如属以前月份销售，销货方已进行账务处理，则应根据扣除折让后的价款和增值税额，重新开具增值税专用发票，按原开的增值税专用发票的发票联和抵扣联与新开的专用发票的记账联的差额，冲销当月销售收入和销项税额。

如果购货方已进行会计处理，销售方应根据购货方转来的"证明单"，按折让金额开具红字增值税专用发票，作为冲销当月销售收入和销项税额的凭据。

5. 销售退回的核算

销售退回，是指小商品流通企业售出的商品，由于质量、品种不符合要求等原因而发生的退货。销售退回应当分别情况处理。

（1）未确认收入的已发出商品的退回，不进行账务处理。

（2）已确认收入的销售商品退回，应直接冲减退回当月的销售收入、销售成本等。企业发生的销售退回，按应冲减的销售收入，借记"主营业务收入"科目，按允许扣减当期销项税额的增值税额，借记"应交税费——应交增值税（销项税额）"科目，按已付或应付的金额，贷记"应收账款""银行存款""应付账款"等科目。按退回商品的成本，借记"库存商品"科目，贷记"主营业务成本"科目，如果该项销售已发生现金折扣，应在退回当月一并处理。

6. 委托代销商品销售的核算

委托代销商品是指小商品流通企业委托其他单位代销商品的一种商品销售方式。企业委托其他单位代销商品，将商品转移给受托代销单位时，商品所有权并未转移。为了反映和监督委托其他单位代销商品的增减变化情况，小商品流通企业应设置"委托代销商品"科目进行核算。该科目核算小商品流通企业委托其他单位代销的商品的实际成本（或进价）或售价。其借方登记委托代销商品的增加额；贷方登记委托代销商品销售后结转成本的数额；其期末借方余额反映小商品流通企业委托其他单位代销的商品的实际成本（或进价）或售价。其明细账应按受托单位设置，进行明细核算。

小商品流通企业将委托代销的商品发交受托代销单位时，按实际成本，借记"委托代销商品"科目，贷记"库存商品"科目。收到代销单位报来的代销清单时，按应收金额，借记"应收账款"科目，按应确认的收入，贷记"主营业务收入"等科目，按专用发票上注明的增值税额，贷记"应交税费——应交增值税（销项税额）"科目；按应支付的手续费等，借记"销售费用"科目，贷记"应收账款"科目。同时，按代销商品的实际成本，借记"主营业务成本"等科目，贷记"委托代销商品"科目。收到代销单位的代销款项，借记"银行存款"科目，贷记"应收账款"等科目。

7.受托代销商品销售的核算

小商品流通企业为其他单位代销商品称为受托代销商品。收进的受托代销商品的所有权不属本企业,因此不通过"库存商品"科目核算,而是设置"受托代销商品"科目核算。该科目核算小商品流通企业接受其他单位委托代销的商品。其借方登记企业收到的代销商品的数额,贷方登记代销商品销售后转销的数额,期末借方余额反映小商品流通企业受托代销商品的接收价或售价,其明细账按委托单位设置。

小商品流通企业对受托代销商品的价款,应设置"代销商品款"科目进行核算。该科目核算小商品流通企业接受代销商品的价款。其贷方登记企业收到的代销商品的价款数额,借方登记代销商品销售后转销的价款数额,期末贷方余额反映小商品流通企业尚未销售的接受代销商品的价款。其明细账按委托单位设置。

小商品流通企业以收取手续费方式代销商品销售后,不作为本企业销售处理,但按增值税条例及其细则规定,也应计算应纳增值税。

8.预收货款销售的核算

小商品流通企业对于一些紧俏商品的销售,可采用预收货款销售方式。预收款项较多的小商品流通企业,应设置"预收账款"科目核算。该科目核算小商品流通企业按照合同规定向购货单位预收的款项。其贷方登记收到的预收货款数额,借方登记实现销售冲减预收货款的数额,其期末贷方余额反映小商品流通企业向购货单位预收的款项,若期末出现借方余额,则为购货单位应补付的款项数额。其明细账应按购货单位设置。预收账款情况不多的小商品流通企业,也可以将预收的款项直接记入"应收账款"科目,不设"预收账款"科目。

小商品流通企业向购货方预收款项时,借记"银行存款"科目,贷记"预收账款"科目,商品销售后,按实现的收入和应收取的增值税销项税额,借记"预收账款"科目,按实现的营业收入,贷记"主营业务收入"科目,按专用发票上注明的增值税额,贷记"应交税费——应交增值税(销项税额)"科目;购货方补付的货款,借记"银行存款"科目,贷记"预收账款"科目;退回多收的货款,做相反分录。

9.出口商品销售的核算

小商品流通企业出口商品实现销售时,按出口销售货款金额,借记"应收账款"科目,贷记"主营业务收入"科目。

出口商品的销售收入,一律以离岸价 FOB 为入账基础,如以到岸价 CIF 对外成交的,在商品离境后所发生的应由小商品流通企业负担的以外汇支付的国外运费、保险费，以红字冲减销售收入，贷记"银行存款——外币户"科目，又以红字贷记"主营业务收入"科目。

小商品流通企业出口商品应于商品销售实现的同时结转成本，借记"主营业务成本"科目，贷记"库存商品——××"科目。

小商品流通企业出口商品所需支付的国内运输费、装卸搬运费、港务费、劳务费等，均作为企业的销售费用，支付时借记"销售费用"科目，贷记"银行存款——人民币户"科目。

小商品流通企业出口的商品若按税法规定需缴纳出口关税的，应计算出应缴纳的出口关税，借记"税金及附加"科目，贷记"应交税费——应交出口关税"科目；实际缴纳时，借记"应交税费——应交出口关税"科目，贷记"银行存款——人民币户"科目。

按照规定，小商品流通企业出口商品增值税部分免税，其进项税额退税，货物出口后，应按照出口货物购进时取得的增值税专用发票上记载的进项税额或应分摊的进项税额，与按照国家规定的退税率计算的应退税额的差额，借记"主营业务成本"科目，贷记"应交税费——应交增值税（进项税额转出）"科目。按规定退税率计算出应收出口退税时，借记"应收账款"科目，贷记"应交税费——应交增值税（出口退税）"科目；收到出口退税款时，借记"银行存款——人民币户"科目，贷记"应收账款"科目。小商品流通企业出口商品收到货款时，借记"银行存款——外币户"科目，贷记"应收账款"等科目。

五、商品销售的核算：一般纳税人鲜活商品进价金额核算

每日营业终了，小商品流通企业需将销货款送存银行，财会部门根据柜组转来的"商品进销存日报表"和银行"进账单"回单进行账务处理。小零售企业的商品销售额为含税销售额，因此财会部门进行账务处理时，应按规定的方法计算不含税销售额和销项税额，分别记入"主营业务收入"科目和"应交税费——应交增值税（销项税额）"科目。

为简化核算，小商品流通企业平时亦可按含税的销售额，借记"银行存款"科目，贷记"主营业务收入"科目；定期或月末计算出销项税额，将商品销售额调整为不含税的商品销售收入，借记"主营业务收入"科目，贷记"应交税费——应交增值税（销项税额）"科目。

第七章　会计准则在小企业成本费用处理中的运用

第一节　小企业生产成本的会计处理

产品成本是小企业一定时期内为生产一定产品所支出的生产费用。产品成本核算是对生产经营过程中实际发生的各种成本进行计算、归集和分配的过程，产品成本核算合理、准确与否直接关系到小企业的生存和发展，是小企业一项极其重要的会计事项。

一、小企业生产成本的构成

小企业的生产成本由直接费用和间接费用两部分构成，直接费用包括材料费、人工费，间接费用包括制造费用。

二、小企业生产成本核算的一般程序

小企业产品成本核算工作的核心在于生产成本的归集与分配，包括各要素费用的归集和分配，以及生产成本在完工产品和在产品之间的归集和分配。因此，小企业进行生产成本核算时，一般应遵循下列程序。

（1）根据生产特点和成本管理的要求，确定成本核算对象。

（2）确定成本项目。小企业计算产品生产成本，一般应当设置直接材料、燃料和动力、直接人工、制造费用四个成本项目。

（3）设置有关成本明细账。如生产成本明细账、制造费用明细账、产成品和自制半成品明细账等。

（4）收集确定各种产品的生产量、入库量、在产品盘存量以及材料、工时、动力消耗等，并对所有已发生成本进行审核。

（5）归集所发生的全部成本，并按照确定的成本核算对象，采用合理的成本计算方法予以分配，按照成本项目计算各种产品的在产品成本、产成品成本和单位成本。

（6）结转产品销售成本。

三、小企业成本核算对象的确定

小企业应当根据生产特点和成本管理的要求,选择适合本企业的成本核算对象、成本项目和成本计算方法。

成本核算对象,是指确定归集和分配生产成本的具体对象。成本计算对象的确定,是设立成本明细分类账户,归集和分配生产成本以及正确计算成本的前提。具体的成本核算对象主要应根据企业生产的特点加以确定,同时还应考虑成本管理上的要求。

由于产品工艺、生产方式、成本管理等要求不同,产品项目不等于成本核算对象。一般情况下,对小企业(工业)而言,生产一种或几种产品的,以产品品种为成本核算对象;分批、单件生产的产品,以每批或每件产品为成本核算对象;多步骤连续加工的产品,以每种产品及各生产步骤为成本核算对象;产品规格繁多的,可将产品结构、耗用原材料和工艺过程基本相同的各种产品,适当合并作为成本核算对象。

成本核算对象确定后,各种会计、技术资料的归集应当与此一致,一般不应中途变更,以免造成成本核算不实、经济责任不清的弊端。成本核算对象的确定,有利细化项目成本核算和考核成本管理绩效。

四、小企业产品成本项目的确定和归集

为具体反映计入产品的生产成本的各种用途,还应将成本核算对象进一步划分为若干个项目,即产品生产成本项目,简称"产品成本项目"或"成本项目"。设置成本项目可以反映产品成本的构成情况,满足成本管理的目的和要求,有利于了解企业生产成本的经济用途,便于企业分析和考核产品成本计划的执行情况。

成本项目的设置应根据管理上的要求确定,对于小企业(工业)而言,一般可设置"直接材料""燃料和动力""直接人工"和"制造费用"等成本项目。

(一)直接材料

直接材料,是指小企业在生产产品过程中实际消耗的、直接用于产品生产、构成产品实体的原材料、辅助材料、备品配件、外购半成品、周转材料(包装物、低值易耗品)和材料在使用过程中发生运输、装卸、整理等的费用。

对直接用于产品生产、构成产品实体的原材料,一般分产品领用,根据领退料凭证直接计入相应产品成本的"直接材料"项目。对于不能分产品领用的材料,如化工生产中为几种产品共同耗用的材料,需要采用适当的分配方法,分配计入

各相关产品成本的"直接材料"成本项目。

（二）燃料和动力

燃料和动力，是指小企业直接用于产品生产的外购和自制的燃料和动力，其归集的方法同直接材料。

（三）直接人工

直接人工，是指小企业在生产产品过程中直接从事产品生产工人的职工薪酬。直接人工和间接人工的划分依据通常是生产工人是否与所生产的产品直接相关（即可否直接确定其服务的产品对象）。

直接人工的归集，必须有一定的原始记录作为依据，计时工资以考勤记录中的工作时间记录为依据；计件工资以产量记录中的产品数量和质量记录为依据；计时工资和计件工资以外的各种奖金、津贴、补贴等，按照国家和企业的有关规定计算。工资结算和支付的凭证为工资结算单或工资单，为便于成本核算和管理等，一般按车间、部门分别填制，是职工薪酬分配的依据。直接进行产品生产的生产工人的职工薪酬，直接计入产品成本的"直接人工"成本项目；不能直接计入产品成本的职工薪酬应当按照有关"直接人工的分配"的规定进行分配计入各有关产品成本的"直接人工"项目。

（四）制造费用

制造费用，是指小企业生产车间（部门）为生产产品和提供劳务而发生的各项间接费用。制造费用是一种间接生产成本，包括小企业生产车间（部门）管理人员的职工薪酬、折旧费、机物料消耗、固定资产修理费、办公费、水电费、劳动保护费、季节性和修理期间的停工损失等。

制造费用的内容比较复杂，为减少成本项目，简化核算工作，可将性质相同的费用合并设立相应的成本项目，如将用于产品生产的固定资产的折旧费合并设立"折旧费"项目，也可根据费用比重大小和管理上的要求另行设立制造费用项目。但是，为了使各期产品生产成本资料可比，制造费用项目一经确定，不得随意变更。制造费用应通过"制造费用"账户进行归集，月末按照一定的方法分配转入有关成本计算对象。

由于生产的特点、各种费用支出的比重及成本管理和核算的要求不同，小企业可根据具体情况，增设"废品损失""停工损失"等成本项目。

五、小企业直接人工和制造费用的分配

小企业在生产产品的过程中发生的直接人工和制造费用，如果能够直接计入

129

有关的成本核算对象，则应直接计入该成本核算对象。否则，应按照科学合理一致的方法分配计入有关成本核算对象。分配方法一经确定，不得随意变更。

（一）小企业直接人工的分配

如果小企业生产车间同时生产几种产品，则发生的直接人工应采用合理方法分配计入各产品成本中。由于工资形成的方式不同，直接人工的分配方法也不同。例如，按计时工资或者按计件工资分配直接人工。

1. 按计时工资分配直接人工

计时工资一般是依据生产工人出勤记录和月标准工资计算，因而不能反映生产工人工资的用途。所以，计时生产工人工资一般是以按出勤时间计算的计时工资为基数，以产品生产耗用的生产工时为分配标准。其计算公式为

$$直接人工分配率 = \frac{本期产生的直接人工}{各产品耗用的实际用工（或定额工时）之和}$$

某产品负担的直接人工 = 该产品耗用的实际工时（或定额工时）数 × 直接人工分配率

2. 按计件工资分配直接人工

计件工资下，直接人工的分配可根据产量和每件人工费率，分别产品进行汇总，计算出每种产品应负担的直接人工。

（二）小企业制造费用的分配

制造费用一般应先分配辅助生产的制造费用，将其计入辅助生产成本，然后再分配辅助生产成本，将其中应由基本生产负担的制造费用计入基本生产的制造费用，最后再分配基本生产的制造费用。由于小企业各个生产车间（部门）的生产任务、技术装备程度、管理水平和费用水准各不相同，因此制造费用一般应按生产车间或部门先进行归集，不应将各车间的制造费用汇总，在企业范围内统一分配。

制造费用按车间归集后，再根据制造费用的性质，合理选择方法进行分配。也就是说，小企业所选择的制造费用分配方法，必须与制造费用的发生具有较密切的相关性，并且使分配到每种产品上的制造费用金额科学合理，同时还应适当考虑计算手续的简便。在各种产品之间分配制造费用的方法，通常有按生产工人工资、按生产工人工时、按机器工时、按耗用原材料的数量或成本、按直接费用（直接材料和直接人工之和）及按产成品产量等。

1. 按生产工人工资分配制造费用

即按照各种产品的生产工人工资的比例分配制造费用。计算公式为

$$某种产品应负担的制造费用 = \frac{制造费用总额}{车间生产工人工资总额} \times 某种产品的生产工人工资额$$

2. 按生产工人工时分配制造费用

即按照各种产品的生产工人工时数的比例分配制造费用。计算公式为

$$某种产品应负担的制造费用 = \frac{制造费用总额}{车间生产工人工资总额} \times 某种产品的生产工人工时数$$

3. 按机器工时分配制造费用

即按照各种产品的机器工作小时数的比例分配制造费用。计算公式为

$$某种产品应负担的制造费用 = \frac{制造费用总额}{机器工作总时数} \times 某种产品的机器工作时数$$

4. 按耗用原材料的数量或成本分配制造费用

即按照各种产品所耗用的原材料的数量或成本的比例分配制造费用。计算公式为

$$某种产品应负担的制造费用 = \frac{制造费用总额}{耗用原材料的数量（或成本）总数} \times 某种产品所耗用的原材料的数量（或成本）$$

5. 按直接费用（直接材料和直接人工之和）分配制造费用

即按照计入各种产品的直接费用（直接材料和直接人工之和）的比例分配制造费用。计算公式为

$$某种产品应负担的制造费用 = \frac{制造费用总额}{各种产品的直接费用总额} \times 某种产品的直接费用$$

6. 按产成品产量分配制造费用

即按各种产品的实际产量（或标准产量）的比例分配制造费用。其中，某种产品的标准产量，是通过将该种产品的实际产量乘以换算标准产量的系数而求得的。计算公式为

$$某种产品应负担的制造费用 = \frac{制造费用总额}{各种产品的实际产量（或标准产量）} \times 某种产品的实际产量（或标准产量）$$

以上各种分配方法，通常是以各月生产车间或部门的制造费用实际发生额进行分配的。

为简化核算，小企业也可以按预定分配率（或称计划分配率）进行分配。预定分配率的计算公式为

$$某种产品应负担的制造费用 = \frac{制造费用总额}{全年预计业务量（机器工时、生产工人工资等）} \times$$

某种产品的当月实际业务量（机器工时、生产工人工资等）

采用这一方法时，全年各月实际生产数与已分配数之间的差额，除其中属于为次年开工生产做准备的可留待明年分配外，其余的都应当在当年年度终了时调整本年度的产品成本。

六、小企业辅助生产成本的归集与分配

属于辅助生产车间为生产产品提供的动力等直接费用，可以先作为辅助生产成本进行归集，然后按照合理的方法分配计入基本生产成本；也可以直接计入所生产产品发生的生产成本。据此，小企业对辅助生产成本的核算有两种方式可供选择，但一经确定，不得随意变更。

（一）单独核算辅助生产成本

即小企业对辅助生产车间发生的各项成本单独设置"生产成本——辅助生产成本"明细科目或"辅助生产成本"科目进行核算。

辅助生产成本的归集是通过"生产成本——辅助生产成本"明细账或"辅助生产成本"总账及明细账进行的。一般按照车间、产品和劳务设立明细账，当辅助生产发生各项成本时计入"辅助生产成本"总账及所属明细账。一般情况下，辅助生产的制造费用与基本生产的制造费用一样，先通过"制造费用"科目进行单独归集，然后再转入"辅助生产成本"科目。对于辅助生产车间规模很小、制造费用很少且辅助生产不对外提供产品和劳务的，为简化核算工作，辅助生产的制造费用也可以不通过"制造费用"科目，而直接记入"辅助生产成本"科目。辅助生产的分配应通过辅助生产费用分配表进行，辅助生产费用的分配方法很多，通常采用直接分配法、交互分配法、计划成本分配法、顺序分配法和代数分配法等。

（二）不单独核算辅助生产成本

即小企业对辅助生产车间发生的各项成本不单独设置"生产成本——辅助生产成本"明细科目或"辅助生产成本"科目进行核算，而是直接记入"生产成本"科目。

七、小企业产品成本计算方法

小企业在进行产品成本计算时，应当根据其生产经营特点、生产经营组织类型和成本管理要求，确定成本计算方法。成本计算方法主要有品种法、分批法和分步法三种。

（一）品种法

品种法，是指以产品品种作为成本核算对象，归集和分配生产成本，计算产品成本的一种方法。这种方法适用单步骤、大量生产的小企业，如供水、采掘等企业。在这种类型的生产中，产品的生产技术过程不能从技术上划分步骤，例如企业或车间的规模较小，或者车间是封闭的，也就是从材料投入到产品产出的全部生产过程都是在一个车间内进行的，或者生产按流水线组织，管理上不要求按照生产步骤计算产品成本，都可以按照品种计算产品成本。

品种法计算成本主要有以下特点。

一是成本核算对象是产品品种。如果企业只生产一种产品，全部生产成本都是直接成本，可直接计入该产品生产成本明细账的有关成本项目中，不存在在各种成本核算对象之间分配成本的问题。如果生产多种产品，间接生产成本则要采用适当的方法，在各成本核算对象之间进行分配。

二是品种法下一般定期（每月月末）计算产品成本。

三是如果企业月末有在产品，要将生产成本在完工产品和在产品之间进行分配。

（二）分批法

分批法，是指以产品的批别作为产品成本核算对象，归集和分配生产成本，计算产品成本的一种方法。这种方法主要适用单件、小批生产的小企业，如造船、重型机器制造、精密仪器制造等，也可用于一般企业中的新产品试制或试验的生产、在建工程以及设备修理作业等。

分批法计算成本主要有以下特点。

一是成本核算对象是产品的批别。由于产品的批别大多是根据销货订单确定的，因此这种方法又称订单法。成本核算对象是购买者事先订货或企业规定的产品批别。

二是产品成本的计算是与生产任务通知单的签发和结束紧密配合的，因此产品成本计算是不定期的。成本计算期与产品生产周期基本一致，但与财务报告期不一致。

三是由于成本计算期与产品的生产周期基本一致，因此在计算月末在产品成本时，一般不存在在完工产品和在产品之间分配成本的问题。

（三）分步法

分步法，是指以生产过程中各个加工步骤（分品种）为成本核算对象，归集和分配生产成本，计算各步骤半成品和最后产成品成本的一种方法。这种方法适用大量大批的多步骤生产，如冶金、纺织、机械制造等。在这类小企业中，产品生产可以分为若干个生产步骤的成本管理，通常不仅要求按照产品品种计算成本，而且还要求按照生产步骤计算成本，以便为考核和分析各种产品及各生产步骤成本计划的执行情况提供资料。

分步法计算成本的主要有以下特点。

一是成本核算对象是各种产品的生产步骤。

二是月末为计算完工产品成本，还需要将归集在生产成本明细账中的生产成本在完工产品和在产品之间进行分配。

三是除了按品种计算和结转产品成本外，还需要计算和结转产品的各步骤成本。其成本核算对象是各种产品及其所经过的各个加工步骤，如果小企业只生产一种产品，则成本核算对象就是该种产品及其所经过的各个生产步骤，其成本计算期是固定的，与产品的生产周期不一致。

八、小企业基本生产成本在完工产品和在产品之间的归集和分配

每月月末，当月生产成本明细账中按照成本项目归集了本月生产成本以后，这些成本就是本月发生的生产成本，但并不是本月完工产品的成本。计算本月完工产品成本，还需要将本月发生的生产成本加上月初在产品成本，然后再将其在本月完工产品和月末在产品之间进行分配，以求得本月完工产品成本。对某个车间或生产步骤而言，在产品只包括该车间或该生产步骤正在加工中的那部分在产品。

完工产品和在产品成本之间的关系为

本月完工产品成本 = 本月发生的生产成本 + 月初在产品成本 − 月末在产品成本

根据这一关系，结合生产特点，小企业应当根据在产品数量的多少、各月在产品数量变化的大小、各项成本比重的大小以及定额管理基础的好坏等具体条件，采用适当的分配方法将直接材料、直接人工和制造费用等基本生产成本在完工产品和在产品之间进行分配。常用的分配方法有：不计算在产品成本法、在产品按固定成本计价法、在产品按所耗直接材料计价法、约当产量比例法、在产品按定额成本计价法、定额比例法等。这里，重点介绍一下较为常用的约当产量比例法。

采用约当产量比例法，应将月末在产品数量按其完工程度折算为相当于完工产品的产量，即约当产量，然后将产品应负担的全部成本按照完工产品产量与月末在产品约当产量的比例分配计算完工产品成本和月末在产品成本。这种方法适用产品数量较多、各月在产品数量变化也较大，且生产成本中直接材料成本和直接人工等加工成本的比重相差不大的产品。其计算公式为

在产品约当产量 = 在产品数量 × 完工程度

$$单位成本 = \frac{月初在产品成本 + 本月发生生产成本}{完工产品数量 + 在产品约当产量}$$

$$完工产品成本 = 完工产品产量 \times 单位成本$$

$$在产品成本 = 在产品约当产量 \times 单位成本$$

需要说明的是，在很多加工生产中，材料是在生产开始时一次投入的。这时，在产品无论完工程度如何，都应和完工产品负担同样的材料成本。如果材料是随着生产过程陆续投入的，则应按照各工序投入的材料成本在全部材料成本中所占的比例计算在产品的约当产量。

（一）售价法

在售价法下，联合成本是以分离点上每种产品的销售价格为比例进行分配的。采用这种方法，要求每种产品在分离点时的销售价格有可靠的计量。

如果联产品在分离点上即可供销售，则可采用销售价格进行分配。如果这些产品尚需要进一步加工后才可供销售，则需要对分离点上的销售价格进行估计。此时，也可采用可变现净值进行分配。

（二）实物数量法

采用实物数量法时，联合成本是以产品的实物数量为基础分配的。这里的"实物数量"可以是数量、重量。实物数量法通常适用所生产的产品的价格很不稳定或无法直接确定。

$$单位数量（或重量）成本 = \frac{联合成本}{各联合产品总数量（总重量）}$$

还需要说明的是，在分配主产品和副产品的基本生产成本时，通常先确定副产品的基本生产成本，将其差额确定为主产品的基本生产成本。副产品，是指在同一生产过程中，使用同种原料，在生产主要产品的同时附带生产出来的非主要产品。它的产量取决于主产品的产量，随主产品产量的变动而变动，如甘油是生产肥皂这个主产品时的副产品。由于副产品价值相对较低，而且在全部产品生产中所占的比重较小，因而可以采用简化的方法确定其成本，然后从总成本中扣除，其余额就是主产品的成本。例如，副产品可以按预先规定的固定单价确定成本。

九、记账方式

（一）生产成本

生产成本如表7-1所示。

表7-1 生产成本

编号	会计科目名称	科目核算内容	特殊规定	明细科目设置	主要账务处理	科目余额反映内容
4001	生产成本	"生产成本"科目核算小企业进行工业性生产发生的各项生产成本。包括：生产各种产品（产成品、自制半成品等）、自制材料、自制工具、自制设备等	小企业对外提供劳务发生的成本，可将"生产成本"科目改为"4001劳务成本"科目，或单独设置"4002劳务成本"科目进行核算	"生产成本"科目可按照基本生产成本和辅助生产成本进行明细核算	（一）小企业发生的各项直接生产成本，借记"生产成本"科目（基本生产成本、辅助生产成本），贷记"原材料""库存现金""银行存款""应付职工薪酬"等科目。各生产车间应负担的制造费用，借记"生产成本"科目（基本生产成本、辅助生产成本），贷记"制造费用"科目； （二）辅助生产车间为基本生产车间、管理部门和其他部门提供的劳务和产品，可在月末按照一定的分配标准分配给各受益对象，借记"生产成本"科目（基本生产成本）、"销售费用""管理费用""其他业务成本""在建工程"等科目，贷记"生产成本"科目（辅助生产成本）；也可在提供相关劳务和产品时，借记"生产成本"科目、"销售费用""管理费用""其他业务成本""在建工程"等科目，贷记"原材料""库存现金""银行存款""应付职工薪酬"等科目； （三）小企业已经生产完成并已验收入库的产成品以及入库的自制半成品，可在月末，借记"库存商品"等科目，贷记"生产成本"科目（基本生产成本）	"生产成本"科目期末借方余额，反映小企业尚未加工完成的在产品成本

（二）制造费用

制造费用如表 7-2 所示。

表 7-2　制造费用

编号	会计科目名称	科目核算内容	特殊规定	明细科目设置	主要账务处理	科目余额反映内容
4101	制造费用	"制造费用"科目核算小企业生产车间（部门）为生产产品和提供劳务而发生的各项间接费用	小企业经过1年期以上的制造才能达到预定可销售状态的产品发生的借款费用，也在"制造费用"科目核算。小企业行政管理部门为组织和管理生产经营活动而发生的管理费用，在"管理费用"科目核算，不在"制造费用"科目核算	"制造费用"科目应按照不同的生产车间、部门和费用项目进行明细核算	（一）生产车间发生的机物料消耗和固定资产修理费，借记"制造费用"科目，贷记"原材料""银行存款"等科目； （二）发生的生产车间管理人员的工资等职工薪酬，借记"制造费用"科目，贷记"应付职工薪酬"科目； （三）生产车间计提的固定资产折旧费，借记"制造费用"科目，贷记"累计折旧"科目； （四）生产车间支付的办公费、水电费等，借记"制造费用"科目，贷记"银行存款""应付利息"等科目； （五）发生季节性和修理期间的停工损失，借记"制造费用"科目，贷记"原材料""应付职工薪酬""银行存款"等科目； （六）小企业经过1年期以上的制造才能达到预定可销售状态的产品在制造完成之前发生的借款利息，在应付利息日根据借款合同利率计算确定的利息费用，借记"制造费用"科目，贷记"应付利息"科目。制造完成之后发生的利息费用，借记"财务费用"科目，贷记"应付利息"科目； （七）将制造费用分配计入有关的成本核算对象，借记"生产成本——基本生产成本、辅助生产成本"等科目，贷记"制造费用"科目； （八）季节性小生产企业制造费用全年实际发生额与分配额的差额，除其中属于为下一年开工生产做准备的可留待下一年分配外，其余部分实际发生额大于分配额的差额，借记"生产成本——基本生产成本"科目，贷记"制造费用"科目；实际发生额小于分配额的差额，做相反的会计分录	除季节性的生产性小企业外，"制造费用"科目期末应无余额

(三) 研发支出

研发支出如表 7-3 所示。

表 7-3　研发支出

编号	会计科目名称	科目核算内容	明细科目设置	主要账务处理	科目余额反映内容
4301	研发支出	"研发支出"科目核算小企业进行研究与开发无形资产过程中发生的各项支出	"研发支出"科目应按照研究开发项目，分别"费用化支出""资本化支出"进行明细核算	（一）小企业自行研究开发无形资产发生的研发支出，不满足资本化条件的，借记"研发支出"科目（费用化支出），满足资本化条件的，借记"研发支出"科目（资本化支出），贷记"原材料""银行存款""应付职工薪酬""应付利息"等科目； （二）研究开发项目达到预定用途形成无形资产的，应按"研发支出"科目（资本化支出）的余额，借记"无形资产"科目，贷记"研发支出"科目（资本化支出）。月末，应将"研发支出"科目归集的费用化支出金额转入"管理费用"科目，借记"管理费用"科目，贷记"研发支出"科目（费用化支出）	"研发支出"科目期末借方余额，反映小企业正在进行的无形资产开发项目满足资本化条件的支出

（四）工程施工

工程施工如表7-4所示。

表7-4 工程施工

编号	会计科目名称	科目核算内容	明细科目设置	主要账务处理	科目余额反映内容
4401	工程施工	"工程施工"科目核算小企业（建筑业）实际发生的各种工程成本	"工程施工"科目应按照建造合同项目分别"合同成本"和"间接费用"进行明细核算	（一）小企业进行合同建造时发生的人工费、材料费、机械使用费以及施工现场材料的二次搬运费、生产工具和用具使用费、检验试验费、临时设施折旧费等其他直接费用，借记"工程施工"科目（合同成本），贷记"应付职工薪酬""原材料"等科目。发生的施工、生产单位管理人员职工薪酬、财产保险费、工程保修费、固定资产折旧费等间接费用，借记"工程施工"科目（间接费用），贷记"累计折旧""银行存款"等科目。期（月）末，将间接费用分配计入有关合同成本，借记"工程施工"科目（合同成本），贷记"工程施工"科目（间接费用）； （二）确认合同收入和合同费用时，借记"应收账款""预收账款"等科目，贷记"主营业务收入"科目；按照应结转的合同成本，借记"主营业务成本"科目，贷记"工程施工"科目（合同成本）	"工程施工"科目期末借方余额，反映小企业尚未完工的建造合同成本和合同毛利

（五）机械作业

机械作业如表7-5所示。

表7-5 机械作业

编号	会计科目名称	科目核算内容	特殊规定	明细科目设置	主要账务处理	科目余额反映内容	备注
4403	机械作业	"机械作业"科目核算小企业（建筑业）及其内部独立核算的施工单位、机械站和运输队使用自有施工机械和运输设备进行机械作业（含机械化施工和运输作业等）所发生的各项费用	小企业及其内部独立核算的施工单位，从外单位或本企业其他内部独立核算的机械站租入施工机械发生的机械租赁费，在"工程施工"科目核算，不在"机械作业"科目核算	"机械作业"科目应按照施工机械或运输设备的种类等进行明细核算	（一）小企业发生的机械作业支出，借记"机械作业"科目，贷记"原材料""应付职工薪酬""累计折旧"等科目；（二）期（月）末，小企业及其内部独立核算的施工单位、机械站和运输队为本企业承包的工程进行机械化施工和运输作业的成本，应转入承包工程的成本，借记"工程施工"科目，贷记"机械作业"科目。对外单位、专项工程等提供机械作业（含运输设备）的成本，借记"生产成本（或劳务成本）"科目，贷记"机械作业"科目	"机械作业"科目期末应无余额	小企业内部独立核算的机械施工、运输单位使用自有施工机械或运输设备进行机械作业所发生的各项费用，应按照成本核算对象和成本项目进行归集。成本项目一般分为：职工薪酬、燃料及动力费、折旧及修理费、其他直接费用、间接费用（为组织和管理机械作业生产所发生的费用）

第二节　小企业营业成本的会计处理

一、小企业所销售商品的成本

这种营业成本主要是针对小制造业企业和批发、零售业小企业而言。小企业（工业）使用材料、人工、机器设备生产产品，最终通过销售产品实现收入和利润。产品未完成之前，生产所耗费的材料费、人工费、机器设备的折旧费和修理费以及生产车间的制造费用等构成了产品的成本，体现为存货（如生产成本、库存商品）。小企业对外销售生产的产品，实现了销售收入，在这种情况下，应结转所售产品的生产成本，就构成了销售产品的当期营业成本。

小企业（批发业、零售业）购入商品为了对外销售实现收入和利润。该类小企业所购入商品未对外销售之前体现为存货（如库存商品）。小企业对外销售购入的商品，实现了销售收入，在这种情况下，应结转所售商品的购入成本，就构成了销售商品的当期营业成本。

二、小企业所提供劳务的成本

这种营业成本主要是针对服务业小企业而言。小企业（交通运输业等）通过对外提供服务实现收入和利润，小企业在对外提供服务过程中也要耗费材料、人工和机器设备等，在服务未履行完成之前，形成了小企业的存货（如劳务成本）。小企业履行完成了服务，实现了收入，在这种情况下，应结转所提供服务的成本，就构成了提供劳务的当期营业成本。

三、企业税金及附加方面会计

依据财会〔2016〕22号文《关于印发〈增值税会计处理规定〉的通知》规定，全面试行营业税改征增值税后，"营业税金及附加"科目名称调整为"税金及附加"科目，该科目核算企业经营活动发生的消费税、城市维护建设税、资源税、教育费附加及房产税、土地使用税、车船使用税、印花税等相关税费；利润表中的"营业税金及附加"项目调整为"税金及附加"项目。

小企业税金及附加，实际上是指小企业除企业所得税、允许抵扣的增值税以外的各种税金及附加。企业所得税在"所得税费用"中反映，允许抵扣的增值税在

"应交税费——应交增值税（进项税额）"中反映。

税金及附加通常是小企业与税务机关或财政部门之间发生税务关系，但是小企业向税务机关缴纳的税收滞纳金及罚款不构成税金及附加，而应作为营业外支出。

在进行账务处理时，无论是主营业务还是其他业务发生的税金及附加，均在"税金及附加"核算，而不应在"主营业务成本"科目和"其他业务成本"科目核算。但是，与最终确认为营业外收入或营业外支出的交易或事项（即小企业非日常活动产生的）相关的税费均不在"税金及附加"科目核算，而分别在"固定资产清理""营业外收入""营业外支出"等科目核算。

四、记账方式

（一）主营业务成本

主营业务成本如表7-6所示。

表7-6　主营业务成本

编号	会计科目名称	科目核算内容	明细科目设置	主要账务处理	科目余额
5401	主营业务成本	"主营业务成本"科目核算小企业确认销售商品或提供劳务等主营业务收入应结转的成本	"主营业务成本"科目应按照主营业务的种类进行明细核算	（一）月末，小企业可根据本月销售各种商品或提供各种劳务实际成本，计算应结转的主营业务成本，借记"主营业务成本"科目，贷记"库存商品""生产成本""工程施工"等科目；（二）本月发生的销售退回，可以直接从本月的销售数量中减去，得出本月销售的净数量，然后计算应结转的主营业务成本，也可以单独计算本月销售退回成本，借记"库存商品"等科目，贷记"主营业务成本"科目	月末，可将"主营业务成本"科目的余额转入"本年利润"科目，结转后"主营业务成本"科目应无余额

（二）其他业务成本

其他业务成本如表7-7所示。

表7-7 其他业务成本

编号	会计科目名称	科目核算内容	明细科目设置	主要账务处理	科目余额反映内容
5402	其他业务成本	"其他业务成本"科目核算小企业确认的除主营业务活动以外的其他日常生产经营活动所发生的支出。包括：销售材料的成本、出租固定资产的折旧费、出租无形资产的摊销额等	"其他业务成本"科目应按照其他业务成本的种类进行明细核算	小企业发生的其他业务成本，借记"其他业务成本"科目，贷记"原材料""周转材料""累计折旧""累计摊销""银行存款"等科目	月末，可将"其他业务成本"科目余额转入"本年利润"科目，结转后"其他业务成本"科目应无余额

（三）税金及附加

税金及附加如表7-8所示。

表7-8 税金及附加

编号	会计科目名称	科目核算内容	特殊规定	明细科目设置	主要账务处理	科目余额反映内容
5403	税金及附加	"税金及附加"科目核算小企业开展日常生产经营活动应负担的消费税、城市维护建设税、资源税、土地增值税、城镇土地使用税、房产税、车船税、印花税和教育费附加、矿产资源补偿费、排污费等相关税费	与最终确认营业外收入或营业外支出相关的税费，在"固定资产清理""无形资产"等科目核算，不在"税金及附加"科目核算	"税金及附加"科目应按照税费种类进行明细核算	小企业按照规定计算确定的与其日常生产经营活动相关的税费，借记"税金及附加"科目，贷记"应交税费"等科目	月末，可将"税金及附加"科目余额转入"本年利润"科目，结转后"税金及附加"科目应无余额

第三节　小企业期间费用的会计处理

一、小企业销售费用

（一）小企业销售费用是小企业在销售商品或提供劳务过程中发生的各种费用

这是区分销售费用与营业成本、管理费用和财务费用的关键所在。销售费用包括：销售人员的职工薪酬、商品维修费、运输费、装卸费、包装费、保险费、广告费、业务宣传费和展览费等。

（二）小企业（批发业、零售业）在购买商品过程中发生的费用

包括运输费、装卸费、包装费、保险费、运输途中的合理损耗和入库前的挑选整理费等。这一规定与《企业会计准则》的规定不同，《企业会计准则》要求这些费用计入所购入商品的成本，在所购入商品未对外销售之前一同构成企业的存货。但是，《企业所得税法》规定这些费用在计算应纳税所得额时企业可以直接计入当期销售费用。因此，《小企业会计准则》为了简化核算，便于小企业执行，减轻纳税调整负担也将这些作为销售费用的组成部分来规定。

（三）其他费用

小企业在实务中如果实际发生了销售佣金、代销手续费、经营性租赁费、销售部门的差旅费等费用也计入销售费用。与《企业所得税法实施条例》第三十条对销售费用的规定相一致。

二、小企业财务费用

（一）财务费用是指小企业为筹集生产经营所需资金发生的筹资费用

财务费用包括：利息费用（减利息收入）、汇兑损失、银行相关手续费、小企业给予的现金折扣（减享受的现金折扣）等费用。

（二）利息费用（减利息收入）、汇兑损失、银行相关手续费计入财务费用的前提不符合《小企业会计准则》第二十八条固定资产所规定的借款费用资本化的条件

（三）财务费用中的利息费用应从以下几个方面来理解

（1）小企业的利息费用既包括小企业向金融企业借款的利息费用，也包括向

非金融企业或个人借款的利息费用。

（2）小企业的利息费用既包括短期借款的利息费用，也包括长期借款的利息费用，还包括小企业将持有的未到期商业汇票向银行贴现支付的贴现利息。

（3）小企业从金融企业或非金融企业取得的利息收入，应冲减当期财务费用。这里的利息收入仅指小企业取得的存款利息收入和欠款利息收入。存款利息是小企业将自有资金存入银行，从而由银行向其定期支付的利息收入。欠款利息是其他企业或个人不能按期履行对小企业支付款项的义务，而使得本来应该属于小企业的资金在一段时间内仍属于有支付款项义务的企业或个人所有而支付的利息收入。对于债券的利息收入应当计入投资收益，而不是冲减财务费用。

（4）最终计入财务费用的利息费用实际上是利息净支出，利息费用扣除利息收入后的净额，一旦出现了利息净收入的情况，也应计入当期财务费用，即冲减财务费用。

（四）财务费用中的银行相关手续费

是指小企业与银行开展中间业务而向银行支付的手续费，如小企业向银行支付承兑汇票的手续费

（五）汇兑损失计入财务费用

如果产生的是汇兑收益，应当计入营业外收入而不是冲减财务费用。

三、小企业管理费用

（一）管理费用是小企业为组织和管理生产经营发生的其他费用

管理费用实际上也是一个兜底概念，小企业发生的费用，在具体界定其类型时，如果不属于营业成本，不属于税金及附加，不属于销售费用，也不属于财务费用，则应全部归为管理费用，从而保证了小企业费用范围的完整性。

（二）管理费用所包括的内容非常广泛，不仅仅指小企业行政管理部门发生的费用

它具体包括以下方面。

（1）小企业在筹建期间内发生的开办费。

（2）行政管理部门发生的费用，包括固定资产折旧费、修理费、办公费、水电费、差旅费、管理人员的职工薪酬等。

（3）业务招待费。

（4）研究费用、技术转让费。

（5）相关长期待摊费用摊销。

（6）财产保险费。

（7）法律、会计事务方面的费用，包括聘请中介机构费、咨询费（含顾问费）、诉讼费。

（8）其他费用。

（三）小企业在筹建期间内发生的开办费

对于小企业在筹建期间内发生的开办费，国家税务总局2009年发布的《国家税务总局关于企业所得税若干税务事项衔接问题的通知》（国税函〔2009〕98号）规定：新税法中开（筹）办费未明确列作长期待摊费用，企业可以在开始经营之日的当年一次性扣除，也可以按照新税法有关长期待摊费用的处理规定处理，但一经选定，不得改变。《小企业会计准则》为了简化核算，同时考虑资产定义的要求，规定小企业在筹建期间内发生的开办费直接作为管理费用，计入筹建当期的管理费用，而不得分期计入管理费用。这样做，一是符合《企业所得税法》的相关规定，二是考虑了资产和费用的概念要求，三是有助于维护小企业债权人利益，四是与企业会计准则保持了一致。

（四）中介机构费

管理费用中的聘请中介机构费是指小企业聘请会计师事务所或资产评估事务所进行查账、验资、资产评估、清账等发生的费用。咨询费是指小企业向有关咨询机构进行生产技术经营管理咨询所支付的费用或支付给其经济顾问、法律顾问、技术顾问的费用。诉讼费是指小企业向人民法院起诉或应诉而支付的费用。

（五）长期待摊费用摊销

管理费用中相关长期待摊费用摊销，是指小企业按照《小企业会计准则》对相关长期待摊费用进行摊销时，计入管理费用的金额。这里强调"相关长期待摊费用摊销"意味着，并非所有长期待摊费用的摊销金额全部计入管理费用。这是因为，《小企业会计准则》第四十三条和第四十四条规定，小企业的长期待摊费用包括：已提足折旧的固定资产的改建支出、经营租入固定资产的改建支出、固定资产大修理支出和其他长期待摊费用等。长期待摊费用应当在其摊销期限内采用年限平均法进行摊销，计入相关资产的成本或管理费用，也就是说，长期待摊费用的摊销额的列支渠道取决于其受益对象，如果受益对象是小企业的生产车间或生产的产品，则其摊销额应计入生产成本或制造费用，如果受益对象是小企业的销售机构，则其摊销额应计入销售费用，如果受益对象是小企业的行政管理部门，则其摊销额应计入管理费用。

第七章 会计准则在小企业成本费用处理中的运用

（六）其他费用

小企业在实务中如果实际发生了行政管理部门的物料消耗和低值易耗品摊销、土地使用费、土地补偿损失费、消防费、绿化费、外事费和商标注册费等费用也计入管理费用。与《企业所得税法实施条例》第三十条对管理费用的规定相一致。

四、记账方式

（一）销售费用

销售费用如表 7-9 所示。

表 7-9 销售费用

编号	会计科目名称	科目核算内容	特殊规定	明细科目设置	主要账务处理	科目余额反映内容
5601	销售费用	"销售费用"科目核算小企业在销售商品或提供劳务过程中发生的各种费用。包括：销售人员的职工薪酬、商品维修费、运输费、装卸费、包装费、保险费、广告费和业务宣传费、展览费等费用	小企业（批发业、零售业）在购买商品过程中发生的费用（包括：运输费、装卸费、包装费、保险费、运输途中的合理损耗和入库前的挑选整理费等），也在"销售费用"科目核算	"销售费用"科目应按照费用项目进行明细核算	小企业在销售商品或提供劳务过程中发生的销售人员的职工薪酬、商品维修费、运输费、装卸费、包装费、保险费、广告费、业务宣传费、展览费等费用，借记"销售费用"科目，贷记"库存现金""银行存款"等科目。小企业（批发业、零售业）在购买商品过程中发生的运输费、装卸费、包装费、保险费、运输途中的合理损耗和入库前的挑选整理费等，借记"销售费用"科目，贷记"库存现金""银行存款""应付账款"等科目	月末，可将"销售费用"科目余额转入"本年利润"科目，结转后"销售费用"科目应无余额

147

（二）财务费用

财务费用如表7-10所示。

表7-10 财务费用

编号	会计科目名称	科目核算内容	特殊规定	明细科目设置	主要账务处理	科目余额反映内容
5603	财务费用	"财务费用"科目核算小企业为筹集生产经营所需资金发生的筹资费用。包括：利息费用（减利息收入）、汇兑损失、银行相关手续费、小企业给予的现金折扣（减享受的现金折扣）等费用	小企业为购建固定资产、无形资产和经过1年期以上的制造才能达到预定可销售状态的存货发生的借款费用，在"在建工程""研发支出""制造费用"等科目核算，不在"财务费用"科目核算。小企业发生的汇兑收益，在"营业外收入"科目核算，不在"财务费用"科目核算	"财务费用"科目应按照费用项目进行明细核算	（一）小企业发生的利息费用、汇兑损失、银行相关手续费、给予的现金折扣等，借记"财务费用"科目，贷记"应付利息""银行存款"等科目；（二）持未到期的商业汇票向银行贴现，应当按照实际收到的金额（即减去贴现息后的净额），借记"银行存款"科目，按照贴现息，借记"财务费用"科目，按照商业汇票的票面金额，贷记"应收票据"科目（银行无追索权情况下）或"短期借款"科目（银行有追索权情况下）；（三）发生的应冲减财务费用的利息收入、享受的现金折扣等，借记"银行存款"等科目，贷记"财务费用"科目	月末，可将"财务费用"科目余额转入"本年利润"科目，结转后"财务费用"科目应无余额

（三）管理费用

管理费用如表7-11所示。

表7-11 管理费用

编号	会计科目名称	科目核算内容	特殊规定	明细科目设置	主要账务处理	科目余额反映内容
5602	管理费用	"管理费用"科目核算小企业为组织和管理生产经营发生的其他费用。包括：小企业在筹建期间内发生的开办费、行政管理部门发生的费用（包括：固定资产折旧费、修理费、办公费、水电费、差旅费、管理人员的职工薪酬等）、业务招待费、研究费用、技术转让费、相关长期待摊费用摊销、财产保险费、聘请中介机构费、咨询费（含顾问费）、诉讼费等费用	小企业（批发业、零售业）管理费用不多的，可不设置"管理费用"科目，"管理费用"科目的核算内容可并入"销售费用"科目核算	"管理费用"科目应按照费用项目进行明细核算	（一）小企业在筹建期间内发生的开办费（包括：相关人员的职工薪酬、办公费、培训费、差旅费、印刷费、注册登记费以及不计入固定资产成本的借款费用等费用），在实际发生时，借记"管理费用"科目，贷记"银行存款"等科目； （二）行政管理部门人员的职工薪酬，借记"管理费用"科目，贷记"应付职工薪酬"科目； （三）行政管理部门计提的固定资产折旧费和发生的修理费，借记"管理费用"科目，贷记"累计折旧""银行存款"等科目； （四）行政管理部门发生的办公费、水电费、差旅费，借记"管理费用"科目，贷记"银行存款"等科目； （五）小企业发生的业务招待费、相关长期待摊费用摊销、技术转让费、财产保险费、聘请中介机构费、咨询费（含顾问费）、诉讼费等，借记"管理费用"科目，贷记"银行存款""长期待摊费用"等科目； （六）小企业自行研究无形资产发生的研究费用，借记"管理费用"科目，贷记"研发支出"科目	月末，可将"管理费用"科目的余额转入"本年利润"科目，结转后"管理费用"科目应无余额

第八章 会计准则在小企业负债处理中的运用

第一节 小企业流动负债的会计处理

一、小企业流动负债

小企业的流动负债,是指预计在1年内或者超过1年的一个正常营业周期内清偿的债务。

小企业流动负债的认定标准只有一条,只需要考虑时间长短和正常营业周期即可。

（一）小企业流动负债的构成

小企业的流动负债包括：短期借款、应付及预收款项、应付职工薪酬、应交税费、应付利息等。

从小企业流动负债对应的主体看,主要包括银行等金融机构、税务机关、发生业务往来的企业、单位以及个人。小企业因融资而产生的流动负债主要为短期借款和应付利息；小企业在生产经营过程中,因购买货物或劳务,应付但尚未付给有关单位和人员的款项,包括应付及预收款项、应付职工薪酬等；小企业按照税法规定,由于发生销售商品和提供劳务等应税行为,承担了向税收机关缴纳企业所得税等税款的现时义务,这些都构成了小企业的流动负债。

（二）小企业流动负债的具体内容

1. 短期借款

从经济意义来看,短期借款这项负债实质上反映了小企业与资金提供者之间短期资金借贷的关系。

2. 应付票据

是指小企业因购买材料、商品和接受劳务供应等日常生产经营活动开出、承兑的商业汇票。在银行承兑汇票方式下,商业汇票应由承兑银行开立存款账户的存款人签发,由银行承兑。在商业承兑汇票方式下,承兑人应为付款人,承兑人对这项债务在一定时期内支付的承诺,作为小企业的一项负债。

3. 应付账款

是指小企业因购买材料、商品或接受劳务等日常生产经营活动应支付的款项。这是买卖双方在购销活动中由于取得物资与支付货款在时间上不一致而产生的负债。

4. 预收账款

是指小企业按照合同规定预收的款项，包括预收的购货款、工程款等。这是买卖双方协议商定，由购货方预先支付货款给供货方而发生的一项负债。预收账款虽然表现为货币资金的增加，但并不是小企业的收入，其实质为一项负债，要求小企业在短期内以某种商品、劳务或服务来了结。

从经济意义上来看，应付票据、应付账款和预收账款这三项负债实质上反映了小企业作为购货方与销货方之间货款结算的关系。

5. 应付职工薪酬

从经济意义来看，应付职工薪酬这项负债实质上反映了小企业与职工之间提供服务和支付报酬的关系。

6. 应交税费

是指小企业按照税法等规定计算应交纳的各种税费，包括增值税、消费税、城市维护建设税、企业所得税、资源税、土地增值税、城镇土地使用税、房产税、车船税和教育费附加、矿产资源补偿费、排污费以及代扣代缴的个人所得税等。

小企业在一定时期内取得的营业收入、实现的利润以及从事了其他应税项目，应按照税法规定向国家交纳各种税金，包括增值税、消费税、城市维护建设税、企业所得税、资源税、土地增值税、城镇土地使用税、房产税、车船税和教育费附加等。按照权责发生制的要求，这些应交的税金应当计入相关科目。这些应交的税金在尚未交纳之前暂留在小企业，形成了小企业的一项负债，构成了小企业的应交税费。

小企业在日常生产经营活动中除了应向国家交纳各种税金外，还应按照国家有关规定交纳各种费，包括矿产资源补偿费、排污费等，实质上也具有税的性质，都是国家依据法定的权力向企业征收的。按照权责发生制的要求，这些应交的费应当计入相关科目。这些应交的费在尚未交纳之前暂留在小企业，形成了小企业的负债，也构成了小企业的应交税费。

从经济意义来看，应交税费这项负债实质上反映了小企业与国家之间纳税和征税的关系。

7. 应付利息

是指小企业按照合同约定应支付的利息费用。即小企业使用了他人的资金只要按照合同约定应负担利息费用，不论是银行等金融机构借款还是向第三方借款，也不论是长期借款还是短期借款，都应当作为应付利息进行核算和管理。

从经济意义来看，应付利息这项负债实质上反映了小企业与资金提供者之间由资金借贷所产生资金成本承担和支付的关系。

8. 应付利润

是指小企业向投资者分配的利润。

小企业根据相关法律法规等的规定或根据投资协议或合同约定应向投资者分配利润，在未支付给投资者之前，形成了小企业的一项负债。

应付利润与应付利息的区别在于：应付利润是针对投资者而言，其来源是小企业实现的净利润；应付利息是针对债权人而言，其来源是小企业实现的营业利润。

从经济意义来看，应付利润这项负债实质上反映了小企业与投资者之间分配和取得投资回报的关系。

9. 其他应付款

是指小企业除应付账款、预收账款、应付职工薪酬、应交税费、应付利息、应付利润等以外的其他各项应付、暂收的款项，如应付租入固定资产和包装物的租金、存入保证金等。也就是说，其他应付款实质上是小企业流动负债中的一个兜底会计科目和报表项目，只要归不到上述8项负债的其他流动负债，即全部作为其他应付款进行核算和管理。

从经济意义来看，其他应付款这项负债实质上反映了小企业与除资金提供者、销货方、国家、投资者以外的其他方之间发生的结算关系。

（三）小企业流动负债的计量原则

小企业各项流动负债应当按照其实际发生额入账，即小企业所发生的流动负债，不需要考虑时间价值因素和市价因素，只需按照实际发生额入账。小企业的流动负债一旦入账，在流动负债的存续期间不允许按照市价或其他公允价值进行调整。

（四）记账方式

1. 应付票据

应付票据如表8-1所示。

表8-1 应付票据

编号	会计科目名称	科目核算内容	明细科目设置	主要账务处理	科目余额反映内容	备注
2201	应付票据	"应付票据"科目核算小企业因购买材料、商品和接受劳务等日常生产经营活动开出、承兑的商业汇票（银行承兑汇票和商业承兑汇票）	"应付票据"科目应按照债权人进行明细核算	（一）小企业开出、承兑商业汇票或以承兑商业汇票抵付货款、应付账款等，借记"材料采购"或"在途物资""库存商品"等科目，贷记"应付票据"科目。涉及增值税进项税额的，还应进行相应的账务处理； （二）支付银行承兑汇票的手续费，借记"财务费用"科目，贷记"银行存款"科目。支付票款，借记"应付票据"科目，贷记"银行存款"科目； （三）银行承兑汇票到期，小企业无力支付票款的，按照银行承兑汇票的票面金额，借记"应付票据"科目，贷记"短期借款"科目	"应付票据"科目期末贷方余额，反映小企业开出、承兑的尚未到期的商业汇票的票面金额	小企业应当设置"应付票据备查簿"，详细登记商业汇票的种类、号数和出票日期、到期日、票面金额、交易合同号和收款人姓名或单位名称以及付款日期和金额等资料，商业汇票到期结清票款后，在备查簿中应予注销

2.应付账款

应付账款如表8-2所示。

表 8-2 应付账款

编号	会计科目名称	科目核算内容	明细科目设置	主要账务处理	科目余额反映内容
2202	应付账款	"应付账款"科目核算小企业因购买材料、商品和接受劳务等日常生产经营活动应支付的款项	"应付账款"科目应按照对方单位（或个人）进行明细核算	（一）小企业购入材料、商品等未验收入库，货款尚未支付，应当根据有关凭证（发票账单、随货同行发票上记载的实际价款或暂估价值），借记"在途物资"科目，按照可抵扣的增值税进项税额，借记"应交税费——应交增值税（进项税额）"科目，按照应付的价款，贷记"应付账款"科目。接受供应单位提供劳务而发生的应付未付款项，应当根据供应单位的发票账单，借记"生产成本""管理费用"等科目，贷记"应付账款"科目； （二）偿付应付账款，借记"应付账款"科目，贷记"银行存款"等科目。小企业确实无法偿付的应付账款，借记"应付账款"科目，贷记"营业外收入"科目	"应付账款"科目期末贷方余额，反映小企业尚未支付的应付账款

3. 预收账款

预收账款如表 8-3 所示。

表 8-3 预收账款

编号	会计科目名称	科目核算内容	特殊规定	明细科目设置	主要账务处理	科目余额反映内容
2203	预收账款	"预收账款"科目核算小企业按照合同规定预收的款项。包括：预收的购货款、工程款等	预收账款情况不多的，也可以不设置"预收账款"科目，将预收的款项直接记入"应收账款"科目	"预收账款"科目应按照对方单位（或个人）进行明细核算	（一）小企业向购货单位预收的款项，借记"银行存款"等科目，贷记"预收账款"科目； （二）销售收入实现时，按照实现的收入金额，借记"预收账款"科目，贷记"主营业务收入"科目。涉及增值税销项税额的，还应进行相应的账务处理	"预收账款"科目期末贷方余额，反映小企业预收的款项；期末如为借方余额，反映小企业尚未转销的款项

4.应付利息

应付利息如表8-4所示。

表8-4 应付利息

编号	会计科目名称	科目核算内容	明细科目设置	主要账务处理	科目余额反映内容
2231	应付利息	"应付利息"科目核算小企业按照合同约定应支付的利息费用	"应付利息"科目应按照贷款人等进行明细核算	(一)在应付利息日,小企业应当按照合同利率计算确定的利息费用,借记"财务费用""在建工程"等科目,贷记"应付利息"科目; (二)实际支付的利息,借记"应付利息"科目,贷记"银行存款"等科目	"应付利息"科目期末贷方余额,反映小企业应付未付的利息费用

5.应付利润

应付利润如表8-5所示。

表8-5 应付利润

编号	会计科目名称	科目核算内容	明细科目设置	主要账务处理	科目余额反映内容
2232	应付利润	"应付利润"科目核算小企业向投资者分配的利润	"应付利润"科目应按照投资者进行明细核算	(一)小企业根据规定或协议确定的应分配给投资者的利润,借记"利润分配"科目,贷记"应付利润"科目; (二)向投资者实际支付利润,借记"应付利润"科目,贷记"库存现金""银行存款"科目	"应付利润"科目期末贷方余额,反映小企业应付未付的利润

6.其他应付款

其他应付款如表8-6所示。

表 8-6　其他应付款

编号	会计科目名称	科目核算内容	明细科目设置	主要账务处理	科目余额反映内容
2241	其他应付款	"其他应付款"科目核算小企业除应付账款、预收账款、应付职工薪酬、应交税费、应付利息、应付利润等以外的其他各项应付、暂收的款项，如应付租入固定资产和包装物的租金、存入保证金等	"其他应付款"科目应按照其他应付款的项目和对方单位（或个人）进行明细核算	（一）小企业发生的其他各种应付、暂收款项，借记"管理费用"等科目，贷记"其他应付款"科目；（二）支付的其他各种应付、暂收款项，借记"其应付款"科目，贷记"银行存款"等科目。小企业无法支付的其他应付款，借记"其他应付款"科目，贷记"营业外收入"科目	"其他应付款"科目期末贷方余额，反映小企业应付未付的其他应付款项

二、小企业短期借款

短期借款，是指小企业向银行或其他金融机构等借入的期限在 1 年内的各种借款。

（一）小企业短期借款的基本特征

1. 其债权人不仅包括银行，还包括其他金融机构，如小额贷款公司等。如果在实务中，小企业存在向第三方（如个人）借入的款项并且应负担利息费用，也视同短期借款进行会计处理，但如果期限超 1 年，则应视同长期借款进行会计处理。

2. 借款期限较短，为 1 年以内（含 1 年）。

3. 不仅应偿还借款本金，根据货币时间价值，还应支付相应的利息费用。

4. 短期借款不仅包括人民币借款，还包括外币借款。

小企业通常利用短期借款解决流动资金周转的问题，短期借款应当按照借款本金和借款合同利率在应付利息日计提利息费用，计入财务费用。

（二）记账方式

短期借款如表 8-7 所示。

表 8-7 短期借款

编号	会计科目名称	科目核算内容	明细科目设置	主要账务处理	科目余额反映内容
2001	短期借款	"短期借款"科目核算小企业向银行或其他金融机构等借入的期限在1年内的各种借款	"短期借款"科目应按照借款类、贷款人和币种进行明细核算	（一）小企业借入的各种短期借款，借记"银行存款"科目，贷记"短期借款"科目；偿还借款，做相反的会计分录。银行承兑汇票到期，小企业无力支付票款的，按照银行承兑汇票的票面金额，借记"应付票据"科目，贷记"短期借款"科目。持未到期的商业汇票向银行贴现，应当按照实际收到的金额（即减去贴现息后的净额），借记"银行存款"科目，按照贴现息，借记"财务费用"科目，按照商业汇票的票面金额，贷记"应收票据"科目（银行无追索权情况下）或"短期借款"科目（银行有追索权情况下）； （二）在应付利息日，应当按照短期借款合同利率计算确定的利息费用，借记"财务费用"科目，贷记"应付利息"等科目	"短期借款"科目期末贷方余额，反映小企业尚未偿还的短期借款本金

三、小企业应付职工薪酬

（一）小企业应付职工薪酬的概念

应付职工薪酬，是指小企业为获得职工提供的服务而应付给职工的各种形式的报酬以及其他相关支出。

从性质上，凡是小企业为获得职工提供的服务而给予或付出的各种形式的对价，都构成职工薪酬，作为一种耗费构成人工成本，与这些服务产生的经济利益相匹配。与此同时，小企业与职工之间因职工提供服务形成的关系，大多数构成小企业的现时义务，将导致小企业未来经济利益的流出，从而形成小企业的一项负债。

1. 职工

职工是指与小企业订立劳动合同的所有人员，含全职、兼职和临时职工。按照《劳动法》和《劳动合同法》的规定，小企业作为用人单位与劳动者应当订立劳动合同，因此小企业的职工包括与小企业订立了固定期限、无固定期限和以完成一定的工作为期限的劳动合同的所有人员。

2.职工提供的服务

职工提供的服务是指职工在小企业内部所从事的具体工作和岗位，即职工为小企业提供的服务是通过从事具体工作和岗位来体现和实现的。具体工作和岗位包括：生产产品、销售产品或商品、对外提供劳务、管理生产经营活动、建造固定资产、自行研发无形资产等。

3.报酬的表现形式

货币和非货币两种形式。

（二）小企业职工薪酬的构成

小企业的职工薪酬包括：

（1）职工工资、奖金、津贴和补贴；

（2）职工福利费；

（3）医疗保险费、养老保险费、失业保险费、工伤保险费和生育保险费等社会保险费；

（4）住房公积金；

（5）工会经费和职工教育经费；

（6）非货币性福利；

（7）因解除与职工的劳动关系给予的补偿；

（8）其他与获得职工提供的服务相关的支出等；

小企业应当确保人工成本核算的完整性和准确性。《小企业会计准则》规定的职工薪酬主要包括以下内容。

1.职工工资、奖金、津贴和补贴

其中，工资是指计时工资和计件工资。计时工资，是指按计时工资标准和工作时间支付给职工的劳动报酬。计件工资，是指对已做工作按计件单价支付的劳动报酬。

奖金，是指支付给职工的超额劳动报酬和增收节支的劳动报酬，如生产奖，包括超产奖、质量奖、安全奖、考核各项经济指标的综合奖、年终奖、劳动分红等，又如劳动竞赛奖，包括发给劳动模范、先进个人的各种奖金和实物奖励等。

津贴和补贴，是指为了补偿职工特殊或额外的劳动消耗和因其他特殊原因支付给职工的津贴，以及为了保证职工工资水平不受物价影响支付的物价补贴，包括补偿职工特殊或额外劳动消耗的津贴（如高空津贴、井下津贴等）、保健津贴、技术性津贴、工龄津贴及其他津贴（如直接支付的伙食津贴、合同制职工工资性补贴及书报费等）。

需要注意的是，根据国家法律、法规和政策规定，因病、工伤、产假、计划生育、婚丧假、探亲假、事假、定期休假、停工学习、执行国家和社会义务等原因应支付的工资也包括在内。

2. 职工福利费

主要包括职工因公负伤赴外地就医路费、职工生活困难补助、未实行医疗统筹小企业职工医疗费用，以及按规定发生的其他职工福利支出。

3. 医疗保险费、养老保险费、失业保险费、工伤保险费和生育保险费等社会保险费

指小企业按照国务院、各地方人民政府规定的基准和比例计算，向社会保险经办机构缴纳的医疗保险费、养老保险费、失业保险费、工伤保险费和生育保险费，即通常所讲的"五险"。

我国养老保险主要分为三个层次：第一层次是社会统筹与职工个人账户相结合的基本养老保险，第二层次是企业补充养老保险，第三层次是个人储蓄性养老保险。但是，第三层次属于职工的个人行为，与小企业无关，不属于职工薪酬的范畴。

（1）基本养老保险制度

根据我国养老保险制度相关规定，小企业为职工缴纳基本养老保险费的比例，一般不得超过小企业工资总额的20%（包括划入个人账户的部分），具体比例由省、自治区、直辖市人民政府确定。

从我国企业基本养老保险制度下企业缴费和职工养老保险待遇的计算和发放方法来看，职工基本养老保险费小企业缴费的金额，与职工退休时能够享受的养老保险待遇是两种计算方法，职工养老保险待遇即受益水平与小企业在职工提供服务各期的缴费水平不直接挂钩，小企业承担的义务仅限于按照规定标准提存的金额。小企业为职工建立的除基本养老保险以外的其他社会保险如医疗保险、失业保险、工伤保险和生育保险，也是根据国家相关规定，由社会保险经办机构负责收缴、发放和保值增值，小企业承担的义务亦仅限于按照小企业所在地人民政府等规定的标准。

（2）补充养老保险制度

为建立多层次的养老保险制度，更好地保障企业职工退休后的生活，依法参加基本养老保险并履行缴费义务、具有相应的经济负担能力并已建立集体协商机制的企业，经有关部门批准，可申请建立企业年金。企业年金是企业及其职工在依法参加基本养老保险的基础上，自愿建立的补充养老保险制度。根据国家有关规定，企业建立年金所需资金由企业和职工个人共同缴纳，其中企业缴费每年不超过本企业上年度职工工资总额的1/12，企业和职工个人缴费合计一般不超过本企业上年度职工工资总额的1/6。

4. 住房公积金

指小企业按照国家规定的基准和比例计算，向住房公积金管理机构缴存的住房公积金。

5. 工会经费和职工教育经费

指小企业根据《工会法》的规定，为了改善职工文化生活、为职工学习先进技术、提高文化水平和业务素质，用于开展工会活动和职工教育及职业技能培训等相关支出。

6. 非货币性福利

指小企业以自己的产品或外购商品作为福利发放给职工等。小企业向职工发放非货币性福利，应当按照下列规定会计处理。

小企业如果将自己生产的产品作为非货币性福利发放给职工，应当视同销售并作为对应付职工薪酬的结算进行会计处理。即应当按照该产品的销售价格，冲减应付职工薪酬，并贷记"主营业务收入"科目，同时结转产成品的成本，如果涉及增值税销项税额，还应贷记"应交税费——应交增值税（销项税额）"科目。

小企业如果以外购商品作为福利发放给职工，也应当按照上述以自产产品作为福利发放的规定进行会计处理。

需要注意的是，小企业无论是以自产产品还是外购商品作为福利发放给职工，在进行账务处理时，都应当先通过"应付职工薪酬"科目归集当期应计入生产成本或当期损益的职工薪酬金额，以确定完整准确的小企业人工成本金额。

7. 因解除与职工的劳动关系给予的补偿

指小企业在职工劳动合同尚未到期之前解除与职工的劳动关系等情况下，根据国家有关规定给予职工的经济补偿，即辞退福利。

8. 其他与获得职工提供的服务相关的支出

指除上述7种薪酬以外的其他为获得职工提供的服务而给予的薪酬，这实际上是一个兜底条款，是为了使小企业职工薪酬的构成内容完整和全面。

（三）小企业职工薪酬分配

小企业根据相关规定发生的各种职工薪酬应进行合理分配。

小企业应当在职工为其提供服务的会计期间，将应付的职工薪酬确认为负债，并根据职工提供服务的受益对象，分别下列情况进行会计处理。

（1）应由生产产品、提供劳务负担的职工薪酬，计入产品成本或劳务成本。

（2）应由在建工程、无形资产开发项目负担的职工薪酬，计入固定资产成本或无形资产成本。

（3）其他职工薪酬（含因解除与职工的劳动关系给予的补偿），计入当期损益。

1. 小企业职工薪酬分配的基本原则

小企业应当在职工为其提供服务的会计期间，按照职工所处的"岗位"而不是"身份"进行分配。在实际应用时，应把握以下两点。

（1）分配的期间。职工为企业提供服务的会计期间，通常是按月来确定。也就是说，小企业既不能提前（例如，职工还没有为企业提供服务），也不能推后（例如，职工已经为企业提供了服务）确认职工薪酬。

（2）受益对象。职工为小企业提供服务所实现的工作成果，例如生产的产品、销售的产品或商品、对外提供的劳务、所管理的生产经营活动、建造的固定资产、自行研发的无形资产等。

2. 应由生产产品、提供劳务负担的职工薪酬计入产品成本或劳务成本

小企业在生产产品、提供劳务过程中，直接从事产品生产的工人以及生产车间管理人员和直接提供劳务的人员发生的职工薪酬，作为直接人工成本计入生产成本或劳务成本，即构成存货成本。在具体进行账务处理时，小企业在生产产品、提供劳务过程中生产车间管理人员发生的职工薪酬，先通过"制造费用"科目进行归集，月末再分配结转至"生产成本"科目。

3. 应由在建工程负担的职工薪酬计入固定资产成本

小企业自行建造固定资产过程中，直接从事工程建造和管理的人员发生的职工薪酬，只要是在竣工决算前发生的，就应当计入建造固定资产成本；在竣工决算后发生的，应当计入管理费用。在具体进行账务处理时，小企业自行建造固定资产过程中直接从事工程建造和管理的人员发生的职工薪酬，先通过"在建工程"科目进行归集，在办理竣工决算手续后再结转至"固定资产"科目。

4. 应由无形资产开发项目负担的职工薪酬计入无形资产成本

小企业自行开发无形资产过程中，直接从事开发项目的人员发生的职工薪酬，只要符合资本化条件，就应当计入所开发无形资产成本，但是不符合资本化条件的，应当计入管理费用。在具体进行账务处理时，小企业自行开发无形资产过程中直接从事开发项目的人员发生的职工薪酬，先通过"研发支出"科目进行归集，在达到预定用途时再结转至"无形资产"科目。

除直接生产人员、直接提供劳务人员、生产车间管理人员、建造固定资产人员、无形资产开发人员等以外的职工，包括小企业行政管理部门人员的职工薪酬，以及难以确定直接对应的受益对象的人员的职工薪酬，例如因解除与职工的劳动关系给予的补偿，均应当在发生时计入当期损益，即管理费用。

（四）记账方式

应付职工薪酬如表8-8所示。

表8-8 应付职工薪酬

编号	会计科目名称	科目核算内容	特殊规定	明细科目设置	主要账务处理	科目余额反映内容
2211	应付职工薪酬	"应付职工薪酬"科目核算小企业根据有关规定应付给职工的各种薪酬	小企业（外商投资）按照规定从净利润中提取的职工奖励及福利基金，也通过"应付职工薪酬"科目核算	"应付职工薪酬"科目应按照"职工工资""奖金、津贴和补贴""职工福利费""社会保险费""住房公积金""工会经费""职工教育经费""非货币性福利""辞退福利"等进行明细核算	（一）月末，小企业应当将本月发生的职工薪酬区分以下情况进行分配： 1.生产部门（提供劳务）人员的职工薪酬，借记"生产成本""制造费用"等科目，贷记"应付职工薪酬"科目； 2.应由在建工程、无形资产开发项目负担的职工薪酬，借记"在建工程""研发支出"等科目，贷记"应付职工薪酬"科目； 3.管理部门人员的职工薪酬和因解除与职工的劳动关系给予的补偿，借记"管理费用"科目，贷记"应付职工薪酬"科目； 4.销售人员的职工薪酬，借记"销售费用"科目，贷记"应付职工薪酬"科目 （二）小企业发放职工薪酬应当区分以下情况进行处理： 1.向职工支付工资、奖金、津贴、福利费等，从应付职工薪酬中扣还的各种款项（代垫的家属药费、个人所得税等）等，借记"应付职工薪酬"科目，贷记"库存现金""银行存款""其他应收款""应交税费——应交个人所得税"等科目； 2.支付工会经费和职工教育经费用于工会活动和职工培训，借记"应付职工薪酬"科目，贷记"银行存款"等科目； 3.按照国家有关规定缴纳的社会保险费和住房公积金，借记"应付职工薪酬"科目，贷记"银行存款"科目； 4.以其自产产品发放给职工的，按照其销售价格，借记"应付职工薪酬"科目，贷记"主营业务收入"科目；同时，还应结转产成品的成本。涉及增值税销项税额的，还应进行相应的账务处理； 5.支付的因解除与职工的劳动关系给予职工的补偿，借记"应付职工薪酬"科目，贷记"库存现金""银行存款"等科目	"应付职工薪酬"科目期末贷方余额，反映小企业应付未付的职工薪酬

四、小企业应交税费

小企业的应交税费包括：增值税、消费税、城市维护建设税、企业所得税、资源税、土地增值税、城镇土地使用税、房产税、车船税和教育费附加、矿产资源补偿费、排污费以及代扣代缴的个人所得税等。

（一）小企业应交增值税的账务处理

1. 应设置的专栏

小企业应当在"应交增值税"明细科目中分别设置"进项税额""销项税额""出口退税""进项税额转出""已交税金"等应交增值税专栏。但是，小规模纳税人只需设置"应交增值税"明细科目，不需要在"应交增值税"明细科目中设置上述专栏。

2. 采购物资发生的增值税进项税额

小企业采购物资等（包括原材料、机器设备等），按照应计入采购成本的金额，借记"材料采购"或"在途物资""原材料""库存商品"等科目，按照税法规定可抵扣的增值税额，借记"应交税费——应交增值税（进项税额）"科目，按照应付或实际支付的金额，贷记"应付账款""银行存款"等科目。购入物资发生退货，做相反的会计分录。

购进免税农业产品，按照购入农业产品的买价和税法规定的税率计算的增值税进项税额，借记"应交税费——应交增值税（进项税额）"科目，按照买价减去按照税法规定计算的进项税额后的金额，借记"材料采购"或"在途物资"等科目，按照应付或实际支付的价款，贷记"应付账款""库存现金""银行存款"等科目。

3. 销售商品发生的增值税销项税额

（1）小企业销售商品（提供劳务），按照收入金额和应收取的增值税额销项税额，借记"应收账款""银行存款"等科目，按照税法规定应交纳的增值税销项税额，贷记"应交税费——应交增值税（销项税额）"科目，按照确认的营业收入金额，贷记"主营业务收入""其他业务收入"等科目。发生销售退回，做相反的会计分录。

（2）小企业随同商品出售但单独计价的包装物，应当按照实际收到或应收的金额，借记"银行存款""应收账款"等科目，按照税法规定应交纳的增值税销项税额，贷记"应交税费——应交增值税（销项税额）"科目，按照确认的其他业务收入金额，贷记"其他业务收入"科目。

（3）小企业将自产的产品等（包括所购商品）用作福利发放给职工，应视同产品销售计算应交增值税的，借记"应付职工薪酬"科目，贷记"主营业务收入""应交税费——应交增值税（销项税额）"等科目。

（4）由于工程而使用本企业的产品或商品，应当按照成本，借记"在建工程"科目，贷记"库存商品"科目。同时，按照税法规定应交纳的增值税销项税额，借记"在建工程"科目，贷记"应交税费——应交增值税（销项税额）"科目。

4. 出口产品或商品退回的增值税

（1）实行"免、抵、退"管理办法的小企业，按照税法规定计算的当期出口产品不予免征、抵扣和退税的增值税额，借记"主营业务成本"科目，贷记"应交税费——应交增值税（进项税额转出）"科目。按照税法规定计算的当期应予抵扣的增值税额，借记"应交税费——应交增值税（出口抵减内销产品应纳税额）"科目，贷记"应交税费——应交增值税（出口退税）"科目。

出口产品按照税法规定应予退回的增值税款，借记"其他应收款"科目，贷记"应交税费——应交增值税（出口退税）"、科目。

（2）未实行"免、抵、退"管理办法的小企业，出口产品实现销售收入时，应当按照应收的金额，借记"应收账款"等科目，按照税法规定应收的出口退税，借记"其他应收款"科目，按照税法规定不予退回的增值税额，借记"主营业务成本"科目，按照确认的销售商品收入，贷记"主营业务收入"科目，按照税法规定应交纳的增值税额，贷记"应交税费——应交增值税（销项税额）"科目。

5. 不得从增值税销项税额中抵扣的进项税额

（1）小企业购入材料等（包括机器设备）按照税法规定不得从增值税销项税额中抵扣的进项税额，其进项税额应计入材料等（包括机器设备）的成本，借记"材料采购"或"在途物资""在建工程""固定资产"等科目，贷记"银行存款"等科目。

（2）小企业购进的物资、在产品、产成品因盘亏、毁损、报废、被盗，以及购进物资改变用途等原因按照税法规定不得从增值税销项税额中抵扣的进项税额，其进项税额应转入有关科目，借记"待处理财产损溢"等科目，贷记"应交税费——应交增值税（进项税额转出）"科目。

6. 交纳增值税

小企业交纳的增值税，借记"应交税费——应交增值税（已交税金）"科目，贷记"银行存款"科目。

（二）小企业应交消费税的账务处理

（1）小企业销售需要交纳消费税的物资应交的消费税，借记"税金及附加"等科目，贷记"应交税费——应交消费税"科目。

（2）小企业以生产的产品用于在建工程、非生产机构等，按照税法规定应交纳的消费税，借记"在建工程""管理费用"等科目，贷记"应交税费——应交消费税"科目。

小企业随同商品出售但单独计价的包装物，按照税法规定应交纳的消费税，借记"税金及附加"科目，贷记"应交税费——应交消费税"科目。小企业出租、出借包装物逾期未收回没收的押金应交的消费税，借记"税金及附加"科目，贷记"应交税费——应交消费税"科目。

（3）小企业需要交纳消费税的委托加工物资，由受托方代收代缴税款（除受托加工或翻新改制金银首饰按照税法规定由受托方交纳消费税外）。小企业（作为受托方）按照应交税款金额，借记"应收账款""银行存款"等科目，贷记"应交税费——应交消费税"科目。

委托加工物资收回后，直接用于销售的，小企业（作为委托方）应将代收代缴的消费税计入委托加工物资的成本，借记"库存商品"等科目，贷记"应付账款""银行存款"等科目；委托加工物资收回后用于连续生产，按照税法规定准予抵扣的，按照代收代缴的消费税，借记"应交税费——应交消费税"科目，贷记"应付账款""银行存款"等科目。

（4）有金银首饰零售业务的以及采用以旧换新方式销售金银首饰的小企业，在营业收入实现时，按照应交的消费税，借记"税金及附加"科目，贷记"应交税费——应交消费税"科目。有金银首饰零售业务的小企业因受托代销金银首饰按照税法规定应交纳的消费税，借记"税金及附加"科目，贷记"应交税费——应交消费税"科目。以其他方式代销金银首饰的，其交纳的消费税，借记"税金及附加"科目，贷记"应交税费——应交消费税"科目。

有金银首饰批发、零售业务的小企业将金银首饰用于馈赠、赞助、广告、职工福利、奖励等方面的，应于物资移送时，按照应交的消费税，借记"营业外支出""销售费用""应付职工薪酬"等科目，贷记"应交税费——应交消费税"科目。

随同金银首饰出售但单独计价的包装物，按照税法规定应交纳的消费税，借记"税金及附加"科目，贷记"应交税费——应交消费税"科目。

小企业因受托加工或翻新改制金银首饰按照税法规定应交纳的消费税，于向委托方交货时，借记"税金及附加"科目，贷记"应交税费——应交消费税"科目。

（5）需要交纳消费税的进口物资，其交纳的消费税应计入该项物资的成本，借记"材料采购"或"在途物资""库存商品""固定资产"等科目，贷记"银行存款"等科目。

（6）小企业（生产性）直接出口或通过外贸企业出口的物资，按照税法规定直接予以免征消费税的，可不计算应交消费税。

（7）小企业交纳的消费税，借记"应交税费——应交消费税"科目，贷记"银行存款"科目。

（三）小企业应交城市维护建设税和教育费附加的账务处理

（1）小企业按照税法规定应交的城市维护建设税、教育费附加，借记"税金及附加"科目，贷记"应交税费——应交城市维护建设税""应交税费——应交教育费附加"科目。

（2）小企业交纳的城市维护建设税和教育费附加，借记"应交税费——应交城市维护建设税""应交税费——应交教育费附加"科目，贷记"银行存款"科目。

（四）小企业应交企业所得税的账务处理

（1）小企业按照税法规定应交的企业所得税，借记"所得税费用"科目，贷记"应交税费——应交企业所得税"科目。

（2）小企业交纳的企业所得税，借记"应交税费——应交企业所得税"科目，贷记"银行存款"科目。

（五）小企业应交资源税的账务处理

（1）小企业销售商品按照税法规定应交纳的资源税，借记"税金及附加"科目，贷记"应交税费——应交资源税"科目。

（2）小企业自产自用的物资应交纳的资源税，借记"生产成本"科目，贷记"应交税费——应交资源税"科目。

（3）小企业收购未税矿产品，按照实际支付的价款，借记"材料采购"或"在途物资"等科目，贷记"银行存款"等科目；按照代扣代缴的资源税，借记"材料采购"或"在途物资"等科目，贷记"应交税费——应交资源税"科目。

（4）小企业外购液体盐加工固体盐：在购入液体盐时，按照税法规定所允许抵扣的资源税，借记"应交税费——应交资源税"科目，按照购买价款减去允许抵扣的资源税后的金额，借记"材料采购"或"在途物资""原材料"等科目，按照应支付的购买价款，贷记"银行存款""应付账款"等科目；加工成固体盐后，在销售时，按照销售固体盐应交纳的资源税，借记"税金及附加"科目，贷记"应交税费——应交资源税"科目；将销售固体盐应交资源税抵扣液体盐已交资源税后的差额上交时，借记"应交税费——应交资源税"科目，贷记"银行存款"科目。

（5）小企业交纳的资源税，借记"应交税费——应交资源税"科目，贷记"银行存款"科目。

（六）小企业应交土地增值税的账务处理

（1）小企业转让土地使用权应交纳的土地增值税，土地使用权与地上建筑物及其附着物一并在"固定资产"科目核算的，借记"固定资产清理"科目，贷记"应交税费——应交土地增值税"科目。

土地使用权在"无形资产"科目核算的，按照实际收到的金额，借记"银行存款"科目，按照应交纳的土地增值税，贷记"应交税费——应交土地增值税"科目，按照已计提的累计摊销，借记"累计摊销"科目，按照其成本，贷记"无形资产"科目，按照其差额，贷记"营业外收入——非流动资产处置净收益"科目或借记"营业外支出——非流动资产处置净损失"科目。

（2）小企业（房地产开发经营）销售房地产应交纳的土地增值税，借记"税金及附加"科目，贷记"应交税费——应交土地增值税"科目。

（3）小企业交纳的土地增值税，借记"应交税费——应交土地增值税"科目，贷记"银行存款"科目。

（七）小企业应交城镇土地使用税、房产税、车船税、矿产资源补偿费、排污费的账务处理

（1）小企业按照规定应交纳的城镇土地使用税、房产税、车船税、矿产资源补偿费、排污费，借记"税金及附加"科目，贷记"应交税费——应交城镇土地使用税""应交税费——应交房产税""应交税费——应交车船税""应交税费——应交矿产资源补偿费""应交税费——应交排污费"科目。

（2）小企业交纳的城镇土地使用税、房产税、车船税、矿产资源补偿费、排污费，借记"应交税费——应交城镇土地使用税""应交税费——应交房产税""应交税费——应交车船税""应交税费——应交矿产资源补偿费""应交税费——应交排污费"科目，贷记"银行存款"科目。

（八）小企业应交个人所得税的账务处理

（1）小企业按照税法规定应代扣代缴的职工个人所得税，借记"应付职工薪酬"科目，贷记"应交税费——应交个人所得税"科目。

（2）小企业交纳的个人所得税，借记"应交税费——应交个人所得税"科目，贷记"银行存款"科目。

（九）小企业先征后返的企业所得税、增值税、消费税

小企业按照规定实行企业所得税、增值税、消费税等先征后返的，应当在实际收到返还的企业所得税、增值税（不含出口退税）、消费税等时，借记"银行存款"科目，贷记"营业外收入"科目。

（十）记账方式

应交税费如表8-9所示。

表8-9 应交税费

编号	会计科目名称	科目核算内容	特殊规定	明细科目设置	主要账务处理	科目余额反映内容
2221	应交税费	"应交税费"科目核算小企业按照税法等规定计算应交纳的各种税费,包括:增值税、消费税、城市维护建设税、企业所得税、资源税、土地增值税、城镇土地使用税、房产税、车船税和教育费附加、矿产资源补偿费、排污费等	小企业代扣代缴的个人所得税等也通过"应交税费"科目核算	"应交税费"科目应按应交的税费项目进行明细核算。应交增值税还应当分别设置"进项税额""销项税额""出口退税""进项税额转出""已交税金"等专栏。小规模纳税人只需设置"应交增值税"明细科目,不需要在"应交增值税"明细科目中设置上述专栏	1. 小企业采购物资等,按照应计入采购成本的金额,借记"原材料""库存商品""在途物资"等科目,按照税法规定可抵扣的增值税进项税额,借记"应交税费——进项税额"等科目,按照应付或实际支付的金额,贷记"应付账款""银行存款"等科目。购进免税农业产品,按照购入农业产品的买价和税法规定的扣除率计算的增值税进项税额,借记"应交税费——进项税额"科目,按照购入农业产品的买价减去按照税法规定计算的增值税进项税额后的金额,借记"材料采购"或"在途物资""库存商品"等科目,按照应付或实际支付的价款,贷记"应付账款""库存现金"或"银行存款"等科目 2. 销售商品、提供劳务,按照收入金额和应收取的增值税销项税额,借记"应收账款""银行存款"等科目,按照税法规定应交纳的增值税销项税额,贷记"应交税费——销项税额",按照确认的营业收入金额,贷记"主营业务收入""其他业务收入"等科目。发生销售退回的,做相反的会计分录。 (一)应交增值税的主要账务处理 1. 有出口产品的小企业,其出口退税的账务处理如下 (1) 实行"免、抵、退"管理办法的小企业,按照税法规定计算的当期出口产品不予免征、抵扣和退税的增值税额,借记"主营业务成本"科目,贷记"应交税费——进项税额转出"。按照税法规定计算的当期应予抵扣的税额,借记"应交税费——出口抵减内销产品应纳税额",贷记"应交税费——出口退税"科目。出口产品按照规定应予退回的税款,借记"其他应收款"科目,贷记"应交税费——出口退税"科目;	"应交税费"科目期末贷方余额,反映小企业尚未交纳的税费,期末如为借方余额,反映小企业多交或尚未抵扣的税费

第八章 会计准则在小企业负债处理中的运用

续表

编号	会计科目名称	科目核算内容	特殊规定	明细科目设置	主要账务处理	科目余额反映内容
					(2) 未实行"免、抵、退"管理办法的小企业，出口产品实现销售收入时，应当按照应收的金额，借记"应收账款"等科目，按照税法规定不予退回的出口退税，借记"其他应收款"科目，按照税法规定不予退回的增值税额，借记"主营业务成本"科目，按照确认的销售商品收入，贷记"主营业务收入"科目，按照税法规定应交纳的增值税额，贷记"应交税费（应交增值税——销项税额）" 2. 购入材料等按照税法规定不得从增值税销项税额中抵扣的进项税额的，其进项税额应计入材料等的成本，不通过"应交税费"科目核算 3. 将自产的产品等用作福利发放给职工，应视同产品销售计算应交增值税的，借记"应付职工薪酬"等科目，贷记"主营业务收入"或"应交税费"科目（应交增值税——销项税额） 4. 购进的物资、在产品、产成品因盘亏、毁损、报废、被盗，以及购进物资改变用途原因按税法规定不得从增值税销项税额中抵扣的进项税额，其进项税额应当转入有关科目，借记"待处理财产损溢"等科目，贷记"应交税费——进项税额转出"科目。由于工程而使用本企业的产品或商品，应按照税法规定应交纳的增值税销项税额，借记"在建工程"科目，贷记"库存商品"科目。同时，按照税法规定应交纳的增值税销项税额，借记"在建工程"科目，贷记"应交税费（应交增值税——销项税额）"科目 5. 交纳的增值税，借记"应交税费（应交增值税——已交税金）"科目，贷记"银行存款"科目 (二) 应交消费税的主要账务处理 1. 销售需要交纳消费税的物资按应交纳的消费税，借记"税金及附加"等科目，贷记"应交税费（应交消费税）"科目	

169

续表

编号	会计科目名称	科目核算内容	特殊规定	明细科目设置	主要账务处理	科目余额反映内容
					2. 以生产的产品用于在建工程、非生产机构等，按照税法规定应交纳的消费税，借记"在建工程""管理费用"等科目，贷记"应交税费"科目，随同商品出售但单独计价的包装物，按照税法规定应交的消费税，借记"税金及附加"科目，贷记"应交税费"科目。出租、出借包装物逾期未收回没收的押金应交的消费税，借记"税金及附加"科目，贷记"应交税费"科目。需要交纳消费税的委托加工物资，由受托方代收代缴税款（除受托方代收代缴税款外）。小企业（受托方）按照新改制应交税款金额，借记"应收账款""银行存款"等科目，贷记"应交税费"科目。委托加工物资收回后，直接用于销售的，委托加工应代收代缴的消费税计入委托加工物资的成本，借记"委托加工物资"科目，贷记"应付账款""银行存款"等科目，按照税法规定准予抵扣的，借记"应交税费"科目，贷记"应付账款""银行存款"等科目。 4. 有金银首饰零售业务的以及采用以旧换新方式销售金银首饰的小企业，在营业收入实现时，按照应交的消费税，借记"税金及附加"科目，贷记"应交税费"科目。有金银首饰零售业务的小企业因受赠、奖励、广告、赞助、职工福利、职工外支出"等方面用于职工薪酬，应于物资移送时，借记"应付职工薪酬"等科目，贷记"应交税费"科目，其交纳的消费税，以其他方式代销金银首饰赠送、零售业务但单独计价的包装物，按照税法规定应交的消费税，借记"税金及附加"科目，贷记"应交税费"科目。小企业因受托方交货时，或翻新改制金银首饰按照税法规定应交的消费税，借记"税金及附加"科目，贷记"应交税费"科目	

第八章　会计准则在小企业负债处理中的运用

续表

编号	会计科目名称	科目核算内容	特殊规定	明细科目设置	主要账务处理	科目余额反映内容
					5. 需要交纳消费税的进口物资，其交纳的消费税应计入该项物资的成本，借记"材料采购"或"在途物资""库存商品""固定资产"等科目，贷记"银行存款"等科目 6. 小企业（生产性）直接出口或通过外贸企业出口的物资，按照税法规定直接予以免征消费税的，可不计算应交消费税 7. 交纳的消费税，借记"应交税费"科目（应交消费税），贷记"银行存款"科目 （三）应交城市维护建设税和教育费附加的主要账务处理 1. 小企业按照税法规定应交的城市维护建设税、教育费附加，借记"税金及附加"科目，贷记"应交税费"科目（应交城市维护建设税、应交教育费附加） 2. 交纳的城市维护建设税和教育费附加，借记"应交税费"科目（应交城市维护建设税、应交教育费附加），贷记"银行存款"科目 （四）应交企业所得税的主要账务处理 1. 小企业按照企业所得税法规定应交的企业所得税，借记"所得税费用"科目，贷记"应交税费"科目（应交企业所得税） 2. 交纳的企业所得税，借记"应交税费"科目（应交企业所得税），贷记"银行存款"科目 （五）应交资源税的主要账务处理 1. 小企业销售商品按照税法规定应交纳的资源税，借记"税金及附加"科目，贷记"应交税费"科目（应交资源税） 2. 自产自用的物资应交纳的资源税，借记"生产成本""材料采购"或"在途物资""材料采购"科目，贷记"应交税费"科目（应交资源税） 3. 收购未税矿产品，按照实际支付的价款，借记"材料采购"等科目，贷记"银行存款"等科目，按照代扣代缴的资源税，借记"材料采购"或"在途物资"等科目，贷记"应交税费"科目（应交资源税）	

171

续表

编号	会计科目名称	科目核算内容	特殊规定	明细科目设置	主要账务处理	科目余额反映内容
					4.外购液体盐加工固体盐时：在购入液体盐时，按照税法规定所允许抵扣的资源税，借记"应交税费"科目（应交资源税），按照购买价款减去允许抵扣的资源税后的金额，借记"材料采购""在途物资"或"原材料"等科目，贷记"银行存款""应付账款"等科目；加工成固体盐后，在销售时，按照销售固体盐应交纳的资源税，借记"税金及附加"科目，贷记"应交税费"科目（应交资源税）；将销售固体盐抵扣液体盐已交资源税后的差额上交时，借记"应交税费"科目（应交资源税），贷记"银行存款"科目 5.交纳的资源税，借记"应交税费"科目（应交资源税），贷记"银行存款"科目 (六)应交土地增值税的主要账务处理 1.小企业转让土地使用权与地上建筑物及其附着物一并在"固定资产清理""土地增值税核算的土地增值税，借记"固定资产"科目（应交土地增值税）。土地使用权在"无形资产"科目核算的，按照实际收到的金额，借记"银行存款"科目，贷记"土地增值税"科目（应交土地增值税），"无形资产"科目，按照已计提的累计摊销，借记"累计摊销"科目，按照其差额，贷记"营业外收入——非流动资产处置净损失"科目 2.小企业（房地产开发经营）销售房地产应交纳的土地增值税，借记"税金及附加"科目，贷记"应交税费"科目（应交土地增值税） 3.交纳的土地增值税，借记"应交税费"科目（应交土地增值税），贷记"银行存款"科目	

第八章 会计准则在小企业负债处理中的运用

续 表

编号	会计科目名称	科目核算内容	特殊规定	明细科目设置	主要账务处理	科目余额反映内容
					（七）应交城镇土地使用税、房产税、车船税、矿产资源补偿费、排污费的主要账务处理 1.小企业按照规定应交纳的城镇土地使用税、房产税、车船税、矿产资源补偿费、排污费，借记"税金及附加"科目，贷记"应交税费"科目（应交城镇土地使用费、应交房产税、应交车船税、应交矿产资源补偿费、应交排污费） 2.交纳的城镇土地使用税、房产税、车船税、矿产资源补偿费、排污费，借记"应交税费"科目（应交城镇土地使用税、应交房产税、应交车船税、应交矿产资源补偿费、应交排污费），贷记"银行存款"科目 （八）应交个人所得税的主要账务处理 1.小企业按照税法规定应扣代缴的职工个人所得税，借记"应付职工薪酬"科目，贷记"应交税费"科目（应交个人所得税） 2.交纳的个人所得税，借记"应交税费"科目（应交个人所得税），贷记"银行存款"科目 （九）小企业按照规定实行企业所得税、增值税、消费税等先征后返的，应当在实际收到返还的企业所得税、增值税（不含出口退税）、消费税等时，借记"银行存款"科目，贷记"营业外收入"科目	

173

第二节　小企业非流动负债的会计处理

一、小企业非流动负债

小企业筹集长期资金的方式主要有两种：一种是由投资者投入新的资本（或由股东追加投资）；另一种是举借长期负债，即通常所说的"举债经营"，主要是向银行或其他金融机构举借长期借款。

（一）小企业非流动负债的概念

小企业的非流动负债，是指流动负债以外的负债。

《小企业会计准则》在分类的时候，实际上采用了"二分法"，即一项负债只要不属于流动负债，就是非流动负债，但是前提是先认定是否为流动负债。

非流动负债除具有负债的共同特征外，与流动负债相比，还具有债务金额大、偿还期限长、可以分期偿还等特点。

（二）小企业非流动负债的构成

小企业的非流动负债主要包括长期借款、长期应付款，如存在政府补助，还会涉及递延收益。

1. 长期借款。
2. 长期应付款。

长期应付款，是指除了长期借款和应付债券以外的其他多种长期应付款，主要有以分期付款方式购入固定资产发生的应付款项和应付融资租入固定资产租赁费等。"长期应付款"科目应按照长期应付款的种类和债权人进行明细核算。"长期应付款"科目贷方表示企业发生的长期应付款，借方表示企业归还的长期应付款，本科目期末贷方余额，反映小企业应付未付的长期应付款项。

3. 递延收益。主要是由于小企业收到与资产相关的政府补助所产生的。

（三）小企业非流动负债的计量原则

小企业各项非流动负债应当按照其实际发生额入账，即小企业所发生的非流动负债，不需要考虑时间价值因素和市价因素，只需按照实际发生额入账。小企业的非流动负债一旦入账，在非流动负债的存续期间不允许按照市价或其他公允价值进行调整。

(四) 记账方式

1. 递延收益

递延收益如表8-10所示。

表8-10 递延收益

编号	会计科目名称	科目核算内容	明细科目设置	主要账务处理	科目余额反映内容
2401	递延收益	"递延收益"科目核算小企业已经收到、应在以后期间计入损益的政府补助	"递延收益"科目应按照相关项目进行明细核算	（一）小企业收到与资产相关的政府补助，借记"银行存款"等科目，贷记"递延收益"科目。在相关资产的使用寿命内平均分配递延收益，借记"递延收益"科目，贷记"营业外收入"科目； （二）收到的其他政府补助，用于补偿本企业以后期间的相关费用或亏损的，应当按照收到的金额，借记"银行存款"等科目，贷记"递延收益"科目。在发生相关费用或亏损的未来期间，应当按照应补偿的金额，借记"递延收益"科目，贷记"营业外收入"科目。用于补偿本企业已发生的相关费用或亏损的，应当按照收到的金额，借记"银行存款"等科目，贷记"营业外收入"科目	"递延收益"科目期末贷方余额，反映小企业已经收到、但应在以后期间计入损益的政府补助

2. 长期应付款

长期应付款如表8-11所示。

表 8-11　长期应付款

编号	会计科目名称	科目核算内容	明细科目设置	主要账务处理	科目余额反映内容
2701	长期应付款	"长期应付款"科目核算小企业除长期借款以外的其他各种长期应付款项。包括：应付融资租入固定资产的租赁费、以分期付款方式购入固定资产发生的应付款项等	"长期应付款"科目应按照长期应付款的种类和债权人进行明细核算	（一）小企业融资租入固定资产，在租赁期开始日，按照租赁合同约定的付款总额和在签订租赁合同过程中发生的相关税费等，借记"固定资产"或"在建工程"科目，贷记"长期应付款"科目；（二）以分期付款方式购入固定资产，应当按照实际支付的购买价款和相关税费（不包括按照税法规定可抵扣的增值税进项税额），借记"固定资产"或"在建工程"科目，按照税法规定可抵扣的增值税进项税额，借记"应交税费——应交增值税（进项税额）"科目，贷记"长期应付款"科目	"长期应付款"科目期末贷方余额，反映小企业应付未付的长期应付款项

二、小企业长期借款

（一）小企业长期借款的概念

小企业长期借款，是指小企业向银行或其他金融机构等借入的期限在1年以上的各种借款。我国股份制企业的长期借款主要是向金融机构借入的各项长期性借款，如从商业银行取得的贷款。长期借款与短期借款相比较，长期借款除了期限比较长之外，其不同点还在于对借款费用的会计处理上，表现为对借款费用是资本化计入相关资产的成本，还是费用化计入当期的损益。

"长期借款"科目应按照借款种类、贷款人和币种进行明细核算。长期借款应当按照借款本金和借款合同利率在应付利息日计提利息费用，计入相关资产成本或财务费用。"长期借款"科目期末贷方余额，反映小企业尚未偿还的长期借款本金。

小企业长期借款的基本特征如下。

（1）其债权人不仅包括银行，还包括其他金融机构，如小额贷款公司等。如果在实务中，小企业存在向第三方（如个人）借入的款项并且应负担利息费用，也视同长期借款进行会计处理，但如果期限在1年以内，则应视同短期借款进行会计处理。

（2）借款期限较长，为1年以上（不含1年）。

（3）不仅应偿还借款本金，根据货币时间价值，还应支付相应的利息费用。
（4）长期借款不仅包括人民币借款，还包括外币借款。

（二）小企业长期借款利息费用的会计处理

对于长期借款利息费用的会计处理，关键把握两点。

（1）长期借款利息费用的计提时点

借款合同所约定的应付利息日，既不是实际支付利息日，也不是资产负债表日（如月末、季末、年末），即不需要预提利息费用。

（2）长期借款利息费用要区分两种情况进行会计处理

① 符合资本化条件的，应计入相关资产的成本，如固定资产、无形资产、存货等。

② 不符合资本化条件的，应计入财务费用。

（三）小企业长期借款的账务处理

（1）小企业借入长期借款，借记"银行存款"科目，贷记"长期借款"科目。

（2）在应付利息日，应当按照借款本金和借款合同利率计提利息费用，借记"财务费用""在建工程"等科目，贷记"应付利息"科目。

（3）偿还长期借款本金，借记"长期借款"科目，贷记"银行存款"科目。

（4）长期借款利息的会计处理，一方法是在发生时直接确认为当期费用（即费用化），另一方法则是于发生时直接计入该项资产（即资本化）。

需要注意的是，关于"长期借款"科目，《小企业会计准则》和《企业会计准则》的相关处理有所区别：一是筹建期间利息费用记入科目不同，根据《小企业会计准则》，小企业应当仅仅涉及"财务费用""在建工程"科目。而在《企业会计准则》下，企业应该涉及"财务费用""在建工程""制造费用""研发支出"等科目。二是利息费用的确定不同，根据《小企业会计准则》，小企业应当按照借款本金和借款合同利率计算利息费用。而在《企业会计准则下》，企业应当按照摊余成本和实际利率计算确定长期借款的利息费用。

具体会计处理方法是：

（1）为购建固定资产而发生的长期借款利息，在固定资产达到预定可使用状态之前所发生的，计入所建固定资产价值，予以资本化；

（2）为购建固定资产而发生的长期借款利息，在固定资产达到预定可使用状态之后所发生的，直接计入当期损益，予以费用化；

（3）属于流动负债性质的借款利息，或者虽然是长期负债性质但不是用于购建固定资产的借款利息，直接计入当期损益。

（4）为进行投资而发生的借款利息，直接计入当期损益；

（5）筹建期间发生的长期借款利息（除为购建固定资产而发生的长期借款利息外），应当根据其发生额先计入长期待摊费用，然后在开始生产经营当月一次性计入当期损益。

（四）长期借款的借款费用的会计处理

1.借款费用的构成

借款费用是指企业因借款而发生的利息、折价或者溢价的摊销和辅助费用，以及因外币借款而发生的汇兑差额，它反映的是企业借入资金所付出的代价。

借款利息，包括企业向银行或者其他金融机构等借入资金发生的利息、发行公司债券发生的利息，以及为购建或者生产符合资本化条件的资产而发生的带息债务所承担的利息等。

折价或者溢价的摊销，主要是指发行债券等所发生的折价或者溢价，发行债券中折价或溢价，其实质是对债券票面利息的调整，属于借款费用的范畴，包括发行公司债券等所发生的折价或者溢价在每期的摊销金额。

辅助费用，包括企业在借款过程中发生的诸如手续费、佣金、印刷费等交易费用。这些相关费用是因为长期借款而发生的，也属于借入资金所付出的代价，所以也是借款费用的构成部分。

因外币借款而发生的汇兑差额，是指由于汇率变动导致市场汇率与账面汇率出现差异，从而对外币借款本金及其利息的记账本位币金额所产生的影响金额。因为汇率的变化，一般会和利率的变化相互联动，属于企业外币借款所需承担的风险，所以由于外币借款相关汇率变化所导致的汇兑差额属于借款费用的构成部分。

2.借款费用的资本化

借款费用应予资本化的借款范围既包括专门借款，也包括一般借款。专门借款，是指为购建或者生产符合资本化条件的资产而专门借入的款项。

专门借款应当有明确的专门用途，即为购建或者生产某项符合资本化条件的资产而专门借入的款项，通常应当有标明专门用途的借款合同。

一般借款，是指除专门借款之外的借款，一般借款在借入时，通常没有特指必须用于符合资本化条件的资产的购建或者生产。

其中符合资本化条件的资产是指需要经过相当长时间的购建或者生产活动，才能达到预定可使用或者可销售状态的固定资产、投资性房地产和存货等资产。建造合同成本、确认为无形资产的开发支出等在符合条件的情况下，也可以认定为符合资本化条件的资产。

符合资本化条件的存货，主要包括房地产开发企业开发的用于对外出售的房地产开发产品、企业制造的用于对外出售的大型机械设备等，这类存货通常需要经过相当长时间的建造或者生产过程，才能达到预定可销售状态。其中"相当长时间"应当是指资产的购建或者生产经过了超过1年的时间。

【实例】2017年3月1日开始，A企业用银行存款开始建设一套崭新的生产用厂房，厂房于6月20日建成完工，达到预定可使用状态。

【解析】在以上例子中，虽然A企业将借款用于建造固定资产，但是因为这项固定资产的建造时间仅仅几个月，比较短，不符合需要经过相当长时间的购建才能达到预定可使用状态的要求，所以这期间发生的借款费用不应当予以资本化计入在建工程成本，而是应当根据发生的费用计入当期财务费用。

【实例】2015年2月开始，B企业向银行借入长期借款，分别用于生产C产品和D产品，而且C产品由于流程简易，生产时间较短，为3个月，D产品技术系统比较复杂，生产时间较长，为2年。

【解析】在以上例子中，因为C产品的生产时间短，不符合需要经过相当长时间的生产才能达到预定可使用状态的资产，所以与C产品相关的借款发生的借款费用不应当计入C产品的生产成本，而是应当计入当期财务费用。而对于D产品，由于其生产时间比较长，需要2年，确实需要经过相当长时间的生产才能达到预定可使用状态，符合资本化的条件，有关借款费用可以资本化，计入D产品的成本中。

借款费用的确认需要明确每期发生的借款费用是应当资本化、计入相关资产的成本，还是应当费用化、计入当期损益。借款费用确认的基本原则是：企业发生的借款费用，可以直接归属于符合资本化条件的资产的购建或者生产的，应当予以资本化，计入相关资产成本；而其他借款费用，应当在发生时根据费用，计入当期损益。

企业只有发生在资本化期间的相关借款费用，才可以资本化，资本化期间的确定是借款费用确认和计量的主要依据。借款费用资本化期间，是指从借款费用开始资本化时点到停止资本化时点的期间，但不包括借款费用暂停资本化的期间。

3. 借款费用资本化满足的条件

借款费用同时满足下列条件的，才能开始资本化。

（1）资产支出已经发生

资产支出只包括为购建或者生产符合资本化条件的资产而以支付现金、转移非现金资产或者承担带息债务形式发生的支出。其中，支付现金，是指用货币资金支付符合资本化条件的资产的购建或者生产支出。转移非现金资产，是指企业将自己的非现金资产直接用于符合资本化条件的资产的购建或者生产。承担带息债务，是指企业为了购建或者生产符合资本化条件的资产所需要物资等而承担的带息应付款项。此外，企业以赊购方式购买物资所产生的债务可能带息，也可能不带息。如果企业赊购这些物资承担的是不带息债务，就不应当将购买价款计入资产支出，因为这项债务在偿付前不需要承担利息，也没有占用借款资金。如果企业赊购的物资承担的是带息债务，则企业需要为这项债务支付利息，所以应当将带息债务作为资产支出。

（2）借款费用已经发生

借款费用已经发生，是指企业已经发生了因购建或者生产符合资本化条件的资产而专门借入款项的借款费用，或者占用了一般借款的借款费用。

（3）为使资产达到预定可使用或可销售状态所必要的购建或者生产活动已经开始

为使资产达到预定可使用或可销售状态所必要的购建或者生产活动已经开始，是指符合资本化条件的资产的实体建造或者生产工作已经开始，例如主要项目的开工等。如果是仅仅持有资产，但是没有开始实质性的建造或者生产活动，则不属于这种情形。

企业只有在上述三个条件同时满足的情况下，有关借款费用才可开始资本化，只要其中有一个条件没有满足，借款费用就不能开始资本化。

4.暂停资本化的条件

借款费用满足下列条件的，应当暂停资本化。

符合资本化条件的资产在购建或者生产过程中发生非正常中断，且中断时间连续超过3个月的，应当暂停借款费用的资本化。在中断期间所发生的借款费用，应当计入当期损益，直至购建或者生产活动重新开始。但是，如果中断是使所购建或者生产的符合资本化条件的资产达到预定可使用或者可销售状态必要的程序，中断期间所发生的借款费用应当继续资本化。中断的原因必须是由于非正常中断，如果是由于正常中断，则相关的借款费用可以继续资本化。

非正常中断，通常是由于企业管理决策上的原因或者其他不可预见的原因等所导致的中断。例如，企业的工程所需物资没有及时供应、企业和合同企业发生了合同纠纷、企业的工程建设发生了安全事故、企业的资金周转遇到了困难、企业施工期间和施工方发生了劳动纠纷等。

正常中断通常仅限于因购建或者生产符合资本化条件的资产达到预定可使用或者可销售状态所必要的程序，或者事先可预见的不可抗力因素导致的中断。例如，某些地区的工程在建造过程中，到了一定工程进度，需要停下来进行质量检查，检查符合相应阶段的标准才可以继续进行施工。这类中断是施工之前可以预见的，属于正常中断。例如，企业在工程的建设过程中，由于可预见的不可抗力因素（如雨季或冰冻季节等原因）导致施工出现停顿，也属于正常中断。

5.停止资本化的条件

借款费用满足下列条件的，应当停止资本化。

购建或者生产符合资本化条件的资产达到预定可使用或者可销售状态时，借款费用应当停止资本化。在符合资本化条件的资产达到预定可使用或者可销售状态之后所发生的借款费用，应当在发生时根据其发生额确认为费用，计入当期损益。

资产达到预定可使用或者可销售状态，是指所购建或者生产的符合资本化条件的资产已经达到建造方、购买方或者企业自身等预先设计、计划或者合同约定的可以使用或者可以销售的状态。企业在确定借款费用停止资本化的时点时需要运用职业判断，应当遵循实质重于形式的原则。依据经济实质判断所购建或者生产的符合资本化条件的资产达到预定可使用或者可销售状态的时点，具体可从以下几个方面进行判断。

（1）符合资本化条件的资产的实体建造（包括安装）或者生产活动已经全部完成或者实质上已经完成。

（2）所购建或者生产的符合资本化条件的资产与设计要求、合同规定或者生产要求相符或者基本相符，即使有极个别与设计、合同或者生产要求不相符的地方，也不影响其正常使用或者销售。

（3）继续发生在所购建或生产的符合资本化条件的资产上的支出金额很少或者几乎不再发生。

购建或者生产符合资本化条件的资产需要试生产或者试运行的，在试生产结果表明资产能够正常生产出合格产品，或者试运行结果表明资产能够正常运转或者营业时，应当认为该资产已经达到预定可使用或者可销售状态。

如果小企业购建或者生产的资产分为多个部分，各个部分分别完工，且资产只有当整体完工后才可以使用或者对外销售的，应当在资产整体全部完工时停止借款费用的资本化。此时，即使各个部分资产已经完工，也不能认为这些部分资产达到了预定可使用状态或者可销售状态，企业只有在所购建的固定资产整体完工时，才能认定资产已经达到了预定可使用状态，此时可以将借款费用停止资本化。

【实例】2017年3月1日，B企业开始建设一项程序复杂的建设工程，每个单项工程都是根据总工程的流程来安排的，分为a工程、b工程、c工程、d工程。因此，只有当所有的各个工程建造完毕后，整个建设工程才能有效运作，达到生产使用的要求。2017年8月20日，a工程、b工程相继完工，2017年8月31日c工程、d工程也相继完工。2017年9月5日，整个工程完成施工，达到可使用状态。

【解析】在以上例子中，B企业应当将2017年9月5日，即整个工程已经建设完毕的日子，作为工程达到预定可使用状态的时点，当天就是借款费用停止资本化的时点。而不能选择2017年8月20日或者2017年8月31日作为停止资本化的时点。

第九章　会计准则在小企业所有者权益处理中的运用

第一节　小企业所有者权益概述

小企业所有者权益，是指小企业资产扣除负债后由所有者享有的剩余权益。

小企业为维持其正常的生产经营活动，需要拥有或控制一系列必要的资源，这些资源从来源看，无外乎两个方面：① 投资者提供或小企业经营所得；② 债权人提供。对于投资者提供的资源，就形成了小企业的所有者权益。

一、小企业所有者权益的特征

相对负债而言，小企业所有者权益具有以下特征。

（1）所有者权益通常不像负债那样需要偿还。除非小企业发生减资、清算，否则小企业不需要将所有者权益返还给其投资者。

（2）小企业清算时，负债将优先偿还，而所有者权益只有在负债得到偿还后，才能得到返还。

（3）所有者权益能够分享利润，而负债通常不能参与利润的分配。因此，所有者权益是所有者对小企业资产的剩余索取权，既可反映所有者投入资本的保值增值情况，又体现了保护债权人权益的理念。

二、小企业所有者权益的构成

小企业的所有者权益包括：实收资本（或股本，下同）、资本公积、盈余公积和未分配利润。

（一）小企业所有者投入的资本

小企业所有者投入的资本是指所有者投入小企业的资本部分，它既包括构成小企业注册资本或者股本部分的金额，即实收资本，也包括投入资本超过注册资本或者股本部分的溢价金额，即资本公积。

（二）小企业留存收益

小企业留存收益是小企业历年实现的净利润留存于小企业的部分，包括盈余公积和未分配利润。

三、小企业所有者权益的确认条件

小企业所有者权益的确认、计量主要取决资产、负债、收入、费用等其他会计要素的确认和计量。所有者权益即为小企业的净资产，是小企业资产总额中扣除债权人权益后的净额，反映所有者（股东）财富的净增加额。通常小企业收入增加时，会导致资产的增加，相应地会增加所有者权益；小企业发生费用时，会导致负债增加，相应地会减少所有者权益。因此，小企业日常经营的好坏和资产负债的质量直接决定着小企业所有者权益的增减变化和资本的保值增值。

第二节 小企业资本公积方面的会计处理

小企业资本公积，是指小企业收到的投资者出资额超过其在注册资本或股本中所占份额的部分。

小企业收到投资者的出资，有时会超过该投资者在注册资本所占的份额，超出部分即构成了资本溢价，《小企业会计准则》将其资本公积进行会计处理。相关法律法规等对此都做了明确规定。《公司法》第一百六十七条规定："股份有限公司以超过股票票面金额的发行价格发行股份所得的溢价款以及国务院财政部门规定列入资本公积金的其他收入，应当列为公司资本公积金。"第一百六十八条规定："公司的公积金用于弥补公司的亏损、扩大公司生产经营或者转为增加公司资本。但是，资本公积金不得用于弥补公司的亏损。法定公积金转为资本时，所留存的该项公积金不得少于转增前公司注册资本的百分之二十五。"

《小企业会计准则》根据有关法律规定，对小企业的资本公积进行了界定并对资本公积转增资本的会计处理进行规定。

一、小企业资本公积的来源

小企业资本公积来源于投资者的投入。资本公积是由投资者投入但不构成实收资本的、所有者享有的资金。资本公积由小企业全体投资者共同享有，其形成有特定来源，仅是小企业投资者的投入。因此，与小企业的生产经营所得（净利润)无关,不是一个利润实现的过程,而是与实收资本共同反映了小企业与其投资者之间出资和资本投入的关系。

二、小企业资本公积的用途

(一)资本企业用资本公积转增资本,应当冲减资本公积

即减少资本公积的同时,增加实收资本或股本。其账务处理为:借记"资本公积"科目,贷记"实收资本"科目。

(二)资本公积不得用于弥补亏损

三、记账方式

资本公积如表9-1所示。

表9-1 资本公积

编号	会计科目名称	科目核算内容	明细科目设置	主要账务处理	科目余额反映内容
3002	资本公积	"资本公积"科目核算小企业收到投资者出资超出其在注册资本中所占份额的部分		(一)小企业收到投资者的出资,借记"银行存款""其他应收款""固定资产""无形资产"等科目,按照其在注册资本中所占的份额,贷记"实收资本"科目,按照其差额,贷记"资本公积"科目; (二)根据有关规定用资本公积转增资本,借记"资本公积"科目,贷记"实收资本"科目。根据有关规定减少注册资本,借记"实收资本""资本公积"等科目,贷记"库存现金""银行存款"等科目	"资本公积"科目期末贷方余额,反映小企业资本公积总额

第三节 小企业盈余公积方面的会计处理

小企业盈余公积，是指小企业按照法律规定在税后利润中提取的法定公积金和任意公积金。

以下主要是针对公司制小企业而言的，对于非公司制小企业应根据相关法律法规进行理解。

小企业实现了利润应当根据法律法规、公司章程和投资者之间的协议等进行分配，既满足小企业生产经营的需要，也要向投资者提供合法合理的回报，这是企业生存和发展的应有之义。

需要说明的是，小企业利润分配应当遵循有关法律法规的规定。同时，考虑到《小企业会计准则》所适用的小企业尽管是按照规模来划型的，但是还可分为公司制小企业和非公司制小企业。其中，公司制小企业是我国现代企业制度改革的发展方向，是目前和今后我国小企业的主要形式。《小企业会计准则》以公司制的小企业的交易和事项为基础进行了设计。因此，在《小企业会计准则》还直接引用公司法的规定，主要对公司制小企业的盈余公积进行了界定并对其会计处理进行了规定。

一、小企业盈余公积的来源

小企业盈余公积来源于小企业实现的利润。盈余公积是小企业按照法律规定在税后利润中提取的法定公积金和任意公积金。相对未分配利润而言，盈余公积可以理解为限定用途的利润，而未分配利润是未限定用途的利润。

（一）小企业法定公积金的提取

《公司法》第一百六十六条对公司制小企业法定公积金提取做了规定：公司分配当年税后利润时，应当提取利润的百分之十列入公司法定公积金。公司法定公积金累计额为公司注册资本的百分之五十以上的，可以不再提取。

公司的法定公积金不足以弥补以前年度亏损的，在依照前款规定提取法定公积金之前，应当先用当年利润弥补亏损。

公司弥补亏损和提取公积金后所余税后利润，有限责任公司依照本法第三十四条的规定分配；股份有限公司按照股东持有的股份比例分配，但股份有限公司章程规定不按持股比例分配的除外。

股东会、股东大会或者董事会违反前款规定，在公司弥补亏损和提取法定公积金之前向股东分配利润的,股东必须将违反规定分配的利润退还公司。

公司持有的本公司股份不得分配利润。

(二) 小企业任意公积金的提取

《公司法》第一百六十七条对公司制小企业任意公积金提取做了规定:公司从税后利润中提取法定公积金后,经股东会或者股东大会决议,还可以从税后利润中提取任意公积金。

(1) 提取任意公积金的基础是小企业当年实现的税后利润,即净利润。

(2) 提取任意公积金的比例。《公司法》没有规定提取的具体比例,而是根据公司自治的立法精神,由企业自行确定。

(3) 提取任意公积金的最低限额。《公司法》没有规定任意公积金提取的最低限额。

(4) 提取任意公积金的顺序。提取法定公积金后,再提取任意公积金。

(5) 有权决定提取任意公积金的机构是由小企业的股东会或股东大会。

二、小企业盈余公积的用途

小企业提取的盈余公积,主要用于以下三个方面。

(一) 用于弥补亏损

小企业发生亏损时,根据所得税法的规定,企业发生的亏损,准予向以后年度结转,用以后年度的所得弥补,但结转年限最长不得超过5年;经过5年期间未能足额弥补的,未弥补亏损应由小企业税后利润弥补。此外,由公司制小企业股东会或股东大会批准后,还可以用盈余公积弥补亏损。其账务处理为:借记"盈余公积——盈余公积补亏"科目,贷记"利润分配——盈余公积补亏"科目。

(二) 转增资本

小企业将盈余公积转增资本时,必须经股东会或股东大会决议。在实际将盈余公积转增资本时,要按照股东原有持股比例进行结转,股东之间另有约定的除外。其账务处理为:借记"盈余公积——盈余公积转增资本"科目,贷记"实收资本"科目。

需要注意的是,用盈余公积转增资本时,转增后留存的法定公积金不得少于转增前公司注册资本的25%。

(三) 扩大企业生产经营

盈余公积是小企业所有者权益的一个组成部分,也是小企业生产经营的一个重要资金来源。提取盈余公积并不是单独将这部分资金从小企业资金周转过程中抽出,它同小企业其他来源形成的资金一样循环周转,用于小企业的生产经营。

在实务中，不需要进行专门的账务处理。

三、涉及外商的小企业盈余公积

第一，外商投资小企业根据有关法律规定，在税后利润中提取的储备基金、企业发展基金也应作为盈余公积进行会计处理，在"盈余公积"科目单独设置"储备基金"和"企业发展基金"明细科目进行核算。其账务处理为：小企业（外商投资）按照规定提取的储备基金、企业发展基金，借记"利润分配——提取储备基金、提取企业发展基金"科目，贷记"盈余公积——储备基金、企业发展基金"科目。

第二，外商投资小企业根据有关法律规定，在税后利润中提取的职工奖励及福利基金不作为盈余公积进行会计处理，而作为应付职工薪酬。应在"应付职工薪酬"科目单独设置"职工奖励及福利基金"明细科目进行核算。其账务处理为：小企业（外商投资）按照规定提取的职工奖励及福利基金，借记"利润分配——提取职工奖励及福利基金"科目，贷记"应付职工薪酬——职工奖励及福利基金"科目。

第三，中外合作经营小企业依据有关法律，根据合同规定在合作期间归还投资者的投资，实质上为了保护外方投资者的权益向外方投资者单方面分配利润，但是根据法律上同股同权的原则，也应同时向中方投资者分配利润，但是并不直接进行支付。因此，同金额增加盈余公积，用于以后期间向投资者分配。应在"盈余公积"科目单独设置"利润归还投资"明细科目进行核算。其账务处理为：小企业（中外合作经营）根据合同规定在合作期间归还投资者的投资，应按照实际归还投资的金额，借记"实收资本——已归还投资"科目，贷记"银行存款"等科目。同时，借记"利润分配——利润归还投资"科目，贷记"盈余公积——利润归还投资"科目。

第四，小企业的盈余公积不得出现借方余额的情况，即盈余公积的结转至零为止。

四、记账方式

盈余公积如表 9-2 所示。

表 9-2　盈余公积

编号	会计科目名称	科目核算内容	特殊规定	明细科目设置	主要账务处理	科目余额反映内容
3101	盈余公积	"盈余公积"科目核算小企业（公司制）按照公司法规定在税后利润中提取的法定公积金和任意公积金	小企业（外商投资）按照法律规定在税后利润中提取储备基金和企业发展基金也在"盈余公积"科目核算	"盈余公积"科目应当分别"法定盈余公积""任意盈余公积"进行明细核算。小企业（外商投资）还应当分别"储备基金""企业发展基金"进行明细核算。小企业（中外合作经营）根据合同规定在合作期间归还投资者的投资，应在"盈余公积"科目设置"利润归还投资"明细科目进行核算	（一）小企业（公司制）按照公司法规定提取法定公积金和任意公积金，借记"利润分配——提取法定盈余公积、提取任意盈余公积"科目，贷记"盈余公积"科目（法定盈余公积、任意盈余公积）。小企业（外商投资）按照规定提取储备基金、企业发展基金、职工奖励及福利基金，借记"利润分配——提取储备基金、提取企业发展基金、提取职工奖励及福利基金"科目，贷记"盈余公积"科目（储备基金、企业发展基金）、"应付职工薪酬"科目； （二）用盈余公积弥补亏损或者转增资本，借记"盈余公积"科目，贷记"利润分配——盈余公积补亏"或"实收资本"科目。小企业（中外合作经营）根据合同规定在合作期间归还投资者的投资，应当按照实际归还投资的金额，借记"实收资本——已归还投资"科目，贷记"银行存款"等科目。同时，借记"利润分配——利润归还投资"科目，贷记"盈余公积"科目（利润归还投资）	"盈余公积"科目期末贷方余额，反映小企业（公司制）的法定公积金和任意公积金总额，小企业（外商投资）的储备基金和企业发展基金总额

第四节　小企业未分配利润方面的会计处理

小企业未分配利润，是指小企业实现的净利润，经过弥补亏损、提取法定公积金和任意公积金、向投资者分配利润后，留存在本企业的、历年结存的利润。

未分配利润是年初未分配利润，加上本年实现的税后利润和其他转入，减去提取的各种盈余公积和分出利润后的余额。未分配利润有两层含义：一是留待以后年度使用的利润，二是未限定特定用途的利润。

未分配利润与盈余公积共同构成了小企业的留存收益，实质上都来源小企业实现的利润，是对实现利润的在企业内部的积累，为企业的生存和发展壮大提供资金和其他资源支持。小企业实现了利润，向投资者进行分配，是维护投资者合法权益的应有之义。但是，小企业应否就利润进行分配，按照什么样的标准进行分配，何时进行分配，这些问题涉及小企业与投资者之间的分配关系的处理问题，应当由国家相关的法律法规做出规定。

《小企业会计准则》根据有关法律的规定，对小企业的未分配利润做了规定。

小企业未分配利润的会计处理，具体包含以下三个方面。

一、未分配利润期末结转的会计处理

小企业期（月）末结转利润时，应将各损益类科目的余额全部转入"本年利润"科目，结平各损益类科目。结转后"本年利润"的贷方余额为当期实现的净利润，借方余额为当期发生的净亏损。年度终了，应将本年收入和支出相抵后结出的本年实现的净利润或净亏损，自"本年利润"科目转入"利润分配——未分配利润"科目。同时，将"利润分配"科目所属的其他明细科目的余额转入"未分配利润"明细科目。结转后，"利润分配"科目所属其他明细科目应无余额，"未分配利润"明细科目的贷方余额就是未分配利润的金额，如出现借方余额，则表示未弥补亏损的金额。

二、分配股利或利润的会计处理

公司制小企业经股东大会或类似机构决议，根据有关规定分配给股东或投资者的现金股利或利润，借记"利润分配——应付利润"科目，贷记"应付股利"科目。公司制小企业经股东大会或类似机构决议，分配给股东的股票股利，应在办理增资手续后，借记"利润分配——转作股本的股利"科目，贷记"股本"科目。

三、未分配利润弥补亏损的会计处理

小企业在生产经营过程中既可能实现盈利，也有可能出现亏损。小企业在当年发生亏损的情况下，与实现利润的情况相同，应当将本年发生的亏损自"本年利润"科目转入"利润分配——未分配利润"科目，借记"利润分配——未分配利润"科目，贷记"本年利润"科目，结转后"利润分配"科目的借方余额，即为未弥补

亏损的数额，然后通过"利润分配"科目核算有关亏损的弥补情况。

由于未弥补亏损形成的时间长短不同等原因，以前年度未弥补的亏损有的可以用当年实现的税前利润（即利润总额）弥补，有的则需用税后利润（即净利润）弥补。小企业用当年实现的利润弥补以前年度结转的未弥补亏损，不需要进行专门的账务处理。小企业应将当年实现的利润自"本年利润"科目转入"利润分配——未分配利润"科目的贷方，"利润分配——未分配利润"科目的贷方发生额与"利润分配——未分配利润"的借方余额自然抵补。无论是以税前利润还是以税后利润弥补亏损，其账务处理方法均相同。但是，两者对计算交纳所得税的处理是不同的。在以税前利润弥补亏损的情况下，其弥补的数额可以抵减企业当年的应纳税所得额，而以税后利润弥补的数额，则不能在计算应纳税所得额时做扣除处理。

四、记账方式

（一）本年利润

本年利润如表 9-3 所示。

表 9-3　本年利润

编号	会计科目名称	科目核算内容	明细科目设置	主要账务处理	科目余额反映内容
3103	本年利润	"本年利润"科目核算小企业当期实现的净利润（或发生的净亏损）		（一）期（月）末结转利润时，小企业可以将"主营业务收入""其他业务收入""营业外收入"科目的余额，转入"本年利润"科目，借记"主营业务收入""其他业务收入""营业外收入"科目，贷记"本年利润"科目；将"主营业务成本""其他业务成本""税金及附加""销售费用""管理费用""财务费用""营业外支出""所得税费用"科目的余额，转入"本年利润"科目，借记"本年利润"科目，贷记"主营业务成本""其他业务成本""税金及附加""销售费用""管理费用""财务费用""营业外支出""所得税费用"科目。将"投资收益"科目的贷方余额，转入"本年利润"科目，借记"投资收益"科目，贷记"本年利润"科目，如为借方余额，做相反的会计分录。结转后"本年利润"科目的贷方余额为当期实现的净利润，借方余额为当期发生的净亏损； （二）年度终了，应当将本年收入和支出相抵后结出的本年实现的净利润，转入"利润分配"科目，借记"本年利润"科目，贷记"利润分配——未分配利润"科目，如为净亏损，做相反的会计分录	结转后"本年利润"科目应无余额

（二）利润分配

利润分配如表9-4所示。

表9-4 利润分配

编号	会计科目名称	科目核算内容	明细科目设置	主要账务处理	科目余额反映内容	备注
3104	利润分配	"利润分配"科目核算小企业利润的分配（或亏损的弥补）和历年分配（或弥补）后的余额	"利润分配"科目应按照"应付利润""未分配利润"等进行明细核算	（一）小企业根据有关规定分配给投资者的利润，借记"利润分配"科目（应付利润），贷记"应付利润"科目；（二）用盈余公积弥补亏损，借记"盈余公积"科目，贷记"利润分配"科目（盈余公积补亏）。小企业（中外合作经营）根据合同规定在合作期间归还投资者的投资，应按照实际归还投资的金额，借记"实收资本——已归还投资"科目，贷记"银行存款"等科目。同时，借记"利润分配"科目（利润归还投资），贷记"盈余公积——利润归还投资"科目	"利润分配"科目年末余额，反映小企业的未分配利润（或未弥补亏损）	年度终了，小企业应当将本年实现的净利润，自"本年利润"科目转入"利润分配"科目，借记"本年利润"科目，贷记"利润分配"科目（未分配利润），为净亏损的，做相反的会计分录。同时，将"利润分配"科目所属明细科目（应付利润、盈余公积补亏）的余额转入"利润分配"科目明细科目（未分配利润）。结转后，"利润分配"科目除"未分配利润"明细科目外，其他明细科目应无余额

第十章 会计准则在小企业财务报告中的运用

第一节 小企业财务报告概述

小企业应当编制财务会计报告（又称财务报告，下同）。财务会计报告，是指企业对外提供的反映企业某一特定日期的财务状况和某一会计期间的经营成果、现金流量等会计信息的文件。小企业财务报表，是指对小企业财务状况、经营成果和现金流量的结构性表述。

一、小企业财务会计报告的组成

小企业财务会计报告包括会计报表及其附注和其他应当在财务会计报告中披露的相关信息和资料。会计报表，也叫财务报表，是对企业财务状况、经营成果和现金流量的结构性表述。会计报表至少应当包括资产负债表、利润表、现金流量表、附注等。

小企业在开展生产经营活动的同时，根据《小企业会计准则》的规定，进行日常会计核算，需要定期通过一套完整的结构化的报表体系来科学地列报其生产经营的有关情况。财务报表应当能够较为全面、系统、概括地反映小企业在某一会计期间经营活动和财务收支的全貌。投资者、债权人和税务机关等财务报表的外部使用者则通过全面阅读和综合分析上述报表，可以了解和掌握小企业过去和当前的状况，预测小企业的未来发展趋势，从而做出相关决策。因此，财务报表既是小企业会计核算工作的总结，是通过对日常核算的资料进行整理、分类、计算和汇总编制而成的。同时，也是沟通投资者、债权人、税务部门等财务报表外部使用者与小企业管理层之间信息的桥梁和纽带。

小企业的财务报表至少应当包括资产负债表、利润表、现金流量表以及附注。通俗地讲，财务报表＝三张会计报表＋附注。

其中，资产负债表、利润表和现金流量表分别从不同角度反映小企业的财务状况、经营成果和现金流量。附注是财务报表不可或缺的组成部分，是对在资产负债表、利润表和现金流量表等报表中列示项目的文字描述或明细资料，以及对未能在这些报表中列示项目的说明等。

二、小企业财务会计报告的目标

小企业财务会计报告的目标是向财务会计报告使用者提供与小企业财务状况、经营成果和现金流量等有关的会计信息，反映企业管理层受托责任履行情况，有助于财务会计报告使用者做出经济决策。

三、小企业财务会计报告使用者

小企业财务会计报告使用者，是指那些需要运用小企业财务会计信息进行有关决策的组织或人士。这些组织或人士要做出正确的决策，除了要具备决策技能外，还需要有充分、可靠的信息，包括会计信息和非会计信息。财务会计报告的目的在于为财务会计报告使用者提供有用的会计信息。

为了向财务会计报告使用者提供有用的信息，首先必须弄清财务会计报告使用者究竟有哪些。按其与企业的关系，可以将财务会计报告使用者分成两大类：外部使用者和内部使用者。会计信息的外部使用者按其与企业经济利益关系的紧密程度，可分为有直接利益关系的使用者和有间接利益关系的使用者。前者如投资者和债权人等，后者如政府监管部门、供应商、客户以及社会公众等。会计信息的内部使用者主要包括企业管理层和企业内部的职工。

这些财务会计报告使用者做出的决策不同，所需要的会计信息也不一样，财务会计不可能给每个使用者提供其所需的特别信息，只能提供通用的会计信息。这些通用的会计信息主要是关于企业财务状况、经营成果和现金流量的信息。

四、小企业财务报表的列报要求

在编制财务报表时，小企业应当遵循下列基本要求。

（一）列报基础

（1）企业管理层应当评价企业的持续经营能力，对持续经营能力产生重大怀疑的，应当在附注中披露导致对持续经营能力产生重大怀疑的影响因素。

（2）企业正式决定或被迫在当期或将在下一个会计期间进行清算或停止营业的，表明其处于非持续经营状态，应当采用其他基础编制财务报表，并在附注中声明财务报表未以持续经营为基础列报、披露未以持续经营为基础的原因和财务报表的编制基础。

（二）重要性的判断

判断项目性质的重要性，应当考虑该项目的性质是否属于企业日常活动等因素；判断项目金额大小的重要性，应当通过单项金额占资产总额、负债总额、所有者权益总额、营业收入总额、营业成本总额、净利润等直接相关项目金额的比重加以确定。

（三）正常营业周期

判断流动资产、流动负债所指的一个正常营业周期，通常是指企业从购买用于加工的资产起至实现现金或现金等价物的期间。正常营业周期通常短于1年，在1年内有几个营业周期。但是，也存在正常营业周期长于1年的情况，如房地产开发企业开发用于出售的房地产开发产品，造船企业制造用于出售的大型船只等，往往超过1年才变现、出售或耗用，仍应划分为流动资产。

正常营业周期不能确定的，应当以1年（12个月）作为正常营业周期。

（四）终止经营

终止经营，是指企业已被处置或被划归为持有待售的、在经营和编制财务报表时能够单独区分的组成部分，该组成部分按照企业计划将整体或部分进行处置。

同时满足下列条件的企业组成部分应当确认为持有待售：

（1）企业已经就处置该组成部分做出决议；

（2）企业已经与受让方签订了不可撤销的转让协议；

（3）该项转让将在一年内完成。

五、小企业财务报表的编制

（一）小企业财务报表的编制依据

小企业应当以实际发生的交易和事项为依据，按照《小企业会计准则》的规定进行确认、计量和报告。

（1）小企业应将实际发生的交易和事项，根据《小企业会计准则》的规定确认为资产、负债、所有者权益、收入、费用和利润，并如实反映在财务报表中。

（2）小企业不得根据虚构的、没有发生的或者尚未发生的交易和事项按照《小企业会计准则》的规定进行确认、计量和报告。

（二）小企业财务报表的编制时间

小企业的财务报表分为年度、季度和月度财务报表。月度、季度财务报表是指在月度和季度终了时小企业编制和提供的财务报表，年度财务报表是指在年度终了时小企业编制和提供的财务报表。小企业编制和提供财务报表应把握以下原则。

（1）一般情况下，在一个会计年度内，小企业应当按月编制财务报表。

（2）如果按月编制财务报表有困难，或者小企业财务报表外部使用者不要求企业按月提供财务报表，则可以按季编制财务报表。

（3）小企业必须按年编制财务报表。

（4）除国家另有规定外，小企业对外提供财务报表的频率（即按月、按季、按年提供财务报表）由财务报表外部使用者确定，如税务机关、银行等债权人、工商登记机关、小企业主管部门等确定。

第二节 《小企业会计准则》与《企业会计准则》关于资产负债表编制的比较

《企业会计准则》适用中国境内的所有上市公司、中央企业、大中型国有企业。《小企业会计准则》适用在中国境内依法设立，符合规定的小型企业标准的企业。国内所有的上市公司、中央企业、大中型国有企业和小型企业都应当在持续经营的基础上，根据实际发生的交易和事项，按照会计准则的规定进行确认和计量，在此基础上编制财务报告。财务报告主要提供企业的财务会计信息，满足企业外部的信息使用者进行投资决策、信贷决策、证券上市许可和证券交易管理决策以及其他经济决策的需要，以及企业内部的信息使用者加强企业内部经营管理的需要。

一、资产负债表的作用

资产负债表是财务报告中反映财务状况的基本报表，通过资产负债表期初、期末数的比较及其相关比率分析，可以了解企业未来的发展趋势，为企业经营决策提供资料，对企业的经营决策有重要的作用。

第一，资产负债表可以反映企业某一特定日期的资产总额及其结构，表明企业拥有的经济资源及其分布情况。流动资产太多不利于企业提高获利能力，长期资产太多也降低企业偿债能力。企业可以根据自身的需求对资产分布做出调整，在保证企业的偿债能力前提下，提高资产的获利能力。

第二，资产负债表可以反映企业某一特定日期的负债总额及其结构，表明企业未来需要用多少资产或劳务清偿以及清偿的时间。一般情况下，流动负债通过流动资产偿还，企业通过计算流动比率来判断偿还能力。此外，流动负债需要在1年内偿还，长期负债可以在 1 年以上的时间偿还，企业可以灵活安排时间偿还债务。

第三，资产负债表可以反映企业所有者权益的构成情况，主要通过计算资本利润率、资本增值保值率、产权比率和利息保障倍数来判断资本保值、增值的情况以及对负债的保障程度。

二、关于资产负债表项目设置的比较

《小企业会计准则》和《企业会计准则》对资产负债表的项目都分类为流动资产和非流动资产、流动负债和非流动负债以及所有者权益五大部分。《小企业会计准则》针对小企业规模小，会计基础工作薄弱，经济业务相对简单，某些业务发生可能性极小以及会计信息使用者的信息需求单一等情况，在不与《企业会计准则》相悖的前提下，调整和删除了若干项目。

（一）资产负债表中流动资产项目比较

《小企业会计准则》和《企业会计准则》对资产负债表流动资产部分都有"货币资金""应收票据""应收账款""应收股利""应收利息""其他应收款""存货"和"其他流动资产"项目，不同的是对于 1 年内（包括 1 年）的债券、股票和基金投资，《小企业会计准则》设"短期投资"项目，《企业会计准则》设"交易性金融资产"项目。另外，《企业会计准则》中有"一年内到期的非流动资产"项目，而《小企业会计准则》却不设立该项目。

（二）资产负债表中非流动资产项目比较

对于长期的债券和股票投资，《小企业会计准则》设"长期债券投资"和"长期股权投资"项目，而《企业会计准则》设"可供出售金融资产""持有至到期投资"和"长期股权投资"项目；对于固定资产，《小企业会计准则》列示"固定资产原价""累计折旧"和"固定资产账面价值"，《企业会计准则》只需要列示"固定资产"，反映固定资产账面价值。此外，《企业会计准则》设置了"油气资产""商誉"和"递延所得税资产"三个非流动资产项目。

（三）资产负债表中负债部分比较

对于企业短期融资部分，《企业会计准则》设置了"短期借款"和"交易性金融负债"项目，《小企业会计准则》只设置"短期借款"项目；长期负债部分，《企业会计准则》设置"专项应付款""应付债券""预计负债"和"递延所得税负债"项目，《小企业会计准则》设置"长期借款""长期应付款"和"递延收益"项目。

（四）资产负债表中所有者权益部分比较

《企业会计准则》的资产负债表中在"资本公积"下设置"库存股"项目。《小企业会计准则》的资产负债表无须反映库存股。

三、资产负债表项目填列的比较

《小企业会计准则》和《企业会计准则》关于资产负债表项目的填列规定基本是一致的，但是考虑到小企业会计信息使用者的需求和小企业会计人员素质相对不高，而计提资产减值准备需要较多的职业判断，为减少职业判断对资产负债表编制带来的影响，所以《小企业会计准则》不要求对资产计提减值准备，有关资产在实际发生损失时再参照企业所得税法中有关认定标准确定。因此，资产类项目在填列时有一定的区别。

（一）部分资产类项目填列的比较

对于"应收票据""应收股利""应收利息""其他应收款"项目，《小企业会计准则》可以采用直接根据总账科目期末余额填列，《企业会计准则》则需要根据总账科目期末余额减去对应的"坏账准备"后的余额填列。

对于"存货""长期股权投资""固定资产"和"无形资产"项目，《小企业会计准则》根据该科目期末余额填列，《企业会计准则》根据该科目期末余额减去对应的减值准备后期末余额填列。

（二）资产类和负债类部分往来项目填列的比较

《小企业会计准则》对于"应收账款"和"预付账款"资产类项目，分别根据该科目期末总账借方余额填列，如果是贷方余额，表示负债，则分别在"应付账款"和"预收账款"项目中反映。"应付账款"和"预收账款"负债类项目，根据该科目期末总账贷方余额填列，如果是借方余额，表示资产，则分别在"应收账款"和"预付账款"中反映。

《企业会计准则》对于"应收账款"项目，应根据"应收账款"和"预收账款"科目所属各明细科目的期末借方余额合计数，减去"坏账准备"科目中有关应收账款计提的坏账准备期末余额后的金额填列，简称"双收借方"；"预付款项"项目，应根据"预付账款"和"应付账款"科目所属各明细科目的期末借方余额合计数填列，简称"双付借方"；"应付账款"项目，应根据"应付账款"和"预付账款"科目所属的相关明细科目的期末贷方余额合计数填列，简称"双付贷方"；"预收账款"项目，应根据"预收账款"和"应收账款"科目所属的相关明细科目的期末贷方余额合计数填列，简称"双收贷方"。由此可见，对于往来项目，《小企业会计准则》是根据总账余额填列，无须考虑减值准备，《企业会计准则》根据明细账余额和减值准备填列。

第三节　小企业财务报表分析

会计报表可以直观的体现企业的经营过程，纵向可以体现大额资金动态、往来交易等，横向又相互关联，存在着正或负的相关因素。通常对于会计报表的审核主要从以下两方面进行。

一、浏览并审核企业会计报表

（一）验证总账是否与会计报表相符，即"账表相符"

应引起注意的是会计报表中某些科目是合并数值，如存货就是由原材料、材料成本差异、生产成本、制造费用、产成品、低值易耗品几个科目合并而成；应收应付往来款一般存在余额调整，使得总账余额与会计报表余额不符。

（二）审核明细账，核对总账和明细账是否相平，即"账账相符"

要针对销售数据与收款数据的匹配程度，从往来资金的使用、交付过程、实际利润等几方面入手；通常在销售过程中，由于部分销售要物流时间其交付收款等存在时间不对称的情况，这就需要根据实际情况进行鉴别；购货、付款与生产循环审查，一般包括货币资金、存货、主营业务成本、应付款、其他业务支出等科目；筹资和投资循环审核；纳税申报表是企业向税务机关申报其所得税和增值税的凭证，一般分为所得税纳税申报表、增值税纳税申报表。通过对纳税表的分析企业的收入真实性，通过对比，可以分析出企业是否存在虚报经营数据，但是在实际工作开展的过程中，要结合企业实际性质，探讨是否存在交易中税收优惠。

（三）通过贷款卡查询单核实长短期借款数额是否相符

通过审核借贷相关凭证可以有效地反映出企业的大额资金流动情况，将借贷金额进行扣减，从而直接分析企业的相关信息。但是值得注意的是，在贷款查询过程中往往存在时间差和逾期还款的情况。一是在企业还款，但未到账。二是在借贷还款后，发生资金流动。三是在实际过程中发生逾期。

投融资政策：在该项中主要侧重企业未来发生会计数据变动的预测。合理分析企业的各项目可以分析企业的投资形势以及资金在项目中的所占比重，掌握企业的投资方向和投资内容，有助于会计工作者了解企业申保资金的具体用途。当企业商业融资与银行融资兼顾时，就会出现应付款与负债比例相差无几。当企业应付款比重过大时，企业容易形成负债资金够多，流动资金短缺。

企业营销方面：企业营销情况具体反映在应收账款周转率、应付账款金额上。通过分析应收账的周转率来分析企业在赊销与付款过程中是否存在问题，及时反映企业的资金流动情况，充分体现经营情况和还款能力。

二、分析判断企业财务报表，并进行报表之间的横向纵向分析

要通过报表的多关联性对报表进行汇总分析，其报表之间的关联性是发现风险的主要途径。

一是要注意分析净资产中长期股权投资的比重，若比重超过一半，其担保风险就相应的增加。二是要密切关注无形资产与资本公积是否存在余额。三是善于在往来交易中发现问题。在实际的财务分析中往来交易的查证真伪难度较大，且容易存在隐瞒，常常容易发生故意制造往来交易进行骗保的可能。四是要仔细审核相应报表中的附表。

因此，在实际工作过程中，业务人员对相关数据的分析是非常重要的。这就要业务人员仔细审核各类财务报表和基本财务资料，辨识企业会计报表的信息和经营状况，由此判断担保风险的高低，为担保项目的决策提供依据。

三、利用小企业财务报表进行企业价值分析

小企业财务报表是为了揭示企业价值而设定的，财务报表本身通过反映企业财务状况、经营活动成果、现金流量变动来表述企业价值的报表。报表使用者可以通过对企业的财务报表进行分析，评估企业的价值，从而做出合理正确的决策。运用小企业财务报表完成五个主要步骤企业价值分析。

（一）行业分析

行业分析目的在于明确企业所处行业的经济特征，企业所处行业的经济特征不同，其盈利能力也有很大不同，同样的财务报表分析结论在不同行业所反映企业价值就完全不同。明确行业经济特征是进行财务报表分析的重要基础，只有了解企业所处行业的经济特征，才能正确理解企业财务报表分析，最后才能正确评价企业价值。

（二）企业经营战略分析

企业经营战略分析的目的在于确定主要利润动因和经营风险水平，以及定性评估企业的盈利能力高低。财务报表分析与企业经营战略紧密相关，有效的财务报表分析应当建立在对企业经营战略充分了解的基础之上。企业经营战略分析包括分析企业所在行业特征和企业创造可持续竞争优势的战略，所以企业必须制定

符合其特定要求的、无法效仿的发展战略。这就要求财务分析人员不仅要熟悉本企业的发展战略，而且必须了解竞争对手的战略，只有这样才能保证财务分析的有效性。定性分析是基本的首要步骤，它能使财务分析人员更好地设计随后的会计和财务分析。

（三）会计分析

会计分析的目的在于评价企业财务报表反映基本经营现实的程度。财务报表的信息质直接影响到企业财务报表分析的质量，会计分析对财务报表的信息质量进行判断是财务分析的关键，合理的会计分析能够提高财务分析结论的可靠性。通过确定企业财务报表编制过程中存在会计灵活性的环节，评价企业会计政策和估计的适宜性，分析人员可以评估企业会计数据的歪曲程度并进行更正。会计分析的另一个重要步骤是重新计算企业会计数字，形成没有偏差的会计数据，从而"消除"会计歪曲。

（四）财务分析

财务分析的目的是运用财务报表数据评价企业当前和过去的业绩，并评估其可持续性，运用财务比率分析和现金流量分析评估企业财务报表中各项目之间的相互关系，判定企业的盈利能力和风险水平。企业未来的盈利能力和风险系数水平是评价企业价值财务报表分析体系的核心，将这些财务比率和相关指标与行业特征、企业战略联系起来，进行深层次分析和战略性预测，通过评估企业的盈利能力和风险水平来达到预测和评价企业价值的目的。

（五）前景分析

前景分析是企业价值分析的最后一个步骤，侧重预测企业未来。综合分析前四个步骤：行业分析、经营战略分析、会计分析和财务分析的结论，为评估企业价值奠定了坚实的基础。判断企业未来的盈利能力高低、增长空间及稳定性，未来面临的风险高低及变化趋势，从而判断出企业价值的变化因素，为企业价值管理和投资提供依据。

小企业财务报表是一个信息载体，财务报表使用者运用财务报表对企业的财务状况、经营业绩成果、现金流量变动进行分析，对企业的价值进行评估，目的更适应经济发展的需要。

第四节　小企业财务报表附注的编制和列报研究

附注是小企业财务报表不可或缺的组成部分，是对在小企业资产负债表、利润表和现金流量表等报表中列示项目的文字描述或明细资料，以及对未能在这些报表中列示项目的说明等。

一、小企业财务报表附注的概念

小企业财务报表附注，是指对在小企业资产负债表、利润表和现金流量表等报表中列示项目的文字描述或明细资料，以及对未能在这些报表中列示项目的说明等。

二、小企业财务报表附注的重要性

小企业资产负债表、利润表和现金流量表等报表中的数字是经过分类与汇总后的结果，是对小企业发生的经济业务的高度简化和浓缩的数字。对于一些小企业财务报表的外部使用者而言，仅仅阅读上述报表，而没有理解这些数字所披露的信息，财务报表就不可能充分发挥效用。因此，附注与资产负债表、利润表、现金流量表等报表具有同等的重要性，是财务报表的重要组成部分。财务报表的外部使用者要了解小企业的财务状况、经营成果和现金流量，应当全面阅读附注。

《小企业会计准则》根据小企业的实际情况并考虑了成本效益原则的要求，一方面要减轻小企业会计核算的工作量，降低小企业财务报表包括附注的编制成本；另一方面也要兼顾各方面对小企业会计信息的需求情况，对小企业附注披露的内容相对企业会计准则进行了大幅度简化，但是小企业执行《小企业会计准则》必须要树立起附注是财务报表完整的组成部分的准则意识，并且必须重视和加强附注的披露工作；小企业财务报表外部使用者也应当树立起附注是财务报表完整组成的准则意识，并且重视和加强对附注的使用和评价工作。

三、小企业财务报表附注编制需注意的事项

（一）注意附注编制重点

要做到针对报表使用者进行编制。小企业的会计报表使用者，实际上主要是工商、税务、银行等主管部门，附注需适应这一特点，有针对性地披露会计信息。

譬如基本情况一般应注明最近一次换发营业执照的日期、股权结构变化、说明特殊资质如高新技术企业、农业龙头企业、建筑企业资质、非营利组织的社团登记号、旅行社批准字号等，还应简要说明合并或汇总会计报表的范围和原因，以及本年度生产经营的主要特点，如本年无经营活动等。在报表项目注释的往来款项下披露账龄、关联方及其关联方交易，有利于工商部门了解企业资本是否保全，有利于其主管部门了解企业信用等情况。在报表项目注释最后一项增加企业所得税计算过程，有利于税务部门了解企业的应纳税所得额。

（二）注意突出行业特点

报表附注的编制要结合企业实际情况，区别对待，讲求实效，如投资公司、信用担保公司、典当行，要突出其借款、投资及让渡资产的特点。再如船务公司要突出其建造合同周期长的特点，要根据行业特点来写。如房地产行业存货可以写：存货包括：开发成本及开发产品，开发产品的建造成本为开发产品完工前发生的各项支出，包括土地征用及拆迁补偿费、前期工程费、基础设施建设费、建筑安装工程费、公共设施配套费、开发的间接费用、借款费用及其他费用。对于开发产品的成本，可注明当期已实现销售的可售面积和可售面积单位。再如，销售收入的确认，采用一次全额收款方式销售开发产品的，于实际收到价款或取得了索取价款凭据（权利）时确认收入的实现。采取分期付款方式销售开发产品的，按销售合同或协议约定付款日确认收入的实现。采取银行按揭销售开发产品，其首付款应于实际收到日确认收入的实现，余款在银行按揭贷款办理转账之日确认收入的实现。

（三）注意内外兼顾

财务报表附注最需处理好的关系就是充分性和适当性之间的关系，因为这反映了更深层的矛盾：对投资者、债权人等的利益保护和参与市场竞争中的企业的利益保护。财务报表附注，既要使投资者和潜在投资者能从中得知企业全部重要的信息，以帮助他们做出最佳的投资决策，又要保护企业的商业秘密，避免不利于企业、使竞争对手得益的信息泄露。所以，在编制附注过程中要做到既充分又适当，内外兼顾，不失公允。

（四）注意附注不能过于简单

内容过于简单会使附注缺乏重要内容，可理解性差。如有些小企业对外报送的财务报表附注内容编制过于简单粗糙，通常只是企业法定登记事项的罗列和表内数据的简单罗列。财务报表附注的编制过于注重形式，未能充分反映企业业务实质内容，不便报表使用者对报表信息的理解和运用。如有些小企业财务报表附注上的单位基本情况只按营业执照登记内容罗列，营业执照中看不到的信息，如企业所处行业状况、经营资质、经营规模、拥有职工人数等没有披露。在有关会计政策及会计制度的附注中，一些小企业通常是罗列一些准则中的内容，并没有考虑企业自身业务情况，这样会造成部分信息语言过于专业，可理解性差。财务报表项目的注释部分按报表项目顺序罗列表内数据，比如往来款项列示的主要是明细账户账面金额，款项的账龄情况、抵押担保情况等重要信息没有列示。企业融资借款的借款期限利率担保情况，或有事项、关联交易、资产负债表日后事项等表外信息没有披露，这不利报表使用者全面解读报表内容，甚至影响到经营决策的正确性。

四、小企业财务报表附注内容

小企业报表附注应当按照下列顺序和内容进行披露：

（一）遵循小企业会计准则的声明

小企业应当声明编制的财务报表符合《小企业会计准则》的要求，真实、完整地反映小企业的财务状况、经营成果和现金流量等有关信息，以此明确小企业编制财务报表所依据的制度基础。

执行《小企业会计准则》的小企业，如发生的交易或者事项因《小企业会计准则》未作规范而执行了《企业会计准则》的相关规定，应当在此部分如实披露如下信息：

（1）发生交易的情况；

（2）参照执行《企业会计准则的原因》；

（3）所依据的《企业会计准则》的相关规定；

（4）该交易的处理结果对企业带来的影响，包括对财务状况和经营成果的影响。

（二）短期投资、应收账款、存货、固定资产项目的说明

为简化小企业会计核算并尽可能减少纳税调整，《小企业会计准则》要求小企业的资产按照成本计量，不计提资产减值准备。同时，考虑到小企业资产的质量，尤其是可变现能力对债权人影响较大，因此《小企业会计准则》要求小企业应在附注中对几项重要资产的市场价格信息、持有时间的长短和新旧程度进行明细说明，以在一定程度上缓解对资产不计提减值准备可能产生的影响。有关短期投资、应收账款、存货、固定资产项目的详细说明，见下列给定的披露格式。

1. 短期投资

短期投资的披露格式如表10-1所示。

表 10-1 短期投资明细表

项　目	期末账面余额	期末市价	期末账面余额与市价的差额
（一）股票			
（二）债券			
（三）基金			
（四）其他			
合　计			

需要说明的有以下 4 点。

（1）期末，是指财务报表对外报告的当期期末，包括月末、季末和年末。具体视报告时间而言，按月对外报告的，期末指月末；按季对外报告的，期末指季末；按年对外报告的，期末指年末。

（2）期末账面余额，是指各项目在"短期投资"明细账的期末借方余额，但其合计额必须与资产负债表中"短期投资"项目的金额相一致，不得出现差异。

（3）期末市价，是指各项目在期末的市场价格，通常是收盘价。

（4）以下其他项目按照上述 3 项内容理解。

2.应收款项

应收款项按账龄结构披露的格式如表 10-2 所示。

表 10-2 应收账款明细表

账龄结构	期末账面余额	年初账面余额
1 年以内（含 1 年）		
1 年至 2 年（含 2 年）		
2 年至 3 年（含 3 年）		
3 年以上		
合　计		

3.存货

存货的披露格式如表 10-3 所示。

表 10-3　存货明细表

存货种类	期末账面余额	期末市价	期末账面余额与市价的差额
（一）原材料			
（二）在产品			
（三）库存商品			
（四）周转材料			
（五）消耗性生物资产			
合　计			

4.固定资产

固定资产的披露格式如表 10-4 所示。

表 10-4　固定资产明细表

项　目	原　价	累计折旧	期末账面价值
（一）房屋、建筑物			
（二）机器			
（三）机械			
（四）运输工具			
（五）设备			
（六）器具			
（七）工具			
合　计			

（三）应付职工薪酬、应交税费项目的说明

应付职工薪酬和应交税费是职工、债权人、税务部门和政府其他部门等相关方面重点关注的内容，因此《小企业会计准则》要求进行"明细表"形式的披露，这两张明细表构成了资产负债表的附表。有关披露格式如下。

1.应付职工薪酬的披露

格式如表 10-5 所示。

表 10-5　应付职工薪酬明细表

编制单位：　　　年　月　　　　　　　　　　　　　　　　　单位：元

项　目	期末账面余额	年初账面余额
（一）职工工资		
（二）奖金、津贴和补贴		
（三）职工福利费		
（四）社会保险费		
（五）住房公积金		
（六）工会经费		
（七）职工教育经费		
（八）非货币性福利		
（九）辞退福利		
（十）其他		
合　计		

2.应交税费的披露

格式如表 10-6 所示。

表 10-6　应交税费明细表

编制单位：　　　年　月　　　　　　　　　　　　　　　　　单位：元

项　目	期末账面余额	年初账面余额
（一）增值税		
（二）消费税		
（三）城市维护建设税		
（四）企业所得税		
（五）资源税		
（六）土地增值税		

续表

项目	期末账面余额	年初账面余额
（七）城镇土地使用税		
（八）房产税		
（九）车船税		
（十）教育费附加		
（十一）矿产资源补偿费		
（十二）排污费		
（十三）代扣代缴的个人所得税		
合　计		

（四）利润分配的说明

小企业的利润分配应当遵循相关法律法规的规定。《小企业会计准则》提供的利润分配表综合考虑了《公司法》《外商投资企业法》等相关法律的要求，但是小企业在具体应用时应根据其适用的法律进行编制，如果其中有些项目不适用，则不应填列任何数字，空置即可。利润分配表的格式如表10-7所示。

表10-7　利润分配表

编制单位：　　　　年　度　　　　　　　　　　　　　　　　　　单位：元

项目	行次	本年金额	上年金额
1-1-1 净利润	1		
加：年初未分配利润	2		
其他转入	3		
1-1-2 可供分配的利润	4		
减：提取法定盈余公积	5		
提取任意盈余公积	6		
提取职工奖励及福利基金	7		
提取储备基金	8		

续 表

项　目	行　次	本年金额	上年金额
提取企业发展基金	9		
利润归还投资	10		
1-1-3 可供投资者分配的利润	11		
减：应付利润	12		
1-1-4 未分配利润	13		

注：① 提取职工奖励及福利基金、提取储备基金、提取企业发展基金这三个项目仅适用于小企业（外商投资）按照相关法律规定提取的3项基金。
② 利润归还投资这个项目仅适用于小企业（中外合作经营）根据合同规定在合作期间归还投资者的投资。

由于《小企业会计准则》不强制要求小企业编制所有者权益变动表，并考虑到利润分配表主要解决三个问题，一是按照相关法律进行利润分配情况，二是向投资者提供的投资回报情况，三是确定未分配利润的余额。因此，《小企业会计准则》将利润分配表作为资产负债表的附表看待，反映小企业利润分配的情况和未分配利润结余的情况。该表"本年金额"栏，根据当年"利润分配"总账及其所属各明细账的记录分析填列。"上年金额"栏根据上一年"利润分配表"中的"本年金额"栏数字填列，利润分配表各项目的填列方法如下。

（1）"净利润"项目，反映小企业当年实现的净利润，如为净亏损，以"-"号填列。本项目的数字应与"利润表"中"本年累计金额"栏的"净利润"项目相一致。

（2）"年初未分配利润"项目，反映小企业年初未分配的利润。如为未弥补的亏损，以"-"号填列。

（3）"其他转入"项目，反映小企业按规定用盈余公积弥补亏损等转入的数额。

（4）"提取法定盈余公积"和"提取任意盈余公积"项目，反映小企业按照公司法规定当年提取的法定公积金和任意公积金。

（5）"提取职工奖励及福利基金""提取储备基金""提取企业发展基金"项目，仅反映小企业（外商投资）按照外商投资企业法规定提取的职工奖励及福利基金、储备基金和企业发展基金。

（6）"利润归还投资"项目，仅反映小企业（中外合作经营）按外商投资企业法规定和合同约定在合作期间以利润归还投资者的投资。

（7）"应付利润"项目，反映小企业当年分配给投资者的利润。

（8）"未分配利润"项目，反映小企业年末尚未分配的利润。如为未弥补的亏损，以"－"号填列。本项目的数字应与"资产负债表"中"期末余额"栏的"未分配利润"项目相一致。

（五）用于对外担保的资产名称、账面余额及形成的原因；未决诉讼、未决仲裁以及对外提供担保所涉及的金额

1.用于对外担保的资产名称、账面余额及形成的原因

小企业在日常生产经营中会遇到资金短缺的问题，需要向银行等金融机构申请贷款或向第三方借入资金，有些情况资金提供者要求小企业以自身的资产做出担保，这些资产虽然其所有权未发生改变，但其使用权、处置权、收益权等受到债权人的一定限制，与其他未作为担保物使用的资产不同。因此，《小企业会计准则》要求对这类资产做出专门披露。具体披露内容和要求如下。

（1）用于对外担保的资产名称，指其具体名称，而不是资产性质或类别，目的是使财务报表外部使用者能够直接认定该项资产。如用于向工商银行贷款100万元的担保物是位于X街X号的某房产，而不是泛泛地讲某项固定资产。

（2）用于对外担保的资产的账面余额，通常是指其科目余额，但是对于固定资产、无形资产和生产性生物资产类的资产，还要披露其累计折旧和累计摊销。例如，用于担保的某房产，成本为200万元，已提折旧50万元，账面价值为150万元。

（3）用资产进行担保的原因。例如，某年某月某日从某银行借入3年期贷款100万元，年利率5.6%，银行要求本企业用资产进行担保。

实务中，有时小企业的出资人或业主会以个人财产代小企业向债权做出担保。在这种情况下，尽管这些财产不属于小企业的资产，但是也会给小企业带来不利影响，因此针对这种情况，也应比照《小企业会计准则》的规定进行披露。

2.未决诉讼、未决仲裁所涉及的金额

小企业在日常生产经营活动中有时产生一些法律纠纷、合同争议，需要诉诸法律和仲裁机构进行审理和裁决。这类事项的发生，虽然当期不会马上给小企业带来损失，但是最终的结果可能会给企业造成损失，当然也可能会带来收益。因此，《小企业会计准则》要求小企业对这类事项也应当做出披露，具体包括事由、目前进展情况和所涉及的金额。

3.对外提供担保所涉及的金额

小企业在日常生产经营活动中需要向银行等金融机构申请贷款或向第三方借入资金，有些情况下，资金提供者要求小企业以自身的资产做出担保；个别情况下，小企业也有为业主或其他第三方提供担保。这些情况的存在也可能会给企业

带来损失,因此《小企业会计准则》要求小企业对这类事项也应当做出披露,具体包括事由、目前进展情况、所涉及的金额以及用于担保的资产名称、账面余额,即应与"用于对外担保的资产名称、账面余额及形成的原因"结合起来进行披露。

(六)发生严重亏损的,应当披露持续经营的计划、未来经营的方案

小企业在日常生产经营活动中是存在风险的,由于规模较小,抗市场风险能力较弱,可能会出现严重亏损的情况,如资不抵债。这种情况的发生,可能会导致小企业破产清算。如果一旦出现破产清算的情况,就会对职工、税务机关、债权人、投资者等相关方面产生不利影响。因此,《小企业会计准则》要求小企业对这种情况下的持续经营计划、未来经营方案等补救和改进措施做出披露。

(七)对已在资产负债表和利润表中列示项目与《企业所得税法》规定存在差异的纳税调整过程

《小企业会计准则》尽可能地与《企业所得税法》实现了一致,但也不可避免地存在个别差异。因此,小企业应按照《中华人民共和国企业所得税年度纳税申报表》(如表10-8所示)的要求进行纳税调整。

小企业常见的纳税调整事项通常包括以下4项:

(1)国债利息收入;

(2)无形资产研究开发费用;

(3)业务招待费;

(4)广告费和业务宣传费。

表10-8 中华人民共和国企业所得税年度纳税申报表

中华人民共和国企业所得税年度纳税申报表(A类)
税款所属期间:　　　年　月　日至　　　年　月　日
纳税人名称:
纳税人识别号:□□□□□□□□□□□□□□□　　金额单位:元(列至角分)

续 表

类 别	行次	项 目	金 额
利润总额计算	1	一、营业收入（填附表一）	
	2	减：营业成本（填附表二）	
	3	税金及附加	
利润总额计算	4	销售费用（填附表二）	
	5	管理费用（填附表二）	
	6	财务费用（填附表二）	
	7	资产减值损失	
	8	加：公允价值变动收益	
	9	投资收益	
	10	二、营业利润	
	11	加：营业外收入（填附表一）	
	12	减：营业外支出（填附表二）	
	13	三、利润总额（10+11-12）	
应纳税所得额计算	14	加：纳税调整增加额（填附表三）	
	15	减：纳税调整减少额（填附表三）	
	16	其中：不征税收入	
	17	免税收入	
	18	减计收入	
	19	减、免税项目所得	
	20	加计扣除	
	21	抵扣应纳税所得额	
	22	加：境外应税所得弥补境内亏损	
	23	纳税调整后所得（13+14-15+22）	
	24	减：弥补以前年度亏损（填附表四）	
	25	应纳税所得额（23-24）	

第十章 会计准则在小企业财务报告中的运用

续 表

	26	税率（25%）	
应纳税额计算	27	应纳所得税额（25×26）	
	28	减：减免所得税额（填附表五）	
	29	减：抵免所得税额（填附表五）	
应纳税额计算	30	应纳税额（27-28-29）	
	31	加：境外所得应纳所得税额（填附表六）	
	32	减：境外所得抵免所得税额（填附表六）	
	33	实际应纳所得税额（30+31-32）	
	34	减：本年累计实际已预缴的所得税额	
应纳税额计算	35	其中：汇总纳税的总机构分摊预缴的税额	
	36	汇总纳税的总机构财政调库预缴的税额	
	37	汇总纳税的总机构所属分支机构分摊的预缴税额	
	38	合并纳税（母子体制）成员企业就地预缴比例	
	39	合并纳税企业就地预缴的所得税额	
	40	本年应补（退）的所得税额（33-34）	
附列资料	41	以前年度多缴的所得税额在本年抵减额	
	42	以前年度应缴未缴在本年入库所得税额	

纳税人公章：	代理申报中介机构公章：	主管税务机关受理专用章
经办人：	经办人及执业证件号码：	受理人：
申报日期： 年 月 日	代理申报日期： 年 月 日	受理日期： 年 月 日

有关《中华人民共和国企业所得税年度纳税申报表》的具体编制，参见《中

华人民共和国企业所得税年度纳税申报表（A类）》填报说明。

（八）其他需要说明的事项

这是一个兜底条款，也是一个鼓励性条款。《小企业会计准则》鼓励小企业在上述7项要求外，增加披露信息。例如，如果小企业有应收票据、预付账款、长期应收款、其他应收款，比照应收账款按照账龄结构进行披露。

参 考 文 献

[1] 杨紫元，杨春景. 小企业会计实务 [M]. 开封：河南大学出版社，2017.
[2] 沈应仙，吴勋耕. 小企业会计综合实训 [M]. 北京：中国人民大学出版社，2017.
[3] 贺志东. 小企业会计准则下房地产企业会计 [M]. 北京：电子工业出版社，2017.
[4] 滕晋. 小企业会计从入门到精通 [M]. 北京：化学工业出版社，2016.
[5] 张素云. 会计学理论、实践与教学研究报告 [M]. 北京：中国农业出版社，2016.
[6] 张常俊. 小微工业企业会计、纳税、审计一本通 [M]. 北京：中国宇航出版社，2015.
[7] 刘爱荣. 真账实操企业会计轻松做 [M]. 深圳：海天出版社，2015.
[8] 邓亦文. 小企业会计准则：特点、重要性、经济效应 [J]. 商业会计，2017（8）：87-88.
[9] 王恒福. 关于小企业会计准则的实施效应研究 [J]. 民营科技，2016（8）：218-218.
[10] 徐筱婷，刘昆丽. 从税会差异的协调谈《小企业会计准则》对小企业会计信息质量的影响 [J]. 山西农经，2017（2）：84-85.
[11] 陆美辰. 基于小企业会计准则的税会差异及协调的研究 [D]. 江苏大学，2016.